브라이언 트레이시의
세일즈 심리학

브라이언 트레이시의

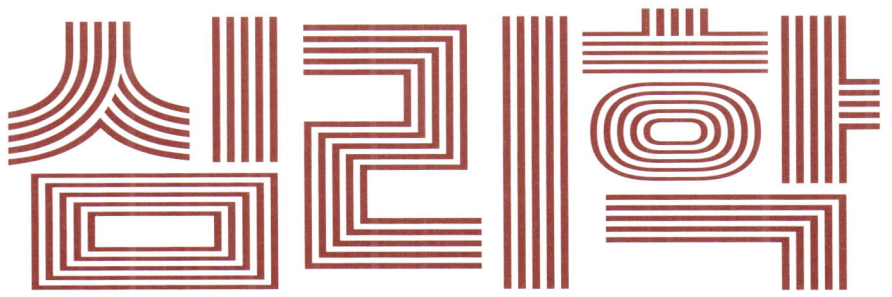

고객의 마음을 바꾸는 세일즈의 모든 것

브라이언 트레이시 지음

김광수 옮김

The Psychology
of Selling

비전코리아

‘세일즈’라는 위대한 예술과 함께하는 나의 친구들, 동료와 학생들, 그리고 현장의 실무자들에게 이 책을 바칩니다. 아울러 우리 회사와 나라에 무엇보다 중요한 ‘성공적인 세일즈’를 향해 일찍이 누구도 가본 적 없는 길을 용감하게 헤쳐나가는 모든 남녀에게 이 책을 헌정합니다. 여러분이야말로 오늘날 치열한 비즈니스 세계를 이끌어가는 진정한 영웅입니다.

목차

성공적인 세일즈는 어떻게 만들어지는가?

먼저, 한국어판 재출간을 계기로 한국의 독자 여러분께 다시 인 사드릴 수 있게 되어 감사하게 생각합니다. 이 책이 처음 세상에 나 온 뒤 20여 년의 세월이 흐른 지금, 다시 출간되어 여러분의 손에 닿게 되었다는 사실은 세일즈라는 주제가 시대와 환경을 넘어 여전 히 유효하게 작동하는 보편적인 언어임을 증명해준다고 믿습니다.

어느 나라에서든 비즈니스에는 똑같은 규칙이 적용됩니다. 그 규 칙은 바로 '누군가가 누군가에게 무언가를 팔기 전에는 아무 일도 일어나지 않는다!'는 사실입니다.

비즈니스의 성공과 개인의 성공을 견인하는 첫 번째 요인은 높 은 매출이지요. 반대로, 비즈니스의 실패와 낮은 수입을 초래하는 첫 번째 요인은 저조한 매출입니다. 새로운 고객을 찾아내고, 그들이 당신의 제의에 응하도록 설득하고, 당신의 상품이나 서비스를 최대한 많이 팔기 위해 모든 역량을 집중하는 것. 이것이 세일즈의 전부입니다.

사회생활을 시작했을 무렵, 나는 노동직조차 구하기 어려웠습니다. 그러다 보니 어쩌다 여기저기 사무실을 찾아다니며 무언가를 판매하는 세일즈 세계에 발을 들이게 되었습니다. 그러나 무려 6개월 동안이나 제대로 된 실적을 올리지 못한 채 시간을 보내던 나는 스스로에게 근본적인 물음을 던지게 되었습니다.

"남들보다 세일즈에서 탁월한 성과를 내는 사람은 무엇이 다른 것일까?"

그때 발견한 것이 이른바 '세일즈 심리학'이라고 불리는 체계적이고 총체적인 세일즈 프로세스입니다. 오랜 시간 다양한 실험과 검증을 거쳐 완성된 이 프로세스는 전 세계 어떤 시장, 어떤 산업, 어떤 상품이나 서비스에도 적용할 수 있는 단순하지만 효과적이고 강력한 방법론입니다. 나는 그제야 세일즈가 재능의 문제가 아니라 구조와 이해의 문제라는 사실을 깨닫게 되었습니다. 세일즈 전문가가 된다는 것은 잠재고객을 발굴하고, 그들을 고객으로 전환시키고, 판매를 성사시켜 그로부터 수수료나 수입을 창출하는 과정에 탁월한 숙련도를 갖춘다는 의미입니다. 이 분야의 전문가가 되는 순간, 당신은 비로소 당신의 미래를 통제할 수 있게 될 겁니다.

세일즈를 시작했을 무렵, 우왕좌왕하며 실수를 거듭하던 나는 수입이 거의 없어서 작은 단칸방에 살았습니다. 매일 아침 6시에 일어나 집 밖으로 나와서는 온종일 문을 두드리고 다녔습니다. 그렇게 몇 달을 고군분투했지요. 그러다가 나 자신에게 몇 가지 핵심적인 질문을 던지게 되었습니다. 돌이켜보면 바로 그 질문들이 내 인생을 송두리째 바꾸는 전환점이 되어주었습니다.

첫 번째 질문은 이랬습니다.

"세일즈라는 직업에서 나에게 가장 중요한 목표는 무엇인가?"

대답은 간단했습니다. "돈을 많이 버는 것!"

두 번째 질문은 이것이었습니다.

"세일즈에서 다른 어떤 기술보다 더 빠르게, 더 많은 돈을 벌게 해주는 단 하나의 기술은 무엇인가?"

대답은 역시 분명했습니다. "판매를 완성하는 것!"

"무언가를 시작하기 전에, 그보다 먼저 해야 하는 일이 있다"라는 말이 있습니다. 세일즈 기법을 본격적으로 배우기 시작한 나는 첫 번째 단계로, 잠재고객을 지속적으로 발굴하는 일이 무엇보다 중요하다는 것을 깨달았습니다. 그래야 적절한 욕구와 재정 능력을 지닌 사람들과 더 많은 시간을 보낼 수 있기 때문입니다.

두 번째 단계로, 잠재고객과 친밀감과 신뢰를 구축해야 합니다. 상대방이 당신을 좋아하고 신뢰해야만 당신이 제시하는 상품과 서비스의 품질까지 믿게 될 것이기 때문입니다.

세 번째 단계로, 잠재고객이 현재 정확히 무슨 일을 하고 있는지 파악하고, 앞으로 어떻게 하면 그가 일을 더 잘하도록 도울 수 있을지 질문을 통해 정확하게 알아내야 합니다.

세일즈의 네 번째 단계는 상품이나 서비스에 대한 설명, 즉 프레젠테이션입니다. 이 단계에서는 잠재고객이 경쟁사보다 당신의 상품이나 서비스를 선택함으로써 더 빠르고 비용 효율적으로 문제를 해결하고 목표를 달성할 수 있다는 확신을 심어주어야 합니다. 실질적인 판매는 바로 이 단계에서 이루어집니다. 좋은 프레젠테이션은 정확한 정보를 전달하는 것을 넘어 결정을 쉽게 내릴 수 있게 도와줍니다.

다섯 번째 단계에서는 고객의 거절과 질문, 우려에 명확하고 설득력 있게 답해야 합니다. 거절은 실패의 신호가 아니라 구매에 가까워졌다는 신호일 수 있습니다.

여섯 번째 단계는 판매를 종결하는 것입니다. 이는 단순히 지금 당장 구매하는 것에 그치지 않고, 앞으로도 다시 구매하는 것은 물론 다른 사람들에게 추천하는 과정까지 이어지도록 만드는 과정입니다.

일곱 번째 단계는 빠르고 효율적인 고객 서비스입니다. 이 단계는 세일즈 과정 전체를 뒷받침하고, 재판매와 신규 고객 추천의 기반을 마련합니다.

《세일즈 심리학》은 오늘날 가장 널리 읽히는 세일즈 도서이자 오디오 및 비디오 교육 프로그램으로, 현재 55개 이상의 언어로 전 세계에 제공되고 있습니다. 여기 담긴 아이디어를 실행해 백만장자가 된 사람의 수는 지금껏 존재하는 다른 어떤 단일 세일즈 기법보다도 많습니다.

이제 당신이 해야 할 일은 이 방법론을 배우고, 실행하며, 반사적으로 움직일 수 있을 만큼 익숙해질 때까지 반복하는 것입니다. 그렇게 하면 당신 역시 우리 사회에서 가장 높은 수입을 올리는 세일즈맨 중 한 명이 될 수 있을 겁니다.

여러분 모두의 행운을 빕니다!

왜 아직도 그렇게
팔고 있는가?

상상력은 인간이 세운 모든 계획이 빚어지는 작업실이다.

- 나폴레온 힐Napoleon Hill

이 책의 목적은 누구든 가능한 한 빠르고 손쉽게 더 많은 매출을 올리도록 돕는 것이다. 이를 위해 지금 당장 적용할 수 있는 아이디어와 전략, 실전 기법을 모았다. 이 책을 통해 당신은 지금껏 상상하지도 못했던 수준의 성과를 이끌어내는 방법을 배우게 될 것이다. 몇 개월 또는 단 몇 주 만에 매출과 수입을 두세 배, 나아가 네 배까지 늘리는 방법을 터득하게 될 것이다.

이 책은 이미 전 세계적으로 성공을 거둔 〈세일즈 심리학(The Psychology of Selling)〉 오디오 세일즈 프로그램을 바탕으로 한다. 이 프로그램은 처음 소개된 뒤 16개 언어로 번역되어 24개 국가에서 활용되고 있으며, 역사상 가장 많이 팔린 전문 세일즈 교육 프로그램으로 손꼽히고 있다. 문화와 언어, 산업의 차이를 넘어 괄목할 만한 성과를 이뤄냈다는 점에서 그 가치는 더욱 분명해진다.

나는 전 세계 수천 개 기업과 사실상 거의 모든 업종에서 50만 명이 넘는 사람들을 직접 교육해왔다. 그 효과는 의심의 여지가 없

The Pshchology of Selling

다! 이 책에서 소개할 아이디어들을 배우고 실무에 적용해 백만장자가 된 이들은 지금까지 개발된 다른 어떤 세일즈 프로그램보다 많다. 이 책은 단순한 성공 사례의 모음이 아니다. 이 책은 성공적인 세일즈를 이뤄낼 수 있는 구조와 원리를 제시하는 데 그 목적이 있다.

학교 대신 세상을 선택하다

나는 고등학교를 졸업하는 대신, 어린 나이에 세상 속으로 뛰어들어 직접 경험하는 삶을 택했다. 이 여정을 시작할 자금을 마련하기 위해 몇 년 동안 육체노동을 했다. 그리하여 노르웨이 화물선을 타고 북대서양을 건너고, 그 뒤로는 자전거와 버스, 트럭, 기차를 이용해 유럽과 아프리카를 가로질러 마침내 동아시아 지역에까지 이르렀다. 끼니를 거른 적은 없지만, 무한정 미룬 적은 수도 없이 많았다.

더는 일자리를 찾을 수 없게 된 나는 절박한 심정으로 세일즈의 세계에 뛰어들었다.

우리가 살아가면서 내리는 결정은 대부분 깜깜한 밤에 자동차로 후진하다가 무언가를 들이받고 그게 무엇인지 확인하려고 차에서 내리는 상황과 비슷하다.

명함 한 장으로 시작한 세일즈

순수 수당직으로 고용된 뒤 내가 받은 교육은 3가지가 전부였다. "여기 명함. 이건 상품 설명서고, 나가는 문은 저기야!"

그렇게 나는 낮에는 사무실 문을 두드리고 밤에는 주택가의 문을 두드리는 콜드콜(cold-calling, 무작위 전화나 방문)로 세일즈 경력을 시작했다.

그때 나를 고용한 사람은 실적이 신통치 않았다. 그는 나에게 세일즈는 '숫자 놀음'이라고 말했다. 내가 할 일은 되도록 많은 사람을 만나 대화하는 것이며, 그러다 보면 결국 누군가는 내가 제안하는 상품이나 서비스를 살 것이라고 했다. 이런 방식을 '진흙으로 벽 치기'라고 부른다. 벽에 진흙 덩어리를 계속 던지다 보면 언젠가 어떤 식으로든 벽에 달라붙는 흙덩이가 생기게 마련이다. 썩 훌륭한 방법은 아니지만, 그때 내가 할 수 있었던 건 사실상 이게 전부였다.

그러던 중 누군가 나에게 세일즈는 '숫자 놀음'이 아니라고 말해주었다. 오히려 '거절 놀음'이라는 표현이 더욱 적절하다고 했다. 많이 거절당할수록 성공할 확률이 커진다는 뜻이었다. 나는 이 조언을 가슴에 새긴 채 더 많이 거절당하기 위해 이곳저곳 누비고 다녔다. 말솜씨가 좋다는 칭찬에 힘입어 나는 더욱 적극적으로 나섰다. 관심을 보이지 않는 사람에게는 더 크고 더 빠르게 말했다. 그렇게 잠재고객들을 쫓아다니며 한 사람씩 붙들고 더 크고 더 빠르게 외쳤지만, 그래 봤자 간신히 먹고살 수 있을 정도의 수입을 얻었을 뿐이다.

처음으로 던진 질문 하나

6개월 동안 필사적인 몸부림을 이어갔지만, 작은 게스트하우스의 단칸방 임대료를 겨우 감당할 정도의 실적에 머물러 있었다. 더는 이런 상태를 견딜 수 없다고 생각한 나는 암담한 현실을 타개하기 위해 이전과는 전혀 다른 시도를 해보기로 결심했다. 그 선택이 훗날 내 인생의 방향을 완전히 바꾸어놓게 될 줄은 그때는 상상도 하지 못했다. 내가 택한 방법은 단순했다. 회사에서 가장 실적이 좋은 이를 찾아가 내가 일하는 방식이 그와 어떻게 다른지 직접 물어본 것이다.

당시 나는 아무리 힘든 일도 마다하지 않았다. 보통 아침 5시나 6시쯤 일어나 준비하고, 그날의 첫 잠재고객이 출근할 7시 무렵에는 주차장으로 가서 기다렸다. 그렇게 하루 종일 고객의 사무실과 회사를 찾아다녔다. 저녁 9시나 10시까지 이 집 저 집 현관문을 두드렸고, 불이 켜져 있으면 전화를 걸었다.

나보다 겨우 몇 살 많을 뿐인데도 우리 회사에서 가장 많은 실적을 내던 그는 일하는 방식이 나와 완전히 달랐다. 그는 아침 9시쯤 출근해 몇 분 뒤 잠재고객이 사무실에 들어오면 함께 앉아 대화를 나눴다. 그렇게 잠시 시간을 보내다 보면 어느새 고객이 신용카드를 꺼내 결제를 했다. 그는 그날 아침에만 몇 건의 실적을 올리고 또 다른 잠재고객과 점심 식사를 했다. 그의 실적은 나뿐 아니라 우리 회사의 그 누구와 비교해도 다섯 배에서 열 배 정도 많았지만, 그가 특별히 열심히 일하는 것처럼 보이지는 않았다.

그는 한때 포춘 500대 기업에서 근무하면서 16개월 동안 세일즈 전문가 과정을 집중적으로 이수했다고 말했다. 그곳에서 체계적으로 훈련받은 기술은 특정 업종이나 시장에 국한되지 않는 것이었다. 상품이나 서비스의 종류와 상관없이, 어디서든 통하는 '파는 법'을 몸에 익힌 것이다. 그 결과, 그는 나 같은 사람이 감히 넘볼 수 없을 만큼 압도적인 성과를 내면서도 아이러니하게 일하는 시간은 오히려 절반으로 줄었다고 설명했다. 무엇을 어떻게 팔아야 하는지 정확히 알고 있었기 때문이다. 그리고 그에게서 배운 원칙과 사고방식은 이후 내 삶을 완전히 바꿔놓았다.

일례로, 세일즈맨으로서 상품을 설명하는 데 있어 그와 나의 차이가 무엇이냐고 묻자, 그는 이렇게 말했다.

"음, 내 앞에서 상품 설명을 해보세요. 그러면 평가해드릴게요."

사실, 그 지점이야말로 나의 가장 큰 문제였다. 상품을 어떻게 설명해야 하는지 나는 전혀 감을 잡지 못하고 있었다. 그와 관련된 체계가 있다는 말은 들었지만, 실제로 본 적은 한 번도 없었다. 결국 나는 이렇게 말했다.

"선배님의 방식을 먼저 보여주시면, 그다음에 제 방식대로 한번 해보겠습니다."

그는 여전히 점잖게 답했다.

"좋아요. 기본적인 상품 설명 방법을 처음부터 끝까지 보여줄 게요."

그러고는 곧바로 상품 설명 과정을 단계별로 세세히 시연해주었다. 그는 고객의 관심을 끌기 위해 장황하게 연설을 늘어놓거나 거부감을 없앤답시고 기발한 말을 던지는 대신 고객의 관심 수준에 맞춰 일반적인 질문에서 점점 구체적인 질문으로 논리를 이어갔다. 질문들이 하나씩 해소될수록 고객은 이 상품을 사용하면 어떤 편익 (benefit)을 얻을 수 있는지 자연스럽게 이해하게 됐다. 마지막으로 남은 것은 세일즈를 마무리하기 위한 판매 절차에 관한 질문들뿐이었다.

배우고, 즉시 실행하다

이게 전부였다. 새롭게 익힌 세일즈 기법으로 무장한 나는 다시 잠재고객 앞에 섰다. 이번에는 설명부터 늘어놓지 않았다. 대신 질문을 던졌다. 우리 상품의 특징과 예상되는 편익을 앞세워 고객의 눈길을 끌려고 하기보다는 고객의 니즈를 이해하고 그에게 가장 도움이 되는 선택이 무엇인지 찾는 데 집중했다. 방법을 바꾸자 결과도 달라졌다. 매출이 늘어나기 시작한 것이다.

그다음에는 세일즈를 주제로 한 책들을 통해 배웠다. 세계 최고의 세일즈맨들이 자신의 노하우를 책으로 남겨두었다는 사실을 그때 처음 알았다. 나는 관련 서적을 닥치는 대로 읽기 시작했다. 그렇게 공부하고 정리하는 데 매일 아침 두 시간을 투자했다.

그런 뒤에는 오디오 프로그램으로 배움을 확장했다. 출퇴근길은 물론, 아침과 저녁에도 반복해서 들었다. 최고의 세일즈맨에게 배운 최고의 문장과 표현들을 연습했다. 통째로 외울 정도로 잠자리에 들기 전까지 계속 되풀이했다. 그 과정에서도 매출은 계속 늘어났다.

그러다가 전문 세일즈 세미나가 있다는 것을 알게 되었다. 그때는 내가 얼마나 더 많은 것을 배울 수 있을지 전혀 가늠조차 할 수 없었지만, 오랫동안 헤매다 마침내 출구를 찾은 듯한 기분이 들었다. 나는 찾을 수 있는 세미나와 강의는 하나도 빠짐없이 찾아가 수강했다. 먼 곳까지 이동하는 것도 마다하지 않았다. 비용도 기꺼이 감당했다. 그렇게 배우고 실행하는 동안에도 세일즈 성과는 꾸준히 쌓여갔다. 실적이 일취월장하는 만큼 나에 대한 대우도 달라졌다. 회사는 나에게 영업관리직을 제안했다.

"당신에게 어떤 비결이 있는지 모르겠지만, 세일즈를 잘하고 싶어 하는 이들에게 그 방법을 알려주세요."

나는 거리에서, 또 신문 광고를 통해 지원자를 모집했고, 그들에게 내가 배우고 실행해온 세일즈 방법론과 프로세스를 가르쳤다. 그리고 현장에서 즉시 실행에 옮긴 사람들 중 상당수가 지금은 백만장자나 억만장자가 되었다.

성공은 예측할 수 있다

내 인생을 바꾼 것은 '인과의 법칙'이라는 매우 단순한 원리였다. 모든 결과에는 원인이 있다. 어떤 일도 이유 없이 일어나지 않는다.

성공은 우연의 산물이 아니다. 실패도 마찬가지다. 오히려 성공은 예측할 수 있다. 성공은 그 자취를 남기는 법이다.

중요한 법칙을 하나 소개한다. 성공한 사람들을 그대로 따라 한다면, 세상 그 무엇도 당신이 그들과 같은 결과를 얻는 것을 막을 수 없을 것이다. 반대로, 그렇게 하지 않는다면 그 무엇도 당신을 도울 수 없을 것이다.

세일즈 실적 상위 10%에 속하는 사람들 역시 처음에는 하위 10%에서 출발했다. 지금 잘나가는 사람들 역시 한때는 평범하거나 시원찮았다. 인생의 앞줄에 선 사람들은 모두 뒷줄에서부터 시작했다. 그런데 이들에게는 모두 공통점이 있다. 차이를 만든 것은 재능이 아니라 태도다. 이들은 모두 전문가에게 배운 대로 꾸준히 실행했다. 이들은 잘나가는 사람들이 무엇을 어떻게 하는지 찾아내 그것을 똑같이 반복했고, 마침내 그들과 같은 결과를 거머쥐었다. 당신도 당연히 그렇게 할 수 있다.

나는 사람들에게 종종 이런 질문을 던진다.

"미국에서 가장 인기 있는 가정용 운동기구가 무엇인지 아세요?"

잠시 뜸을 들인 뒤 이렇게 덧붙인다.

"러닝머신입니다. 미국인들은 러닝머신에 매년 10억 달러 이상 지출하고 있지요. 집에 러닝머신을 들여놓으면 얼마나 유익할까요?"

그러면 대부분의 사람들이 보통 이렇게 대답한다.

"물론 유익하겠지만, 얼마나 자주 사용하는지, 얼마나 오래 사용하는지에 달려 있겠지요."

내가 말하고 싶은 것은 바로 이것이다. 러닝머신을 장기간, 규칙적으로 사용하면 건강에 도움이 된다는 사실을 부정하는 사람은 없을 것이다. 이는 이미 입증된 진리다. 이 책에서 배우게 될 세일즈 전략과 기술도 마찬가지다. 전 세계 모든 업종에서 가장 높은 성과를 기록한 세일즈맨들이 공통적으로 활용해온 방식으로, 이미 검증과 입증을 거쳤다. 이 방법을 자주 활용할수록 더 많은 것을 얻게 될 것이며, 기대하는 것보다 더 나은 결과를 더 빨리 거머쥘 수 있을 것이다. 앞으로 이어지는 내용을 실제 세일즈 현장에서 실천한다면,

당신 역시 업계에서 상위 10%에 속하는 전문가로 거듭나 세계에서 가장 많은 수입을 올리는 사람 중 하나가 될 것이다. 이 정도면 도전 하기에 충분히 훌륭한 목표가 아닐까? 그렇다고 생각한다면, 이제 시작해보자.

인간의 지성으로 상상하고 믿을 수 있는 것은
무엇이든 성취할 수 있다.
- 나폴레온 힐

1장

세일즈 심리학

바라는 것을 시각화하라. 그것을 보고, 느끼고, 믿어라.
마음속 청사진을 그리고, 그것을 이루기 위해 행동하라.

— 로버트 콜리어Robert Collier

판매가 이루어지기 전까지는 아무 일도 일어나지 않는다. 세일즈는 단순히 물건을 파는 행위나 하나의 직무가 아니다. 세일즈는 모든 경제활동이 실제로 이뤄지기 시작하는 출발점이며, 가치가 교환되는 최초의 순간이다. 세일즈맨은 우리 사회에서 결코 대체될 수 없는 중요한 존재다. 이들이 없다면 기업의 성장도, 일자리의 창출도, 사회의 순환도 완전히 멈춰버리게 될 것이다.

    우리 사회에서 진정한 부의 창조주는 비즈니스다. 모든 이익과 부는 비즈니스를 통해 창조된다. 모든 급여와 복지, 세금과 공공 서비스 역시 비즈니스에서 나온다. 어떤 도시와 국가를 막론하고 비즈니스 생태계가 얼마나 활발하고 건실한지는 그 지역 주민들의 삶의 질과 생활 수준을 결정짓는 핵심 요소다. 그리고 그 비즈니스의 맨 앞줄에는 언제나 세일즈가 있다.

당신은 중요한 존재다

어느 기업에서든 세일즈는 중요한 의미를 갖는다. 아무리 규모가 크고 구조가 복잡한 기업도 매출이 없으면 존속할 수 없다. 세일즈는 자유기업 체제를 움직이게 하는 엔진의 점화 플러그와 같다. 세일즈의 성공은 국가 전체의 성공과 직결된다. 세일즈 환경이 활기를 띠면 해당 산업은 더욱 번창하고 수익성도 함께 높아진다.

세일즈맨은 학교와 병원, 민간 및 공공 자선기관, 도서관, 공원에 이르기까지 우리가 누리는 삶의 질을 유지하는 데 필요한 모든 것을 뒷받침한다. 세일즈 실적과 성공적인 비즈니스로 창출되는 이익과 세금은 정부의 재정과 복지, 고용보험, 국민연금, 국민건강보험 등 사회적 안전망을 지탱한다. 이런 측면에서 볼 때, 세일즈맨이야말로 우리 사회의 기능을 작동하게 하는 핵심이라고 할 수 있다.

최고의 조직은 왜 세일즈에 집중하는가?

미국의 30대 대통령 캘빈 쿨리지(Calvin Coolidge)는 "미국을 움직이는 힘은 비즈니스다(The business of America is business)"라고 말한 바 있다. 〈월스트리트 저널〉과 〈인베스터스 비즈니스 데일리〉 등 주요 신문과 〈포브스〉, 〈포춘〉, 〈비즈니스위크〉, 〈Inc.〉, 〈비즈니스 2.0〉, 〈와이어드〉, 〈패스트컴퍼니〉 등 비즈니스 전문지를 살펴보면,

그 안의 거의 모든 이야기가 결국 세일즈와 연결돼 있음을 알 수 있다. 금융시장과 금리, 주식과 채권, 상품 가격 역시 세일즈와 직결돼 있다. 세일즈맨은 우리 사회의 '주도자'다. 남은 문제는 오직 하나, 세일즈를 얼마나 잘해내는가 하는 것이다.

그럼에도 불구하고 세일즈라는 영역은 오랫동안 평가절하되어 왔다. 세일즈맨이라는 직업에 대한 편견이 존재했고, 자신이 세일즈에 종사한다는 사실을 밝히길 주저하는 사람도 많았다. 실제로 한 포춘 500대 기업 회장이 기자에게 "세일즈는 우리 기업에서 그다지 내세우고 싶지 않은 분야"라고 말한 적도 있다.

그러나 최근 들어 이런 인식이 빠르게 변하고 있다. 오늘날 최고의 기업들은 최고의 세일즈맨들을 보유하고 있다. 두 번째로 우수한 회사들은 두 번째로 우수한 세일즈 인력들을 갖추고 있다. 그보다 못한 기업들은 시장에서 밀려나고 있다. 한마디로, 가장 성공한 조직은 가장 우수한 세일즈 조직이라고 할 수 있다.

최근 몇 년 사이에 나타난 새로운 흐름은 이를 여실히 보여준다. 많은 대학에 세일즈 전문가 과정이 개설되고, 많은 젊은이들이 대학 졸업과 동시에 대기업 영업직에 지원하고 있다. 포춘 500대 기업의 CEO 가운데도 세일즈맨 출신이 많다. 미국에서 가장 영향력 있는 여성 기업인 중 한 사람으로 꼽히는 휴렛팩커드의 전 CEO 칼리 피오리나(Carly Fiorena)는 스탠퍼드대학에서 중세 역사를 전공한 뒤 AT&T 세일즈 부문에서 일하며 승진을 거듭했다. 제록스 회장을 지낸 앤 멀케이(Anne Mulcahy) 역시 세일즈 부문에서 경력을 쌓았다. 이처럼 세계 최고의 기업들 중 상당수는 세일즈 경험을 통해 단련된 리더들이 이끌고 있다.

세일즈는 평생의 무기다

세일즈맨으로서 자부심을 가져도 된다. 뛰어난 세일즈 역량은 높은 소득은 물론 직업 안정성까지 보장해준다. 경제 환경이 어떻게 변하든 뛰어난 세일즈맨은 어느 상황에서나 필요하다. 많은 기업과 산업이 쇠퇴하거나 사라지더라도, 유능한 세일즈 인력에 대한 수요는 줄어들 리 없다. 현장에서 뛰어난 성과를 내는 사람이라면, 자신이 설정한 재정적 목표가 무엇이든 충분히 달성해낼 수 있다.

미국에서 자수성가한 백만장자의 74%는 자신의 사업을 시작해 성장시킨 창업가다. 이들은 누구도 제공하지 못하는 상품이나 서비스를 고안해내거나, 경쟁사보다 뛰어난 편익을 제공할 수 있다고 판단될 때 사업에 뛰어들었다. 이들이 성공하는 데 반드시 필요했던 능력을 하나만 꼽는다면 단연 세일즈 역량이다. 다른 기술은 인재를 채용해 보완할 수 있지만, 세일즈 능력만큼은 그 누구도 대신해줄 수 없다. 세일즈는 사업의 성패를 결정짓는 핵심 요소다.

한편, 미국에서 자수성가한 백만장자의 5%는 세일즈맨으로 평생 일한 사람들이다. 세일즈는 오늘날 미국에서 가장 높은 소득을 올리는 직업군 중 하나다. 실제로 의사나 변호사, 건축가 같은 고학력 전문직보다 많은 수입을 올리는 경우도 드물지 않다.

세일즈는 큰돈을 벌 수 있는 몇 안 되는 직종 중 하나다. 세일즈 분야에는 사실상 수입의 상한선이 없다. 적절한 교육과 훈련을 통해 기술을 발전시키고, 적절한 시장에서 적절한 상품을 취급한다면 수입의 한계는 사실상 존재하지 않는다. 학력이나 경력이 부족하거나 특별히 내세울 만한 배경이 없더라도 3개월에서 12개월 정도 집중적으로 노력하면 최소한 생계를 이어나갈 수는 있다. 이런 기회를 제공하는 직업은 세일즈 분야가 거의 유일하다.

상위 20%가 모든 것을 가져간다

내가 세일즈 분야에 처음 뛰어들었을 때 누군가 파레토 법칙, 이른바 '80/20 법칙'을 알려주었다.

"상위 20%의 세일즈맨이 전체 수익의 80%를 가져가고, 하위 80%는 겨우 나머지 20%를 차지한다네."

세상에나! 그 말을 들었을 때 나는 번쩍 눈이 뜨였다. 그리고 반드시 상위 20%에 들어가겠다고 다짐했다. 나중에야 깨달았지만, 그 다짐은 내 인생에서 가장 중대한 결정이자 전환점이었다.

돈 걱정이 사라진다

다시 한번 강조하지만, 상위 20%의 세일즈맨이 전체 매출의 80%, 수익의 80%를 차지한다. 하위 80%의 세일즈맨은 고작 20%로 만족해야 한다. 그러므로 우리는 상위 20%에 속하겠다고 다짐하고 그 경지에 이르는 방법을 배워야 한다.

파레토 법칙은 상위 20% 안에서도 똑같이 적용된다. 상위 20% 중 20%, 즉 전체의 4%가 상위 20%의 수익 중 80%를 가져간다. 정리하면, 대규모 영업 조직에서 100명 중 네다섯 명이 나머지 모든 사람의 매출과 수익을 합친 것 이상을 차지한다는 뜻이다.

그 정도 수준이 되면 돈 걱정에서 자유로워진다. 언제 직장에서 잘릴지 몰라 전전긍긍할 필요도 없다. 고용 문제로 잠 못 이루는 날은 다시 없을 것이다. 상위 20% 혹은 그 이상에 속하는 이들은 우리 사회에서 삶의 만족도가 높은 부류에 속한다. 반대로 하위 80%에 해당하는 사람은 늘 돈 걱정에 시달린다.

인류 역사상 가장 부유한 시대에 살고 있음에도 대다수의 사람들이 돈 걱정에 시달리고 있다. 아침에 눈을 뜰 때부터 돈 걱정을 한다. 가진 돈이 너무 적다는 생각이 머리에서 떠나지 않는다. 하루 종일 열심히 일하고 밤늦게 집에 돌아와서도 돈 얘기나 솟구치는 물가 얘기에 열을 올린다. 당연히 그런 삶이 즐거울 리 없다. 상위 20% 안에, 더 나아가 4% 안에 들어가야 하는 이유는 분명하다.

위로 갈수록 보상은 기하급수적으로 많아진다

상위에 속할수록 훨씬 더 많이 번다. 상위 20%의 평균 수입은 하위 80%보다 16배나 많다. 그야말로 놀라운 차이다!

미국의 한 대형 보험 회사가 보험모집인들을 대상으로 80/20 법칙을 검증한 적이 있다. 이 회사에는 미국 전역에서 활동하는 수천 명의 독립모집인들이 있었는데, 이들 가운데 일부의 실적과 수입이 체계적으로 교육받은 전업 전속모집인 20~30명의 실적과 수입을 합친 것보다 많았다. 시장, 상품, 고객층, 사무실, 가격 등 모든 조건이 동일한데도 이런 차이가 빚어졌다.

나는 비슷한 시기에 서로 다른 두 업종의 엘리트 집단을 대상으로 연설한 적이 있다. 두 집단 모두 길거리에서 잠재고객을 찾거나 신문이나 전화번호부를 뒤져 연락처를 확보한 뒤 전화 영업을 했다. 이들은 모두 순수 성과급제로 일했으며, 판매에 성공할 때마다 수당을 받았다. 그런데도 이 두 집단에 속한 세일즈맨의 평균 수입은 각각 83만 3000달러와 85만 달러에 달했다. 특히 상위권에 속한 일부는 순수 수당만으로 연간 수백만 달러를 벌어들이기도 했다.

당신의 첫 번째 목표를 상위 20%에 진입하는 것으로 정하라. 그런 뒤 상위 10%, 상위 5%, 상위 4%로 계속 목표를 높여야 한다. 이 책의 목표는 분명하다. 당신을 그곳으로 이끄는 것. 현재 당신이 서 있는 자리에서 업계 최고 소득자들의 자리로 데려가는 것. 그것이 이 책을 쓴 이유다.

결정적 우위, 결과를 갈라놓는 단 하나의 차이

상위 20%의 세일즈맨이 전체 수익의 80%를 차지하고, 상위 20%의 기업이 전체 이익의 80%를 가져간다. 이처럼 놀라운 차이를 만드는 결정적 요인은 무엇일까? 바로 각자 자기 분야에서 '결정적 우위(The winning edge)'를 구축해왔는지 여부다. 결정적 우위는 21세기 비즈니스와 세일즈에서 가장 중요한 개념 중 하나다. 이는 아주 작은 능력의 차이가 결과에서는 엄청난 격차를 만들어낸다고 강조한다. 최고의 성과를 일궈내는 사람과 평균적이거나 평범한 성과에 머무는 사람은 재능이나 능력에서 큰 차이를 보이지 않는다. 이들의 격차는 보통 그저 몇 가지 사소한 것들을 꾸준히, 제대로, 반복해서 수행하느냐에 달려 있다.

예를 들어보자. 경주에서 우승한 경주마는 준우승한 경주마보다 열 배나 많은 상금을 거머쥔다. 비록 간발의 차이로 승부가 갈리더라도 그 결과는 마찬가지다. 그렇다면 간발의 차이로 이긴 말이 진 말보다 속도가 열 배나 빠를까? 아니면 10% 정도 빠를까? 아니다. 그러나 이 '간발의 차이'가 상금에서는 무려 1000%의 차이를 만들어낸다.

세일즈도 마찬가지다. 한 세일즈맨이 거래를 성사시켰다고 해서 그가 판매에 실패한 사람보다 열 배나 뛰어나다고 할 수 있을까? 물론 아니다! 고객이 이 사람에게서 사고 저 사람에게서 사지 않은 이유는 아주 작고 사소한 기술적 차이 때문이다. 말하자면, 판매를 성사시킨 세일즈맨은 그러지 못한 사람보다 단지 '간발의 차이'만큼 나았을 가능성이 크다. 그러나 세일즈의 세계는 경마의 세계보다 훨씬 더 냉정하다.

세일즈는 철저한 '승자독식' 게임이다. 격려상조차 없다. 거래에 실패하면 그 거래를 성사시키려고 얼마나 많은 시간과 노력을 들였든 간에 그 어떤 보상도 받지 못한다.

세일즈는, 주요 성과 영역에서 조금만 더 나아지고 차별화되어도 그 작은 차이들이 쌓여 수입에서 엄청난 격차가 만들어진다. 기술이나 능력이 3~4%만 향상되어도 결정적 우위를 확보할 수 있다. 바로 이런 차이가 당신을 상위 20%로, 나아가 상위 10%로 끌어올린다. 이 작지만 중요한 우위를 확보하면, 그 효과는 복리처럼 폭발적으로 불어난다. 처음에는 다른 사람들보다 조금 앞서는 수준에 불과하지만, 여기에 추가적으로 세일즈 기술이 더해지면 그 격차는 기하급수적으로 벌어진다. 수입 역시 머지않아 다른 사람들을 큰 격차로 압도하게 된다. 몇 년 혹은 몇 달 동안 평범한 수준을 벗어나지 못하는 사람들과 비교하면 열 배 이상 수익을 올리는 것도 가능하다.

최고의 세일즈 전문가는 어떻게 만들어지는가?

성공한 세일즈맨과 평범한 세일즈맨을 구분 짓는 몇 가지 특징이 있다. 이는 수많은 인터뷰와 설문 조사, 방대한 연구 결과에서 반복적으로 확인된 사실이다. 중요한 것은 2가지다. 첫째, 이런 자질은 타고나는 것이 아니다. 둘째, 이 모든 자질은 훈련과 연습을 통해 익힐 수 있다.

과거에는 성공이 좋은 가정환경, 양질의 교육, 넓은 인맥, 우수한 학업 성적 같은 외부 요소에 의해 결정된다고 믿었다. 그러나 연구 결과는 이와 전혀 다르다. 이런 조건을 전혀 갖추지 못한 상태에서 출발했는데도 자기 분야에서 최고의 자리에 오른 사람들이 적지 않다. 이 사실을 가장 뚜렷하게 보여주는 사례가 바로 미국 이민자들이다.

이들은 돈도 없고, 인맥도 없고, 학력이나 영어 실력도 보잘것없는 상태에서 출발했다. 사실, 이들은 우리가 상상할 수 있는 거의 모든 불리함을 안고 미국 생활을 시작했다. 그런데도 불과 몇 년 만에 그 모든 제약을 극복하고 자기 분야에서 주도적인 지위를 구축했다. 이 나라에 맨손으로 왔지만, 지금은 최고의 세일즈 전문가이자 자수성가한 백만장자 반열에 오른 사람도 적지 않다. 이들이 성공을 거둔 원인은 외부의 조건보다 그들 내부에서 일어난 변화와 훨씬 더 깊이 연결돼 있었다.

세일즈의 격차를 만드는 '진짜' 비밀

세일즈에서 결정적 차이를 만들어내는 핵심은 지성이다. 몇 년 전 하버드대학교에서 1만 6000명의 세일즈맨을 대상으로 연구를 진행했는데, 이들의 성패를 가르는 기본적인 자질은 모두 지적 역량에서 비롯된다는 사실이 밝혀졌다. 특정한 수준의 지적 자질을 갖춘 사람은 나머지 다른 조건이 비슷하더라도 세일즈에 성공할 가능성이 훨씬 높았다. 한마디로, 지적 자질을 계발하는 것은 성공적인 세일즈의 토대를 구축하는 것이나 마찬가지다.

앞으로 지을 건물이 얼마나 높이 올라갈지 알고 싶다면 그 기초를 얼마나 깊이 파는지 보면 된다. 기초가 깊을수록 건물은 높아진다. 같은 이치로, 지식과 기술의 기초가 탄탄할수록 당신이 만들어나갈 세일즈 커리어와 삶의 높이는 달라진다. 기초를 탄탄하게 다진다면 당신은 어느 환경에서든 자신만의 길을 개척할 수 있다. 그리고 그 기초는 언제든 더 탄탄하게 다질 수 있다.

그런데 대부분의 세일즈맨이 자신의 잠재력을 극히 제한적으로만 활용한다. 일반적으로 사람들은 자신의 잠재력 중 10%도 사용하지 못하는 것으로 알려져 있다. 즉, 90% 정도의 잠재력이 사용되지 않은 채 미개봉 상태로 묻혀 있다는 뜻이다. 이 90%의 잠재력을 발휘할 방법을 알아내면 최고 소득자의 반열에 올라설 수 있다.

자기 분야에서 상위 10%에 속하는 것이 목표라면, 이미 10%에 속해 있는 사람들을 기준으로 삼아야 한다. 평균적인 실적을 내는 동료가 아니라 앞서가는 리더들을 따라 해야 한다.

기억하라. 그들이 당신보다 뛰어나거나 똑똑해서 성공한 게 아니다. 누군가 당신보다 훨씬 나은 성과를 냈다면, 그건 그저 그가 성공적인 세일즈의 인과 관계를 당신보다 먼저 발견했기 때문이다.

영국의 철학자 버트런드 러셀(Bertrand Russell)은 이렇게 말했다.

"무언가 할 수 있다는 최고의 증거는 이미 누군가가 그것을 해냈다는 사실이다."

누군가가 당신보다 다섯 배, 열 배의 수입을 올린다고 해서 부러워할 필요 없다. 방법만 알면 당신도 같은 결과를 만들어낼 수 있다. 기억하라. 누구나 바닥에서 시작해 위로 올라갔다. 누군가 당신보다 훌륭한 성과를 냈다면, 그가 어떻게 해서 밑바닥에서 현재의 자리까지 도달했는지 알아내라. 직접 찾아가 물어보는 것이 가장 빠른 길이다. 놀랍게도, 그들은 친절하게 답해줄 것이다. 최고의 성과를 올리는 이들은 성공을 갈망하는 이들을 기꺼이 돕고 싶어 하게 마련이다.

당신을 위한 마스터 프로그램

20세기 심리학과 인간 수행능력 영역에서 가장 주목할 만한 진전은 '자아 관념(self-concept)'의 발견이다. 자아 관념은 자신에 대해 스스로 품고 있는 신념의 총체로, 삶의 모든 영역에서 자신을 바라보고 해석하는 기본적인 틀을 의미한다. 마치 무의식 속에서 작동하는 일종의 마스터 프로그램처럼, 말하고 생각하고 느끼고 행동하는 방식 전반을 결정하는 운영체제라고 할 수 있다.

자아 관념은 성과와 직접적으로 연결된다. 외부로 드러나는 행동은 자아 관념과 일치하는 방향으로 나타나는 경향이 있다. 그러므로 변화하고 성장하길 바란다면 먼저 내면의 프로그래밍, 즉 자아 관념부터 재설정해야 한다.

아울러 우리는 자신과 인생, 타인에 대해 전반적으로 어떻게 생각하고 느끼는지를 결정하는 '총체적 자아 관념(overall self-concept)' 뿐 아니라 '부분 자아 관념(mini self-concepts)'도 가지고 있다. 부분 자아 관념은 자전거 타기부터 연설하기에 이르기까지 다양한 영역에서 우리의 능력과 결과를 좌우한다.

세일즈 성과를 좌우하는 자아 관념

세일즈 활동에서도 자아 관념은 결정적인 역할을 한다. 특히 '잠재고객 발굴(prospecting)'에 대해서는 누구나 자신만의 자아 관념을 갖고 있게 마련이다. 수준 높고 긍정적인 자아 관념을 지닌 세일즈맨에게 고객 발굴은 전혀 문제가 되지 않는다. 아침에 일어나면 새로운 사람에게 연락할 생각에 설렐 정도다. 고객 발굴과 관련, 이들은 자신감 있게 행동한다. 그 결과, 이들의 세일즈 파이프라인(sales pipeline, 잠재고객이 실제 구매고객으로 이어지는 전 과정-옮긴이)은 항상 잠재고객으로 가득하다.

반대로, 잠재고객 발굴에 대한 자아 관념이 약한 사람은 그 과정 자체를 부담스러워해서 어떻게든 회피하려고 든다. 고객과 접촉한다는 생각만으로도 긴장하고 불편해진다. 자연스럽게 행동은 소극적으로 바뀌고, 이는 세일즈 전반의 성과 저하로 이어진다. 이런 현상은 계약 체결, 가격 제시, 세일즈 클로징 등 세일즈의 다른 영역에서도 비슷하게 나타난다.

자아 관념은 수입과도 깊이 연결돼 있다. 모든 세일즈맨이 자신의 소득 수준을 무의식적으로 설정해둔다. 심리학자들은 사람들이 이 수준보다 10% 이상 많거나 적은 소득을 장기간 유지하기 힘들다는 사실을 발견했다. 예를 들어, 기대한 것보다 많은 돈을 벌면, 그 돈을 외식이나 여행, 쇼핑 등 다른 데 써버리고 싶은 충동이 강하게 든다. 그 결과, 주머니에 구멍이 뚫린 것처럼 돈이 술술 새어 나간다. 반대로, 생각한 수준보다 적게 벌면 불안과 긴장이 커져 허둥지둥 행동한다. 수입을 다시 안전한 수준까지 끌어올리기 위해 더 오래,

더 열심히, 더 효율적으로 일할 방법을 마구 찾기 시작한다. 그러다가 수입이 생각한 수준에 올라서면, 다시금 긴장을 풀며 안도의 한숨을 내쉰다.

재미있는 점은, 연간 5만 달러를 버는 사람과 10만 달러를 버는 사람 사이에는 재능의 차이가 거의 없다는 것이다. 차이가 있다면 단 하나, 한 사람은 상대적으로 낮은 수준에 안주하고 다른 사람은 10만 달러 이하에 안주하기를 거부한다는 것이다.

재정적 '온도조절기'를 재설정하라

사람은 자신의 내면에서 설정한 수준 이상의 소득을 지속적으로 벌어들이기 어렵다. 마치 각자에게 '재정적 온도조절기', 즉 '수입 기준점'이 설정되어 있는 것처럼 보인다. 특정 온도로 설정되면 온도조절기가 그에 맞춰 냉난방 수준을 조절하는 것처럼, 스스로 '연간 5만 달러를 버는 사람'이라고 그 기준점을 설정하면 무의식적으로 그 수준을 유지하는 행동만 계속 하게 된다.

세미나나 기업 교육 현장에서 자주 목격하는 묘한 현상이 있다. 어느 세일즈맨이 1년에 5만~6만 달러를 벌겠다는 목표를 세운다. 그런데 그해 일이 잘 풀려서 9월 말쯤 목표를 달성한다. 그러면 어떤 이유에선지 갑자기 매출이 바닥을 기기 시작한다. 1년이 아직 마무리되지 않았는데도 세일즈 활동을 거의 중단한다. 시장 상황이 좋고 기회가 많아도 의욕이 사라진 것처럼 보인다. 그렇게 12월 31일까지 헛바퀴만 돌리다가 새해 1월 1일이 되어서야 출발선에 선 경주마처럼 뛰쳐나가 다시 움직이기 시작한다.

한 달 동안 특정한 금액을 벌겠다는 목표를 세우는 사람도 있다. 그런데 일이 잘 풀려서 목표액을 보름 만에 벌어버리면 나머지 보름은 빈둥거리며 다음 달이 오기만을 손꼽아 기다린다. 이런 모습은 매우 흔히 볼 수 있다. 이는 역시 자아 관념이 작동한 결과다.

수입의 기준은 어떻게 만들어지고 어떻게 고착되는가?

사람은 누구나 자신의 수입에 대해 나름의 기준을 가지고 있다. 세일즈맨 역시 예외가 아니다. 이 기준은 우연히 만들어지지 않는다. 대부분 과거의 경험과 환경의 영향을 받아 형성된다. 문제는, 이렇게 만들어진 기준이 시간이 흐른 뒤에도 고착돼 현재의 가능성을 붙잡아두는 경우가 많다는 것이다.

과거의 기준이 현재를 붙잡는 대표적인 예가 있다. 아버지보다 많은 돈을 버는 것은 옳지 않다고 믿거나, 가족 중 누군가가 벌었던 최고 수입을 무의식적인 상한선으로 삼는 경우가 그렇다. 나는 이런 사례를 수없이 봐왔다. 극단적인 사례도 있다. 가난한 농가에서 자란 젊은이가 도시로 나와 농부들에게 위성 안테나를 판매하기 시작했다. 그는 돈을 제대로 벌어본 경험이 없었다. 그런데 마침 그해 농사가 잘되면서 농부들이 5000달러짜리 위성 안테나를 너도나도 구입했다. 그는 엄청나게 짧은 시간에 평생 꿈도 꾸지 못했던 거금을 벌었다. 그러나 수입이 자신의 자아 관념을 훌쩍 넘어서는 순간, 그는 견디지 못했다. 주 초반 몇 건의 계약이 성사되면 곧장 집으로 돌아가 불을 모두 끄고 이불을 뒤집어쓴 채 두근거리는 심장 소리를 들으며 어둠 속에 웅크리고 있었다. 돈을 벌었다는 기쁨보다 자신의 기준을 벗어났다는 불안과 스트레스에 압도당한 것이다.

따라서 수입을 늘리려면, 현실에서 그런 결과를 만들어내기 전에 먼저 머릿속 기준부터 바꿔야 한다. 여기서 말하는 기준이란, '자아 관념 속 수입 수준'을 뜻한다. 자신을 고소득자로 생각하고, 이해하고, 느끼는 수준을 조금씩 높여야 한다.

이미 원하는 만큼 돈을 벌고 있다고 상상하라. 당신보다 더 많이 버는 사람들을 보며 당신 역시 그들과 같은 위치에 있다고 생각하라. 재정적 독립을 이미 이뤘다고 가정하라. 필요한 돈은 이미 충분히 벌어두었고, 계속 일하는 이유는 그저 새로운 사람을 만나는 즐거움 때문이라고 생각하라. 이처럼 이미 부자가 된 것 같은 침착하고 자신만만하며 여유로운 태도는 긴장감을 크게 줄이고 최고의 성과를 달성하는 데 큰 도움을 준다.

다만 이 과정에 중요한 전제가 하나 있다. 새로운 자아 관념을 만들 때는, 특히 시작 단계라면 현실적으로 생각해야 한다. 자아 관념의 힘과 그것이 수입을 어떻게 조절하는지 처음 깨달았을 때 내 연소득은 3만 달러 정도였다. 나는 곧바로 연간 30만 달러를 벌겠다는 목표를 세웠다. 하지만 이 원대한 목표는 자극이 되기는커녕 전등

스위치를 내린 것처럼 도리어 의욕을 꺾어버렸다. 그만한 돈을 벌 방법을 찾으려는 마음가짐이 작동한 게 아니라 '현실성 없다'는 판단 아래 마음이 아예 멈춰버린 것이다.

나중에야 깨달은 사실이지만, 지금껏 성취해온 수준을 한참 넘어서는 원대한 목표는 자아 관념에 의해 현실성 없다는 판단을 내리게 되고, 자동적으로 거부당한다. 그런 목표는 자극은커녕 좌절감만 안겨줄 뿐이다. 새롭고 비현실적 목표를 좇아 6개월이나 노력한 뒤에야 나는 결국 실수를 인정하고 연간 5만 달러로 목표를 재설정했다. 그러자 거의 곧바로 일이 풀리기 시작했다. 얼마 지나지 않아 나는 새로운 목표를 달성할 수 있었다.

그런데 흥미로운 점이 하나 있다. 한번 형성된 수입의 기준은 쉽게 무너지지 않는다. 밑바닥에서 시작한 세일즈맨이 몇 년 동안 성장을 거듭해 연간 10만 달러 이상 벌게 되었다고 하자. 그런데 경제가 악화되거나 업계가 위축되는 바람에 다른 회사로 옮겨 다른 상품을 팔며 새로 시작해야 하는 상황에 놓였다. 이 경우, 그가 이듬해 벌어들일 수입은 얼마나 될까? 정답은, 10만 달러 이상이다. 왜 그럴까? 그는 이미 '연소득 10만 달러의 세일즈맨'이라는 자아 관념을 갖고 있기 때문이다. 외부 환경이 어떻게 변하든, 그는 그 수준에 맞춰 10만 달러 이상 벌 방법을 찾아낸다.

대기업에서 연간 100만 달러 이상 벌던 고위 경영진이 회사를 떠난 뒤에 비슷한 보수를 받는 이유도 이와 같다. 게다가 '연간 100

만 달러를 버는 사람'에게 그보다 적은 연봉을 제안하는 경우는 거의 없다. 이 모든 것은 능력 이전에, 자아 관념이 설정한 기준에 달려 있는 문제다.

성과를 만드는 7가지 핵심 영역

세일즈에는 7가지 '핵심 성과 영역(Key Results Areas, KRAs)'이 있다. 이는 전화번호 숫자와 닮았다. 고객과 연락이 닿아 최종적으로 판매를 성사시키려면 이 7가지를 빠짐없이 순서대로 실행해야 한다. 7가지 핵심 성과 영역은 다음과 같다. '잠재고객 발굴(prospecting)', '친밀감 형성(building rapport)', '욕구 파악(identifying needs)', '상품 · 서비스 설명(presenting)', '거절 대응(answering objections)', '세일즈 클로징(closing the sale)', '재구매와 추천 유도(getting resales and referrals)'. 각각의 영역에 대해 어떤 자아 관념을 가지고 있는지가 당신의 전반적인 세일즈 성과는 물론, 궁극적으로 전체적인 수입 수준을 결정한다.

이 중 어느 하나에 능숙한 사람이라고 해서 처음부터 잘했던 것은 아니다. 상위 10%의 세일즈맨도 처음에는 하위 10%에서 출발했다. 자동차를 운전하거나 휴대전화를 다룰 수 있을 정도의 학습능력만 있다면 누구나 이 7가지 핵심 기술에 능숙해질 수 있다. 다만, 체계적인 학습과 반복적인 연습이 필요할 뿐이다.

자아 관념이 낮은 세일즈맨은 무의식적으로 특정 세일즈 활동을 최대한 피하려는 경향을 보인다. 특정한 기술 영역을 회피하는 이유는 단 하나, 아직 그 분야에 익숙하지 않기 때문이다. 익숙하지 않으면 실수를 하게 되고, 그 과정에 어색하거나 화가 나거나 좌절할 수도 있다. 그런 활동을 피하고 싶은 것은 지극히 정상적이고 자연스러운 반응이다.

기술은 자신감을, 자신감은 성과를 만든다

어느 분야든 능숙해질수록 자아 관념은 더 긍정적으로 변한다. 자신감이 커질수록 그 일을 할 때의 즐거움은 물론, 결과 역시 눈에 띄게 향상된다. 마치 조각가가 작품을 만들어내듯, 당신도 자기만의 전체적인 세일즈 성향을 가다듬을 수 있다.

자신이 잘하는 일을 할 때, 사람은 불안을 느끼지 않는다. 불안은 대개 그 일에 능숙하지 않다고 여길 때 드는 감정이다. 어느 분야에서든 더 나아지기 위해 한 걸음 내디딜 때마다 자신감이 쌓이고, 그 일을 시도할 때마다 성공 가능성은 점점 커진다.

특정한 핵심 기술 영역에 두려움이나 주저함을 느낀다면, 해결책은 단 하나다. 그 기술에 완전히 익숙해질 만큼 반복해서 연습하는 것이다. 다행히 요즘은 특정 기술에 숙달하도록 도와주는 책이나 오디오 프로그램, 강연, 코칭 프로그램 등이 한 사람이 평생 다 소비할 수 없을 정도로 다양하고 풍부하게 존재한다. 특정 기술 영역에 취약하다는 이유로 상위 10%에 들어가지 못할 이유는 전혀 없다.

잠재고객을 효과적으로 발굴하는 방법도 배울 수 있다. 잠재고객과 수준 높은 친밀감과 신뢰를 형성하는 방법도 배울 수 있다. 질문하고 대답을 경청하는 기술도 배울 수 있다. 상대방과의 상호작용에 차분하고 자신 있게 대처하는 방법도 배울 수 있다. 반복해서 연습한다면, 원하는 것은 무엇이든 배울 수 있다.

기술 영역도 마찬가지다. 더 나은 질문을 함으로써 상대방의 욕구를 정확하게 파악하고 잠재고객의 적격성을 정확히 파악할 수 있다. 상품이나 서비스를 설명하는 과정에서 뛰어난 능력을 발휘해 말을 채 끝내기도 전에 사람들이 서로 먼저 물건을 낚아채려고 다툼을 벌이게 만들 수도 있다. 잠재고객의 반대나 우려에 대처하는 방법을 배워서 그들의 거부감을 없애고 만족감을 높여 다시는 반대가 나오지 않게 할 수도 있다. 아울러 이 책에서 소개하는 다양한 기법을 익혀 적절한 순간에 활용할 수도 있다. 마지막으로, 잠재고객과 기존 고객들로 이어지는 추천의 황금 사슬을 만들어내 이미 구매한 고객들에게 더 많은 상품을 판매하는 기술도 배울 수 있다. 이 모든 것은 얼마든지 습득 가능한 기술이다.

성과를 막는 보이지 않는 장벽들

세일즈를 시작하면 누구나 가슴이 터질 듯한 순간을 경험한다. 가슴이 얼마나 요란하게 뛰는지 옆사람에게 들릴까 봐 걱정될 정도다. 처음 잠재고객에게 전화를 걸 때는 심장이 요동치고 속이 메스껍기까지 하다. 심리학자들은 이를 손찌검을 당할까 봐 두려워하는 아이의 심리에 비유한다. 그런데 이런 두려움은 대부분 현실이 아니라 자아 관념에서 비롯된다. 자아 관념은 객관적 사실이 아니라, 자신에 대해 반복해온 생각과 해석의 산물이다. 자아 관념은 대부분 주관적이다. 이는 대부분 자신을 향한 생각이나 관념, 특히 사람들을 위축시키는 자기 제한적 소견의 영향을 강하게 받는다.

> 두려움과 자기 의심은 인간의 잠재력을 위축시키는 가장 심각한 적이다. 자신에게 한계가 있다고 믿으면, 실제로 한계가 있는 것처럼 느끼고 행동하게 되고, 그것은 곧 현실이 된다.

하버드대학교 교수였던 윌리엄 제임스(William James)는 이를 두고 "신념이 사실을 만들어낸다"라고 말했다. 다시 한번 강조하지만, 어떤 식으로든 자신에게 한계가 있다고 믿으면, 실제로 한계가 있는 것처럼 느끼고 행동하게 되고, 그것은 곧 현실이 된다.

스스로 미숙하다고 생각하는 순간, 판매를 성사시키는 것은 훨씬 어려워진다. 주문을 요청하려고 생각만 해도 심장이 두근거리고 위장이 뒤틀리고 손바닥에 땀이 나고 머릿속이 하얘진다. 전화 통화도 마찬가지다. 거절당할 거라는 막연한 두려움 때문에 가깝지 않거나 우호적이지 않은 사람에게 전화 거는 것을 망설인다. 그러고는 자신에게 말한다. "모르는 사람에게 전화하는 건 정말 부담스러워. 나는 이런 게 체질에 안 맞아." 스스로 이렇게 생각하고 말하는 순간, 전화를 걸 때마다 말이 꼬이고 실수가 거듭된다. 좋은 결과를 거두기 어려운 것은 당연하다.

다행스러운 것은, 자기 제한적 신념이 대부분 잘못된 정보에서 비롯된다는 사실이다. 현실이 아니라 머릿속 상상에 불과한 경우가 많다. 실제가 아닌 그릇된 신념이므로, 분야와 상관없이 자신감과 유능함 같은 새롭고 긍정적인 신념으로 얼마든지 대체할 수 있다.

자기 제한적 신념은 놀라울 정도로 쉽게 생겨난다. 처음 스키나 스케이트를 타다가 넘어졌다고 해서 소질이 없다고 단정하는 것처럼 말이다. 그렇게 생각한 순간, 사람은 이 그릇된 신념을 뒷받침할 근거를 찾아다니며 끊임없이 자신의 가능성을 차단한다. 그 결과, 그 분야 자체를 아예 기피하게 된다.

영성 지도자이며 작가인 루이스 헤이(Louise Hay)는 "모든 사람의 근본적인 문제는 '나는 부족한 사람'이라는 느낌에서 비롯된다"고 지적했다. 내면 깊은 곳에서 '다른 사람만큼 뛰어나지 않다'는 느낌이 솟아난다. 누군가 어떤 일을 더 잘한다는 이유로 그를 자신보다 더 나은 존재라고 믿는다. 그리고 당연히 나는 그보다 못할 거라고 무의식적으로 단정한다. 그가 나보다 가치 있는 사람이라면, 나는 그보다 덜 가치 있는 존재가 될 수밖에 없다. 이런 그릇된 결론이 개인의 성장을 가로막고, 세일즈 현장에서 성과의 상한선을 만들어 내는 근본적인 원인이다.

자존감이 성과를 움직이는 방식

자아 관념 심리학에서 가장 중요한 발견은 자존감의 주도적 역할이라고 할 수 있다. 쉽게 말해, 자존감은 '자신을 좋아하는 정도'다. 자신을 좋아하는 정도가 그 사람의 성격은 물론, 앞으로 일어날 많은 일의 방향을 결정한다. 어떤 영역에서든 자신을 얼마나 긍정적으로 인식하느냐에 따라 그 분야에서의 성과가 달라진다. 돈을 얼마나 많이 버는지, 옷을 어떻게 입는지, 다른 사람들과 얼마나 잘 지내는지, 얼마나 많이 판매하는지뿐만 아니라 전반적인 삶의 질까지도 모두 자존감의 영향을 받는다.

자존감이 세일즈 성과를 좌우한다

자신을 진심으로 좋아하는 사람은 자존감이 높고 자아 관념도 긍정적이다. 특정 역할을 수행하는 자신의 모습을 정말 좋아한다면, 그 역할과 관련해서 최상의 성과를 거둘 가능성이 커진다. 자신을 좋아할수록 다른 사람들을 더 잘 이해하고 존중하게 되며, 그 결과 상대방 역시 당신에게 호감을 느끼게 된다. 고객을 진심으로 좋아하면 고객도 당신을 좋아하며, 기꺼이 당신에게서 구매하고 지인들에게 당신을 추천해줄 것이다.

자존감 높은 사람은 비슷한 수준의 자존감을 지닌 사람들과 관계를 맺는다. 자존감 높은 부모는 자녀를 자존감 높게 키운다. 자존감 높은 상사는 자존감 높은 세일즈맨과 직원들을 만든다. 자존감 높은 사람은 자신에게 더 높은 기준을 부여하고 더 엄격하게 자신을 관리하며, 결과적으로 좋은 사람들을 만나 좋은 관계를 유지한다. 자존감 높은 사람은 자신을 그다지 좋아하지 않는 사람들보다 훨씬 행복하고 만족스러운 삶을 영위한다.

자신을 좋아할수록 잠재고객 발굴, 친밀감 형성, 욕구 파악, 상품 및 서비스 설명, 거절 대응, 세일즈 클로징, 재구매와 추천 유도 등 각 단계에서 더 뛰어난 성과를 거둘 수 있다. 자신을 좋아하지 않거나 특정 분야에서 자신을 부정적으로 인식하는 사람은 그 분야에서 높은 성과를 기대하기 어렵다. 자존감 낮은 세일즈맨은 자신뿐만 아니라 다른 사람에 대해서도 긍정적인 감정을 유지하기 어렵다. 그 결과, 고객과 양질의 관계를 맺지 못하고, 고객 역시 그런 세일즈맨을 특별히 좋아하거나 신뢰하지 못한다. 그리고 결국 그보다는 다른 사람에게서 구매하려는 선택을 하게 된다.

자신을 좋아하는 정도는 세일즈 성과와 수입을 결정하는 핵심 요소다. 이는 세일즈에 국한된 문제가 아니라, 사실상 삶 전반의 성공 여부를 좌우하는 요인이기도 하다.

생각이 성과를 만든다는 위대한 발견

삶과 운명을 결정하는 힘은 마음에서 비롯된다. 이런 이유에서 평소 어떤 생각을 하느냐가 그 사람의 모습을 만든다는 통찰은 역사상 가장 위대한 발견 중 하나라고 할 수 있다. 행복한 사람은 행복한 생각을 한다. 성공한 사람은 성공적인 생각을 한다. 사랑스러운 사람은 사랑스러운 생각을 한다. 부유한 사람은 부유한 생각을 한다. 평소에 반복하는 생각이 그 사람의 정체성이 되는 것이다.

평소 자신에게 건네는 말 역시 그대로 자신의 모습이 된다. 성공한 사람은 내면의 대화도 관리한다. 긍정적이고 자신 있게 하루하루를 살아가도록 스스로 다독인다. 자존감을 높이기 위해 자신에게 해줄 수 있는 말 중에 이보다 효과적인 것은 없다.

"나는 내가 좋아!"

"나는 내가 좋아!"라고 말할 때마다 자존감이 높아진다. 하루 종일 "나는 내가 좋아!"라고 반복해서 말하면 뇌에서 화학 변화가 일어나 자신감과 행복감을 만드는 엔도르핀이 분비된다. "나는 내가 좋아!"라고 되뇔수록 자신감은 커지고 더 유능하게 행동할 수 있다.

"나 자신의 치어리더가 되자." 이 긍정적 확언을 알게 된 뒤 나는 하루에 수십 번씩 이 말을 반복한다. 아침저녁은 물론, 운전 중에도, 프레젠테이션을 앞두고도 늘 이 말을 되뇐다. 그렇게 계속 반복하다 보니 이 메시지는 나의 잠재의식에 깊이 새겨져 자연스럽게 위력을 발휘하기 시작했다. 당신도 나와 똑같이 할 수 있다.

"나는 내가 좋아!"라고 말할 때마다 자아 관념은 강화된다. 실행 능력과 효율도 곧바로 향상된다. 자존감의 수준이 높아질수록 세일즈를 포함한 모든 영역에서 더 나은 성과를 낼 수 있다.

자아 관념이 최고조에 이르는 순간

질문 하나를 던져보자. 판매를 종결하기에 가장 좋은 순간은 언제일까? 정답은 의외로 간단하다. 다른 판매를 성사시킨 직후다. 왜 그럴까? 판매를 종결한 직후에는 자존감이 치솟기 때문이다. 세일즈맨으로서 자신감이 넘쳐난다. 더 만족스럽고, 승리자가 된 듯한 느낌이 든다. 이처럼 자신만만한 상태에서 새로운 잠재고객과 대화를 시작하면 성과가 달라진다. 당신의 긍정적 태도와 자신 있는 모습이 잠재고객의 잠재의식에 그대로 전달되기 때문이다.

아침에 첫 계약을 성사시킨 뒤 연달아 계속 계약을 따내며 하루만에 일주일 치 매출을 올리는 경우가 있다. 이는 상품 자체나 시장,

고객 때문이 아니다. 세일즈맨의 자아 관념이 무더운 날의 온도계 수은주처럼 치솟았기 때문이다. 그 결과, 엄청난 성과를 이뤄낸 것이다.

판매를 종결한 직후에는 세일즈맨으로서의 자신이 더욱 자랑스럽게 느껴진다. 더 자신 있고, 더 유능하며, 더 효과적으로 일할 수 있다는 생각이 든다. 이런 순간이야말로 평소 공략하기 어려웠던 잠재고객에게 접근해볼 최적의 순간이다. 이 전략이 얼마나 효과적인지는 경험해보면 금세 알게 된다. 판매를 종결한 직후는 다른 어느 때보다도 설득력이 높아진다. 변한 것은 고객이 아니다. 상품이나 서비스, 가격, 시장, 경쟁 환경도 아니다. 변한 것은 오직 당신이다.

성공은 스스로를 증폭시킨다

세일즈 세계에서 유명한 말이 있다. "성공이 성공을 낳는다." 많이 팔수록 세일즈 감각은 날카로워지고, 세일즈맨으로서의 자아 관념도 단단해진다. 그러다 보면 마침내 '어디서 무엇을 팔든 나는 해낼 수 있다'는 확신에 이르게 된다.

세일즈를 오래 하다 보면 자연스럽게 성공 경험이 쌓이게 마련이다. 실적이 늘어날수록 자아 관념은 강화된다. 자신이 훌륭한 세일즈맨이며, 어디서 무엇을 팔든 만족스러운 삶을 영위할 수 있을 거라는 확신이 생긴다. 자신이 멋지다고 느끼고 자신을 진심으로 신뢰할 때, 손대는 일마다 좋은 결과를 만들어낼 가능성이 커진다. 세일즈 성과가 좋을 때는 가정도, 인간관계도 훨씬 좋아지고, 잠을 덜

자도 에너지와 열정이 넘친다. 무엇보다 자신을 향한 긍정적 느낌이 훨씬 강화된다.

이런 상태에 도달할 수 있는 비결이 있다. 고객에게 연락하기 전, 먼저 심리적으로 무장하라. 모든 활동을 잠시 멈추고 조용히 자신에게 말하라.

"나는 내가 좋아! 나는 내가 좋아! 나는 내가 좋아!"

긍정적인 자기 대화는 기운을 북돋워준다. 타이어에 바람을 넣듯 자존감이 충만해진다. 아침에 일어나자마자 이렇게 말하며 하루를 시작하라.

"나는 내가 좋아! 내 일도 사랑해! 나는 내가 좋아! 내 일도 사랑해!"

감정을 담아 자신에게 건네는 말은 잠재의식에 보내는 일종의 지시이자 명령이다. 잠재의식은 그 신호에 맞춰 말과 행동, 감정을 조율한다.

잠재고객과 접촉하기 전, 자신에게 이렇게 말하라.

"나는 훌륭한 세일즈맨이다. 이번 대화도 아주 잘 풀릴 것이다!"

이런 말을 여러 번 반복하라. 좋은 경험을 하려면 자신을 심리적으로 준비시켜야 한다. 그런 다음에 고객을 만나면, 당신의 잠재의식은 이 분야에서 최고인 사람들이 보이는 말과 감정과 몸짓을 이끌어낼 것이다. 긍정적인 자기 대화는 당신을 더 자신 있는 사람으로 만든다. 긴장을 풀고 설득력을 높여 더 훌륭한 성과를 도출해내도록 이끈다. 자신감 있고 차분한 당신의 모습은 상대방에게 깊은 인상을 남긴다. 이런 이유로 긍정적인 자기 대화는 긍정적인 성과로 이어지는 것이다.

성공 세일즈를 가로막는 심리적 장애물

계약하고 판매를 종결하는 과정에는 2가지 큰 장애물이 있다. 바로 실패에 대한 우려와 거절에 대한 우려다. 실패에 대한 우려는 성인이 된 뒤 실패를 초래하는 가장 핵심적인 요인이다. 실제로 사람을 위축시키고 성과를 떨어뜨리는 것은 실패 그 자체가 아니라, 실패할지도 모른다는 두려움과 실패 가능성을 예견하는 마음이다.

이 같은 우려는 대부분 부모 중 어느 한쪽 혹은 양쪽 모두에게서 지속적이고 파괴적인 비판을 받은 경험에서 비롯된다. 성장 과정에서 부모에게 끊임없이 비판받은 아이는 성인이 된 뒤에도 마음속 깊이 뿌리 박혀 있는 무의식적 실패의 공포를 계속 지닌 채 살아가게 된다. 이를 극복하는 방법을 배우기 전까지는 말이다.

고객이 구매를 망설이는 진짜 이유

기존 고객이든 잠재고객이든, 그들의 마음속에 자리한 실패에 대한 우려는 구매를 가로막는 가장 큰 장애물이다. 누구나 구매 과정에서 실수한 경험을 갖고 있게 마련이다. 알고 보니 지나치게 비싼 값을 치렀거나, 심각하게 고장 난 상품을 샀거나, 원하지 않는 물건을 떠안듯 구매한 경험이 있을 것이다. 이런 경험이 계속 쌓이다 보면 고객은 흔들의자로 가득 찬 방에 갇힌 고양이처럼 언제 꼬리를 밟힐지 몰라 전전긍긍하게 된다. 그러므로 신뢰와 신용을 쌓아가는 과정에서 세일즈맨에게 가장 중요한 과제는 고객의 우려를 해소해 그가 주저하지 않고 당신의 제안을 받아들이도록 만드는 것이다.

세일즈를 시작한 뒤 판매를 종결하기까지의 과정에서 부딪치게 되는 두 번째로 큰 장애물은 거절에 대한 우려, 즉 잠재고객이 "아니오"라고 말할지도 모른다는 두려움이다. 이는 고객이 무례하게 행동하거나, 불만을 드러내거나, 비판할 수 있다는 가능성에서 비롯된다.

> 세일즈에 종사하면서 거절을 두려한다면, 생계 유지 방식을 잘못 선택한 것이다. 거절은 세일즈에서 필연적인 요소다.

현실적으로 세일즈를 시도했을 때 80% 정도는 거절로 끝난다. 그 이유는 수없이 많다. 이는 이 세계의 법칙이라고 할 수 있을 정도다. 그렇다고 해서 그것이 세일즈맨 개인이나 그가 판매하는 상품

혹은 서비스에 문제가 있다는 뜻은 아니다. 사람들은 그저 필요하지 않거나, 원하지 않거나, 사용할 수 없거나, 감당할 수 없거나, 또 다른 이유에서 "아니오"라고 말할 뿐이다. 세일즈에 종사하면서 거절을 두려워한다면, 생계 유지 방식을 잘못 선택한 것이다. 거절은 세일즈에서 필연적인 요소다. 이는 너무도 당연한 사실이다.

그러나 실패나 거절을 반복적으로 경험하다 보면 자존감에 영향을 받게 마련이다. 자기 이미지를 훼손하고, 자신을 부정적으로 인식하며, 무엇보다 '나는 무능한 사람'이라는 파괴적인 생각이 든다. 거절에 대한 우려가 없다면 누구나 지금보다 두 배, 다섯 배, 어쩌면 열 배 이상의 성과를 낼 수 있을 것이다.

거절이 성과를 제한하는 방식

몇 해 전 컬럼비아대학교에서 진행한 연구에 따르면, 세일즈맨이 실제로 고객과 접촉하는 시간은 하루 평균 한 시간 반에 불과했다. 대개 첫 연락은 오전 11시쯤, 마지막 연락은 오후 3시 30분쯤 이뤄졌다. 그 이후에는 업무를 정리하고 사무실이나 집으로 돌아갔다.

대부분의 세일즈맨은 오전 시간을 일할 준비, 커피, 잡담, 신문 읽기, 명함 정리, 인터넷 검색 등으로 보낸다. 이후 점심시간 직전에 회사에서 나가 고객에게 첫 번째 연락을 한다. 두 번째 연락은 보통 오후 1~2시쯤 이뤄진다. 그 뒤에는 보통 일과를 마무리한다. 계산해 보면, 고객과 직접 접촉하는 시간은 하루 평균 90분 정도에 지나지 않는다. 물론 이는 평균치이므로, 절반 정도는 이보다 많고 나머지 절반 정도는 이보다 적을 것이다.

세일즈맨들은 왜 이렇게 일을 적게 하고 고객과의 접촉을 꺼리는 걸까? 답은 간단하다. 거절에 대한 우려 때문이다. 거절에 대한 우려가 잠재의식에서 제동장치처럼 작동해 행동을 위축시키고 실적을 떨어뜨린다. 물론 겉으로는 그럴듯한 변명을 내세워 합리화하지만, 진짜 이유는 바로 거절에 대한 우려다.

이 사실은 간단한 실험으로 확인할 수 있다. 실험을 하나 해보자. 당신 회사가 잠재고객 발굴을 도와주는 마케팅 조사기관을 고용했다고 가정해보자. 이 기관은 이상적인 잠재고객을 선별하는 정교한 시스템을 개발해냈다. 이 시스템을 통해 90%의 정확도로 특정 일자에 구매할 것이 확실한 고객 50명의 명단을 제공받을 수 있다. 이 '뜨겁고 유망한' 잠재고객 명단은 워낙 정밀한 탓에 24시간 동안만 유효하다. 이 기관이 다음 날 하루만 유효한 최상위 잠재고객 50명의 명단을 당신에게 제공한다면, 당신은 아침 몇 시부터 일을 시작하겠는가? 커피를 마시고 점심을 먹는 데 시간을 얼마나 소비하겠는가? 동료와 잡담하며 신문을 읽는 데는 또 얼마나 시간을 보낼 것인가? 하루 동안 만나는 거의 모든 사람이 구매할 것이 확실하다면, 아마 당신은 동이 트자마자 일을 시작해 가능하다면 한밤중까지도 일을 계속하지 않을까? 거절에 대한 우려가 없고 엄청난 성공이 보장돼 있다면, 깨어 있는 모든 시간에 잠재고객을 만나고 있지 않을까?

거절은 개인적인 공격이 아니다

최고의 세일즈맨은 결코 거절을 두려워하지 않는다. 자존감과 자아 관념이 단단히 자리 잡고 있어서 누군가 "아니오"라고 말해도 상처 받거나 흔들리지 않는다. 그만한 일로 낙담한 채 사무실이나 차로 돌아가는 일은 결코 없다.

거절에 대응하는 핵심은, 거절이 결코 당신 개인에 대한 판단에서 비롯된 것이 아님을 인식하는 데 있다. 거절은 인신공격이 아니다. 거절은 당신이라는 사람과 아무런 관련이 없다. 거절은 비가 오거나 해가 뜨는 것처럼 자연스럽게 일어나는 현상일 뿐이다. 자신이 처한 상황을 오해해 거절을 너무 심각하게 여기지 말고 그저 세일즈 과정의 일부로 받아들인다면, 더 이상 거절 때문에 두려워하지 않게 될 것이다. 이제 오리털 위의 물방울처럼 거절을 가볍게 털어낼 수 있을 것이다. 일하면서 벌어지는 일상적인 일일 뿐이니 어깨 한 번 으쓱하고 다음 고객에게 향하면 된다.

세일즈업계에는 이런 격언이 있다. "누군가는 그럴 것이고, 누군가는 그러지 않을 것이다. 그래서 뭐? 다음!" 이것이 바로 당신의 좌우명이 되어야 한다.

포기하지 않는 사람이 계약을 가져간다

세일즈에 성공하기 위해 가장 중요한 2가지 자질은 대담함과 인내심이다. 매일 아침 일어나 실패와 거절에 대한 우려와 마주하려면 용기가 필요하다. 숱한 어려움과 좌절에 매일 새롭게 도전하려면 인내심도 필요하다. 다행스럽게도, 용기는 타고나는 성격이 아니라 하나의 습관이다. 근육과 같아서 사용할수록 강해진다. 실패와 거절에 대한 두려움이 사라지는 순간, 당신의 성과는 로켓처럼 치솟기 시작할 것이다.

통계적으로 볼 때, 세일즈 계약의 80%는 다섯 번 정도 연락이나 계약 시도가 이루어지기 전까지는 절대 성사되지 않는다. 대부분의 계약은 잠재고객에게 구매 결정을 해달라고 다섯 번쯤 요청한 이후에야 비로소 체결된다. 특히 기존 공급업체에서 다른 회사로 거래처를 옮기도록 설득하는 경우, 이 수치는 더욱 정확성을 보인다. 새로운 공급업체에서의 첫 구매 중 80% 이상이 다섯 번째 상담이나 방문 이후에 이루어졌다는 연구 결과도 있다.

그런데 다섯 번 이상 연락하거나 계약을 시도하는 세일즈맨은 고작 전체의 10%에 불과하다. 절반 이상의 세일즈맨이 단 한 번 연락한 후 곧바로 포기한다. 만약 당신이 기존 공급업체에서 당신 회사로 거래처를 바꾸도록 고객을 설득하려면, 그 고객의 자연스러운 의심과 반감을 무너뜨리기 위해 적어도 다섯 번 정도는 연락할 필요가 있다는 것을 기억해야 한다. 다섯 시간을 투자하라는 뜻이 아니다. 다섯 번 이상 찾아가 잠재고객과 약속을 정하고, 연락하고, 만나고, 대화하면서 당신과 당신의 회사가 충분히 신뢰할 만한 존재임을 보여줘야 한다. 일반적으로 고객들은 다섯 번 정도 접촉한 이후에야 비로소 진지하게 관심을 보이기 시작했다.

결정의 문턱에서 멈추는 세일즈맨

최근 발표된 연구 결과에 따르면, 잠재고객을 만난 세일즈맨의 48%가 세일즈 클로징을 한 번도 시도하지 않은 채 연락을 끝내는 것으로 나타났다. 이들은 잠재고객을 만나 자사 상품이나 서비스에 대해 열심히 설명하고, 각종 자료를 보여주며 구매해야 할 이유를 논리적으로 늘어놓으며 많은 에너지를 쏟는다. 자신의 매력과 열정, 말솜씨로 고객을 충분히 설득했다고 판단한 세일즈맨은 숨을 고르고 의자에 기대며 이렇게 말한다.

"자, 어떠세요?"

그런데 이 말은 거의 반사적으로 다음과 같은 반응을 유발한다.

"음……, 조금만 더 생각해볼게요."

잠재고객은 상사나 배우자, 사촌, 형제, 삼촌, 누이, 파트너, 이사회, 은행, 회계사 등 온갖 사람들을 들먹이며 그들과 먼저 상의해봐야겠다고 말한다. 그러고는 덧붙인다.

"나중에 다시 전화해주시겠어요?"

성공적인 세일즈의 가장 큰 비밀은, 살 사람은 절대 숙고하지 않는다는 사실을 이해하고 받아들이는 것이다.

상담 과정이 원활했고 고객도 생각해보겠다고 말했기에 일주일 뒤 고객을 다시 찾아가본 적 있는가? 상담을 마친 고객이 집에 돌아가 24시간 내내 자신이 소개한 상품이나 서비스에 대해 생각할 것이라고 착각하는 세일즈맨들이 있다. 오로지 그 생각만 하며 만나는 사람과 그에 대해 이야기하고, 한순간도 그것에 대한 생각을 놓지 않고 꿈속에서까지 떠올리다가 자신이 다시 찾아오기만을 기다릴 거라 착각한다. 그러나 일주일이나 이주일 뒤 그를 다시 찾아가면 생각과는 전혀 다른 현실을 마주하게 된다. 그는 당신의 이름은 물론 상품과 상담 내용조차 전혀 기억하지 못한다. 그동안 당신이나 당신의 제안에 대해 생각조차 하지 않은 것이다. 잠재고객의 사무실이나 집을 나서는 순간, 그는 당신이란 사람이 존재한다는 사실조차 잊어버린다.

사람들은 상품이나 구매와 관련된 문제로 그리 깊이 고민하지 않는다. "곰곰이 생각해볼게요"라는 말은 사실상 '다시는 볼 일 없다'는 의미의 정중한 표현일 뿐이다. 고객이 이런 말을 했다는 것은, 대화가 끝났고 당신이 투자한 시간과 노력이 모두 헛일이 되었다는 신호다.

거절은 당신을 부정하는 것이 아니다

용기와 인내심, 지속적인 접촉 시도와 성공적인 세일즈의 직접적인 관계를 강조하는 이유는, 거절과 실패에 대한 우려와 자존감이 정확히 반대 방향으로 움직이기 때문이다. 자신을 좋아하고 자부심이 클수록 거절과 실패에 대한 두려움은 자연스럽게 줄어든다.

서로 반대 방향으로 움직이는 두 대의 에스컬레이터를 떠올려 보라. 하나는 자존감을 높이는 상향 에스컬레이터이고, 다른 하나는 실패와 거절에 대한 두려움으로 당신을 위축시키는 하향 에스컬레이터다. 자신을 좋아하고 자존감이 높은 사람일수록 용기와 자신감을 향해 움직이는 상향 에스컬레이터에 재빠르게 올라탄다. 반대로 실패나 거절을 염려하는 사람은 두려움이 이끄는 하향 에스컬레이터를 타고 점점 아래로 내려간다.

누군가가 당신에게 "아니요"라고 했을 때, 그 말은 한 인간으로서의 당신을 거부하는 것이 아니다. 그저 당신의 제안이나 설명 또는 가격에 대해 거절 의사를 표현하는 것일 뿐이다. 거절은 당신 개인에 대한 공격이 아니다. "아니요"라는 말이 당신이라는 사람 자체를 거부하는 게 아니라는 사실을 이해하고 나면, 고객이 당신이나 상품에 부정적으로 반응하더라도 더는 과도하게 걱정하지 않게 된다.

여기서 반드시 짚고 넘어가야 할 점이 있다. 거절을 개인적인 문제로 받아들이기 시작하면, 한 인간으로서 당신에게 무언가 문제가 있다고 생각하거나 당신의 상품이나 회사에 결함이 있다고 믿게 된다. 이런 생각에 빠지면 금세 낙담해 세일즈에 대한 의지를 잃어버리기 쉽다. 당연히 잠재고객을 찾으려는 의욕도 줄어들고, 하루에 고작 한 시간 반만 일하는 상태로 전락할 수 있다.

두려움은 '하지 말아야 할 이유'를 만들어낸다

두려움이 커질수록 사람은 세일즈와 직접적으로 관련 없는 활동을 스스로 합리화하고 정당화하기 시작한다. 핑계가 늘어나고, 사무실에서 온갖 '불필요한' 일로 시간을 때운다. 예를 들면, 고객을 만나기 전에 충분한 정보로 무장해야 한다며 신문을 읽어야 한다고 자신을 설득한다. 명함을 만지작거리거나, 사무실로 연락이 온 게 있는지 수시로 확인하기도 한다. '곰곰이 생각 중'이던 고객 중 누군가가 전화해서 주문했을지도 모른다고 기대하기 때문이다.

사무실에 출근하면 그날의 첫 한두 시간을 커피 한두 잔으로 흘려보낸다. 정신이 또렷해져야 고객을 만나러 갈 때 더 영리하고 민첩하게 행동할 수 있을 거라고 자신을 설득하면서. 그러고 나면 동료들과 잡담을 나누며 요즘 참 먹고살기 어렵다고 하소연한다. 그렇게 오전 시간을 대부분 허비한 뒤에야 비로소 '누구든' 한 명쯤 만나야겠다고 결심한다.

하지만 고객의 점심시간을 방해하고 싶지 않다. 그래서 오전 11시 30분 이후에는 약속을 잡지 않는다. 대신 친구들과 점심을 먹거나 쇼핑을 하거나 세차를 하거나 그냥 시간을 흘려보낸다. 시간은 계속 흐른다. 점심시간 직후에 연락하는 것도 꺼려진다. 소화되는 과정에 방해가 될 수 있기 때문이다. 그렇게 또 다른 핑계와 구실을 만들어 오후 2시나 3시가 되어서야 고객에게 연락한다. 그러다 어느새 3시 30분이 되고 또 4시가 된다. 어느덧 퇴근 시간이 다가온다.

늦은 오후, 일과를 마무리하는 사람들을 찾아가 귀찮게 하고 싶지 않다는 이유로, 결국 사무실로 돌아가 동료와 서로를 위로한다. 마치 크나큰 역경을 뚫고 살아남은 사람들처럼 옹기종기 모여서 힘들었던 하루에 대해 푸념한다.

일과가 끝날 무렵, 사무실로 돌아온 두 세일즈맨에 대한 이야기가 있다. 한 사람이 말한다.

"야, 오늘처럼 상담이 좋았던 적도 없을 거야!"

그러자 다른 한 명이 대답한다.

"그러게. 나도 오늘 하나도 못 팔았어."

공감되는 부분이 있는가? 이런 모습과 대화는 수입을 기준으로 업계 하위 20%에 해당하는 세일즈맨들에게서 흔히 볼 수 있는 습관이자 자기합리화의 전형적인 모습이다.

실패를 피하려는 또 다른 회피 방식

세일즈맨이 실패와 거절의 가능성을 회피하는 또 하나의 방법은 방문할 장소를 의도적으로 멀리 떨어뜨려 배치하는 것이다. 예를 들어, 오전의 첫 번째 방문지를 마을 한쪽 끝으로 잡았다면 오후의 두 번째 방문지는 그 반대편으로 정하는 식이다. 이렇게 하면 두 지점 사이를 이동하는 데만 꽤 많은 시간이 소요된다. 이동하는 동안에는 일하는 것 같은 느낌이 들지만, 이는 사실 잠재고객과의 접촉을 미루는 것에 지나지 않는다.

이처럼 실패와 거절에 대한 두려움은 자존감을 떨어뜨리고, 성공적인 세일즈를 가로막는 중대한 장애물로 작용한다.

자존감을 높이면 수입도 늘어난다

긍정적 자기 대화, 긍정적 시각화, 개인적 동기부여, 열의, 개인별 교육 등 자존감을 높여주는 모든 활동은 결국 당신의 성격을 개선하고 세일즈 성과 또한 향상시킨다. 앞서 말했듯, 자존감과 수입에는 직접적인 상관관계가 있다. 자신을 더 좋아할수록 더 많은 거래를 성사시키고 더 많은 수입을 얻는다. 인생을 설계할 때 자신을 끊임없이 자존감을 생성하는 능동적이고 적극적인 존재로 설정한다면, 그것 하나만으로도 다른 어떤 요인보다 수입이 늘어나는 데 크게 영향을 미칠 것이다.

사람은 사람에게서 산다

요즘 고객들은 예전보다 훨씬 까다롭다. 충성도는 낮아졌고, 무언가를 구매하기에 앞서 특별 대우를 기대한다. 무엇보다 중요한 사실은, 좋아하는 사람에게서만 구매한다는 점이다. 우리는 이것을 '우정 요소(The Friendship Factor)'라고 부른다.

세일즈에서 말하는 우정 요소란, 잠재고객은 당신을 친구라고 여기고, 자신의 이익을 위해 최선을 다해줄 사람이라고 확신하기 전까지는 결코 구매하지 않는다는 뜻이다. 이런 이유로 세일즈 상담에서 가장 먼저 해야 할 일은 상품을 설명하는 것이 아니라 친밀감을 형성하고, 진정한 의미에서 고객과 친구가 되는 것이다.

세일즈 전문가 하인츠 골드먼(Heinz Goldman)은 이 과정을 체계적으로 정리해《고객을 사로잡는 방법(How to Win Customers)》이란 책을 출간한 바 있다.

> **세일즈맨으로서 당신의 역할은, 상대방을 배려하고 그의 이익을 최우선으로 생각한다는 확신을 심어줌으로써 그를 당신 편으로 끌어들이는 것이다.**

세일즈는 잠재고객에게 당신이 좋은 친구이며, 언제나 그의 이익을 우선시한다는 확신을 심어준 이후에야 비로소 시작된다. 실제로 고객과 우정의 다리를 만들기 전에 상품이나 서비스 이야기를 꺼내면, 고객의 구매 의지는 순식간에 사라진다. 당신이 고객을 진심으로 대하지 않는데, 고객이 왜 당신이나 당신의 상품 설명에 관심을 갖겠는가?

자존감은 관계의 기반이다

건강한 성격이란 무엇일까? 간단히 말해, 다양한 유형의 사람들과 큰 문제 없이 잘 지낼 수 있을 정도면 건강한 성격이라고 할 수 있다. 반대로, 대부분의 사람과 관계를 맺는 데 어려움을 느낀다면 성격이 건강하지 않거나 아직 충분히 성숙하지 않았다고 볼 수 있다.

가장 건강한 성격을 지닌 사람은, 특히 세일즈 상황에서 다양한 유형의 사람들과 잘 지내는 능력을 꾸준히 의식적으로 계발해온 사람이다. 여기서 핵심은, 자존감의 수준이 곧 성격의 건강함과 직결된다는 사실이다. 자신을 좋아할수록 타인을 더 열린 마음으로 대하게 되고, 그 결과 상대방 역시 당신을 더 호의적으로 대하게 된다. 자존감이 높을수록 다양한 사람과 관계를 맺는 게 훨씬 수월해진다.

자존감이 높은 사람은 어디서든 친구를 만드는 데 탁월한 재능을 보인다. 자신을 좋아하기 때문에 자연스럽게 다른 사람도 진심으로 좋아하게 된다. 사람은 누군가 자신을 진심으로 좋아한다고 느낄때, 그 사람의 말에 더 귀 기울이고, 그가 소개하는 상품이나 서비스를 구매하고 싶어지는 법이다.

어떤 상품이나 서비스를 사고 싶었는데 판매하는 사람이 마음에 들지 않아 구매를 포기한 경험이 있는가? 이런 경우라면 상품과 가격이 아무리 훌륭해도 대부분 발길을 돌리게 된다. 지금까지 당신에게 최고의 고객이었던 사람들을 떠올려보자. 세일즈 과정도 즐거웠고, 그들이 당신에게서 구매할 때도 즐거웠다면, 그들은 당신이 좋아하는 고객이며 동시에 당신을 좋아했던 고객일 가능성이 크다.

자존감을 높이기 위한 모든 행동은 고객과 맺는 관계의 질을 개선하고, 그 관계를 더욱 단단하게 만든다. 또한 이런 행동은 '우정 요소'를 형성하는 기반이 되며, 당신이 더 성공한 세일즈맨으로 성장하도록 돕는다. 세일즈에서 자존감의 수준은 곧 수입의 수준을 결정한다. 최고의 세일즈맨은 잠재고객과 쉽게 친구가 되는 자연스러운 능력을 지니고 있다.

반면, 자존감을 떨어뜨리는 모든 요소는 세일즈 성과마저 떨어뜨린다. 피로, 건강 악화, 상사나 배우자와의 갈등은 자존감을 낮추고, 때로는 세일즈 활동 자체를 어렵게 만들 정도로 부정적인 영향을 미친다.

열정, 성공을 촉발하는 힘

성공적인 세일즈의 기본 정서는 바로 열정이다. 세일즈 역량 전체를 통틀어 열정이 차지하는 비중이 절반 이상이라고 해도 과언이 아니다. '열정의 전이'라는 표현은 세일즈를 가장 정확하게 설명하는 말 중 하나다.

당신이 상품이나 서비스에 품은 열정을 전기가 흐르듯 고객의 마음과 가슴에 전달할 수 있다면, 판매는 자연스럽게 성사될 것이다. 당신이 판매하는 가치와 비즈니스를 진심으로 믿고 헌신하는 태도가 고객에게 전달된다면, 구매를 망설이게 만드는 모든 장애물이 사라질 것이다.

다시 말하지만, 자신을 좋아하는 정도, 즉 자존감의 수준은 열정의 강도와 직결된다. 자신을 좋아할수록 열정은 더욱 뜨거워지고, 회사와 상품을 향한 열정이 뜨거울수록 고객은 자연스럽게 그 열정에 동화된다. 자존감을 높이는 모든 행동은 세일즈 역량을 향상시키는 직접적인 힘이 된다.

세일즈 심리학에서 반드시 이해해야 할 것이 있다. 감정은 전염된다. 누구나 타인의 감정에 영향을 받는다. 당신이 상품이나 서비스에 대해 긍정적이고 확신에 찬 태도를 지니고 있다면, 고객 역시당신에게서 그 감정을 전달받아 똑같이 긍정적이고 열정적으로 반응할 것이다.

요점은 이렇다. 자신이 갖지 못한 것을 남에게 줄 수는 없다. 자신조차 갖지 못한 열정을 남에게 전달할 수는 없다. 최고의 세일즈맨이 자신이 판매하는 상품이나 서비스를, 나아가 세일즈라는 직업자체를 사랑하는 이유는 바로 여기에 있다.

그들의 열정은 진실하고 솔직하다. 고객은 무의식적으로 이들의진심을 느끼며, 이런 사람과 함께한다면 자신도 좋은 감정을 얻을수 있을 거라고 확신한다. 이런 신뢰와 열정이 쌓일 때 고객은 구매를 결정하고 주변 사람들에게까지 적극적으로 추천하게 된다.

포기하지 않는 태도가 결과를 만든다

세일즈 활동은 강한 의지와 결단력을 전제로 한다. 지금 이 순간, 절대 포기하지 않겠다고 스스로에게 약속하라. 미리 그렇게 다짐해 두면, 실패와 거절을 경험하더라도 회복할 준비가 완벽하게 갖춰진 상태가 된다. 어떤 상황에서든 끝까지 버티면 결국 성공하게 마련이다.

계약을 성사시킬 때마다 스스로 '승리자'가 된 듯한 느낌을 받는다. 자존감이 높아지고, 자아 관념이 강화되며, 궁극적으로 자아상이 한 단계 상승한다. 자신을 좋아할수록 세일즈뿐만 아니라 삶의 다른 모든 영역에서 더 높은 역량을 발휘하게 된다. 업무 수행 능력과 효율성이 비업무 영역의 활동에까지 긍정적인 영향을 미치는 것이다.

많은 이들이 세일즈에 실패하는 가장 큰 이유는, 처음 몇 번의 성공을 경험하기까지 버티지 못하고 포기하기 때문이다. 성공을 몇 차례만 경험해도 더 많이 팔고 싶다는 의욕이 급격히 커진다. 그러나 그 지점까지 버티지 못하면, 금세 용기를 잃고 세일즈가 자신에게 맞지 않는다는 생각에 빠지기 쉽다.

이런 면에서 심상 훈련(Mental Rehearsal)은 성공적인 세일즈를 위해 반드시 필요하다. 회복할 수 있다는 이미지를 반복적으로 마음속에 각인할수록 실패와 거절이라는 세일즈 세계의 동반자를 쉽게 극복할 수 있다. 실패나 거절에 대한 우려를 느낄 때마다 자신에게 긍정적으로 말하자.

"나는 할 수 있어! 나는 할 수 있어! 나는 할 수 있어!"

흥미롭게도, 어떤 상황에서도 절대로 포기하지 않겠다고 다짐하는 순간부터 자존감은 커지기 시작한다. 자신을 존중할수록 자신감이 치솟는다. 사무실을 나서기 전이라도 상관없다. 어떤 상황에서든 성공할 것이고, 해낼 수 있고, 포기하지 않겠다고 다짐하는 것만으로도 자기 평판이 향상된다.

그 결과, 자신을 더 긍정적으로 바라보게 되고, 자신이 승리자처럼 느껴진다. 자신감과 침착함이 자연스럽게 따라온다. 세일즈 과정에서 부딪치게 되는 우여곡절에 대처하는 능력도 좋아진다. 성공할 때까지 버티겠다고 다짐하는 바로 그 행동이 당신의 성격을 개선하고, 더 강인하고 유능한 사람으로 성장시킨다.

목표를 직시하고 반드시 승리하리라 확신할 때,
우리는 비로소 앞으로 나아갈 수 있다.
— 오리슨 스웨트 마든 Orison Swett Marden

실행 과제 ✒

1 오늘부터 자신 있고 자존감 높은 세일즈맨이 되기로 다짐하고, 반복해서 이렇게 말하라. "나는 내가 좋아!"

2 업계에서 최고가 된 자신의 모습을 반복해서 시각화하라. 당신이 바라보는 모습이 곧 당신의 미래 모습이다.

3 어떤 상황에서도 절대 포기하지 않겠다고 '미리' 다짐하라. 실패는 선택지에 없다.

4 거절을 개인적인 공격으로 받아들이지 마라. 세일즈에서 거절은 날씨처럼 일상적이고 자연스러운 일이다.

5 업계 최고의 리더들을 모범으로 삼고 그들을 추종하라. 수입이 가장 많고 가장 성공한 사람들이 어떻게 일하는지 알아내 같은 결과를 얻을 때까지 같은 방식으로 실천하라.

6 업계에서 상위 20% 이내에 들겠다고, 오늘 당장 다짐하라. 당신보다 똑똑하거나 나은 사람은 없다. 다른 사람이 해냈다면, 당연히 당신도 해낼 수 있다.

7 당신에게 유익하리라 생각되는 새로운 아이디어가 있다면 즉시 실행하라. 시도 횟수가 많을수록 성공 확률은 높아진다.

2장

세일즈
목표 설정과 달성

정확한 목표를 세우고 내가 아는 최선의 방식으로 꾸준히 추구한다면,

나머지 모두는 저절로 제자리를 찾는다.

옳은 일을 하는 한, 반드시 성공하리란 것을 나는 안다.

— 댄 디어도프 Dan Dierdorf

최고의 세일즈맨은 극도로 목표 지향적이다. 목표 지향성이라는 자질이 성공과 성취 수준에 직결된다는 사실은 이미 수많은 연구를 통해 입증된 바 있다. 수입이 가장 많은 세일즈맨은 매주, 매월, 매분기, 매년 얼마나 벌지 구체적으로 예측한다. 일정 수준의 매출을 달성하려면 고객에게 몇 번 연락해야 하는지 알고 있으며, 그렇게 벌어들인 수입을 어떻게 활용해야 할 것인지에 대한 계획 또한 명확하다.

　성공하기를 원한다면, 가장 먼저 1년 동안 정확히 얼마를 벌고 싶은지부터 정해야 한다. 수입 목표가 명확하지 않으면, 세일즈 활동 또한 중심을 잃고 방향 없이 헤매게 된다. 안개가 자욱한 가운데 과녁을 맞히려는 것이나 마찬가지다. 세계 최고의 명사수라도 보이지 않는 과녁을 맞힐 수는 없다. 자신이 무엇을 겨냥하는지부터 정확히 알아야만 정확한 조준이 가능하다.

연간 수입 목표를 설정하라

연간 수입 목표부터 시작하자. 앞으로 12개월 동안 얼마나 벌고 싶은가? 막연한 바람이 아니라 정확한 숫자를 적어보자. 이 숫자가 앞으로 1년 동안 당신의 모든 세일즈 활동을 이끌 방향타가 되어줄 것이다.

목표는 현실적이면서도 동시에 도전적이어야 한다. 지금껏 수입이 가장 많았던 해를 기준으로 삼고, 여기에 부담스럽지 않게 25~50% 정도의 금액을 더하자. 목표란 달성 가능하다고 믿을 수 있을 정도여야 한다. 터무니없는 목표는 오히려 의욕을 꺾는다. 마음속 깊은 곳에서 이미 불가능하다는 것을 알고 있기 때문이다. 그래서 목표를 이룰 수 없을 것 같다는 아주 작은 신호만 보여도 포기하고 만다.

최고의 세일즈맨들은 매년 및 그해의 특정 기간에 얼마나 많은 수입을 거둘지 정확히 예측한다. 이것은 어느 분야나 마찬가지다. 그들에게 묻는다면, 매일의 목표 금액이 얼마인지 한 자리 숫자까지 말할 수 있을 것이다. 반대로 성과가 낮은 세일즈맨은 앞으로 얼마나 벌지 전혀 예상하지 못한다. 심지어 연말에 세금 정산 서류를 받아보기 전까지는 정확한 수입조차 파악하지 못한다. 재정적으로 볼 때 그들에게 매일, 매월, 매년은 매번 새로운 모험이다. 자신이 어디에 이를지 전혀 감을 잡지 못하기 때문이다.

목표는 반드시 기록해야 한다

효과적인 목표를 세우려면 반드시 기록해야 한다. 목표를 종이에 적는 것을 주저하는 사람도 있다. 이들은 '목표를 달성하지 못하면 어떡하지?'라며 걱정한다. 그러나 염려할 필요 없다. 목표를 기록하는 행위만으로도 성취할 가능성이 1000%, 즉 열 배나 높아진다. 게다가 예상보다 훨씬 빨리 목표를 달성할 수도 있다. 설령 정해진 기간에 목표를 이루지 못하더라도, 목표를 기록하는 게 아무런 목표도 없는 것보다 훨씬 낫다. 기록된 목표는 당신의 세일즈 활동을 하나의 흐름으로 묶어주고, 매일의 선택과 행동에 기준을 제공해준다.

연간 매출 목표를 설정하라

목표 설정의 두 번째 과제는 이렇게 자문하는 것이다.

"올해 나의 수입 목표를 달성하려면 얼마나 팔아야 하는가?"

그리 어려운 작업은 아니다. 기본급과 수당이 결합된 구조라 하더라도 원하는 수입 규모에 맞춰 필요한 매출 규모를 충분히 산정할 수 있다. 세일즈에서 중요한 것은 막연히 열심히 파는 것이 아니라, 목표 수입을 정확한 매출 수치로 바꾸는 일이다.

연간 목표를 월·주·일 단위로 쪼개라

연간 수입 및 매출 목표를 정했다면, 이제 이 수치를 월 단위로 나누자. 연간 목표를 달성하려면 매월 얼마나 벌고 얼마나 판매해야 하는가? 월간 목표를 세웠다면, 이번에는 주 단위로 나눌 차례다. 장기 목표를 이루려면 매주 얼마씩 판매해야 하는가?

마지막 단계는 일일 목표다. 하루 목표 수입을 얻으려면 매일 얼마나 판매해야 하는지 명확히 정하라. 목표가 일 단위로 내려오는 순간, 세일즈는 더 이상 추상적인 개념이 아니라 구체적인 행동 계획이 된다.

예를 들어, 연간 수입 목표가 5만 달러라고 가정하자. 이를 12개월로 나누면 한 달에 약 4200달러가 된다. 다시 이 금액을 연평균 근무 주 수인 50주로 나누면, 주당 대략 1000달러의 매출 목표가 나온다. 이렇게 수치를 단계적으로 세분하면, 목표는 막연한 숫자가 아니라 매일 달성해야 할 명확한 기준으로 눈앞에 또렷이 등장한다.

결과를 만드는 활동 목표를 설계하라

매출 목표를 설정하는 마지막 단계는, 원하는 매출 수준을 달성하는 데 필요한 세일즈 활동을 구체적으로 정하는 것이다. 잠재고객

과 약속을 잡기 위해 몇 번이나 연락해야 하는가? 특정 매출 목표를 달성하기 위해 상품 설명과 재상담은 각각 몇 차례나 진행해야 하는가? 이 모든 과정을 날마다 또는 달마다 정확하게 기록하다 보면, 월간 또는 연간 수입 목표를 달성하기 위해 매일 또는 매주 무엇을 얼마나 해야 하는지 비교적 정확하게 예측할 수 있다.

목표를 달성하는 데 필요한 약속 횟수를 충분히 확보하려면 잠재고객을 발굴하기 위한 연락을 하루에 열 번은 해야 한다고 가정해 보자. 그렇다면 매일 정오 이전에 열 번의 연락을 모두 끝내겠다는 자기만의 규칙을 만들게 된다. 바로 이것이 일별 활동 목표다. 목표를 세우고 반드시 실행하도록 자신을 독려하라.

아침 8시나 8시 30분부터 전화를 걸기 시작하거나, 필요하다면 직접 잠재고객을 찾으러 무작정 밖으로 나갈 수도 있다. 어떤 방식이든 상관없다. 매일 정오까지 열 번의 접촉을 해내는 것이다. 이 행동이 습관처럼 몸에 배도록 자신을 단련시켜야 한다.

세일즈 인생을 스스로 통제하라

세일즈 활동을 계획할 때 가장 중요한 부분은 이 모든 활동을 스스로 통제할 수 있다는 사실을 깨닫는 것이다. 특정 매출이 언제 어디서 발생할지 결정하거나 정확히 예측할 순 없다. 그러나 매출을 달성하기 위해 처음부터 수행해야 하는 투입, 즉 세일즈 활동은 통제할 수 있다. 그리고 이 활동을 통제함으로써 궁극적으로 세일즈 성과 역시 간접적으로 통제할 수 있다.

어떤 날이나 어떤 주는 다른 때보다 상황이 좋을 수 있다. 매출이 많을 때도 있고, 전혀 없을 때도 있을 것이다. 한동안 판매가 부진하거나 침체에 빠질 수도 있다. 반대로 예상보다 두세 배 많은 매출을 올릴 수도 있다. 하지만 평균의 법칙은 언제나 작동하는 법이다. 이는 피할 수 없는 원리다. 필요한 접촉 활동을 꾸준히 유지하다 보면, 결국 예측한 수준의 실적을 반드시 거둘 수 있다.

목표는 성과를 가속화한다

주간, 월간, 연간 목표를 세우고 이를 매일 체계적으로 실행해나간다면, 예상보다 훨씬 빠르게 목표에 도달하게 된다. 내게 교육받은 세일즈맨 가운데 상당수가 연간 목표를 세운 뒤 불과 육칠 개월 만에 목표를 달성했다. 석 달 만에 연간 목표를 이뤄낸 경우도 있었다.

명확하고 구체적인 세일즈 목표를 세워보라. 그 결과에 무척 놀라게 될 것이다. 내가 진행한 세미나에 참여한 이들 중 일부는 특정 시장에서 특정 상품을 여러 해 동안 판매해왔지만 한 번도 목표를 설정해본 적 없는 경우가 적지 않았다. 그런데 목표를 설정한 첫해부터 매출이 폭발적으로 증가하기 시작했다. 같은 사무실에서, 같은 상품을, 같은 고객에게, 같은 가격으로 판매했는데도 갑자기 매출 기록을 갈아치우기 시작한 것이다. 이런 차이를 만든 것은 바로 목표 설정이었다.

이런 일이 가능한 이유는, 목표를 글로 쓰는 행위 자체가 그 목표를 잠재의식에 프로그래밍하기 때문이다. 잠재의식에 입력된 목표는 스스로 힘을 발휘하기 시작한다.

잠재의식은 잠들 때든 깨어 있을 때든 하루 스물네 시간 쉬지 않고 작동하며 당신이 그 목표를 더 빨리 달성하도록 이끈다.

잠재의식은 당신 주변에 널려 있는 기회와 가능성을 인식하게 도와준다. 또한 세일즈 상담을 할 때 적절한 시점에 적절한 아이디어를 떠올리게 해주기도 한다. 일단 잠재의식에 목표가 입력되면, 잠재의식은 그 목표를 이루기 위해 필요한 활동을 꾸준히 실행하도록 지속적으로 부추긴다.

잠재의식은 고객의 표정이나 분위기를 더 정확하게 읽어내도록 도와줘 상황에 맞는 최적의 대응을 할 수 있도록 해준다. 누구나 상품을 설명하는 과정에서 단 한 번의 실수나 실언도 없이 완벽하게 마무리해본 경험이 있을 것이다. 시작부터 마지막까지 매끄럽게 진행되어 결국 계약으로 이어진 경험 말이다. 이처럼 모든 과정이 원활하게 이어질 수 있었던 이유는, 잠재의식 수준에서 목표를 달성하기 위한 최적의 상태로 이미 완벽하게 프로그래밍되어 있었기 때문이다.

적절한 시점에 적절한 말을

스스로 자신이 훌륭하다는 느낌이 들 때, 당신의 잠재의식은 정확한 시점에 정확한 말을 이끌어낸다. 이때 잠재의식은 상대방의 신체적 신호와 언어적 단서를 민감하게 감지하도록 도와 평소에 생각조차 하지 못하던 주제까지 자연스럽게 떠올리게 해준다. 그러다 보면 고객이 듣고 싶었던 바로 그 말을 정확하게 건네게 된다.

예를 들어, 당신이 무심코 "저희 회사는 고객 서비스와 사후 관리에서 대단히 뛰어난 명성을 자랑합니다"라고 말했다고 가정해보자. 그 순간에는 자신이 왜 그런 말을 했는지 특별한 이유를 떠올리지 못한다. 그러나 계약이 성사된 뒤 그 고객의 가장 큰 관심사가 바로 그 지점에 있었다는 사실을 깨닫게 된다. 결국 당신의 의도하지 않은 한마디가 구매 결정을 이끌어낸 결정적인 계기가 된 셈이다.

일과 삶을 움직이게 하는 개인과 가족의 목표

당신에게는 개인 및 가족 목표도 필요하다. 당신이 일을 하는 이유는 바로 여기에 있다. 아무리 실망스럽고 힘들더라도 아침 일찍 일어나 하루 종일 일해야 하는 이유이기도 하다. 개인 및 가족 목표가 명확할수록 의욕이 타오르고, 일시적인 실패나 거절을 겪더라도 훨씬 빠르게 회복할 수 있다.

앞으로 이삼 년 안에 수입이 두 배로 늘어난다고 상상해보라. 그렇다면 현재의 삶에서 어떤 것을 바꾸고 싶은가? 지금보다 훨씬 많은 수입을 올리게 된다면, 당신이 되고 싶은 것과 가지고 싶은 것, 하고 싶은 것을 목록으로 작성해보자. 목록이 길수록 당신의 의욕과 결심은 더욱 강해질 것이다.

욕망의 불꽃을 키우자

재정적 목표를 달성하려는 이유가 한두 가지뿐이라면 좌절이나 어려움을 겪게 되었을 때 낙담해버리기 쉽다. 그러나 성공하고 싶은 이유가 10가지, 15가지로 늘어나면 의욕과 결심은 훨씬 더 강해지게 마련이다. 하물며 그 이유가 50가지, 100가지에 이른다면, 과연 누가 당신을 멈춰 세울 수 있겠는가?

상품이나 서비스를 공격적으로 판매해야 하는 상황에서 누가 더 의욕적으로 매달릴까? 성공하려는 이유가 한두 가지뿐인 사람일까, 아니면 50가지도 더 되는 사람일까? 이유가 많을수록 욕망의 강도는 이글거리는 화로처럼 뜨거워진다. 간절히 원할수록 그 목표를 이루기 위해 무엇이든 하게 된다. 이유를 더 많이 부여할수록 세일즈 현장에서 잠재의식의 힘은 더욱 강하게 발휘된다.

연습 방법을 하나 소개한다. 노트를 하나 준비해 앞으로 몇 년 사이에 이루고 싶은 목표 100가지를 적어보자. 갖고 싶거나 하고 싶은 모든 것을 목록으로 만들자. 그리고 이 목록에 적힌 모든 목표가 매우 적절한 시기에 매우 적절한 방식으로 당신에게 다가올 것이라고 상상해보자. 당신이 할 일이라고는 우주의 거대한 보물 창고에서 원하는 것을 주문하듯 그냥 목록을 작성하는 것뿐이다. 아울러 새롭게 갖고 싶거나 이루고 싶은 것이 떠오를 때마다 그때그때 노트에 계속 추가해나가자. 목표란 아무리 많아도 결코 지나치지 않다.

세일즈를 막 시작한 내 친구는 이 연습을 하면서 앞으로 이루고 싶은 목표를 무려 350가지가 넘게 적어 내려갔다. 신문을 읽다가, 텔레비전을 보다가 원하는 것이 생기면 곧바로 노트에 적었다. 그리고 매주 이 목표들을 읽고 곱씹으며 새로운 것들을 계속 덧붙였다. 무(無)에서 시작한 그 친구는 경쟁이 치열한 시장에서 단 1년 만에 자기 분야에서 가장 성공한 세일즈맨 중 한 사람으로 인정받게 되었다. 업계의 모든 매출 기록을 갈아치워 '세일즈 슈퍼스타'로 신문에 소개되기도 했다.

언젠가 나와 만난 자리에서 그는 목표를 적고 반복해서 곱씹는 습관이야말로 자신의 성공을 이끈 의욕과 열정의 원동력이었다고 말했다. 이제 그는 자신이 도저히 막을 수 없는 존재처럼 느껴진다고 덧붙였다.

성공의 첫 번째 이유

미국 전역과 25개 국가에서 50만 명이 넘는 세일즈맨들과 일해온 나는, 목표 설정에 집중하는 것이야말로 최고의 세일즈맨을 만드는 첫 번째 성공 요인임을 확신하게 되었다. 분야를 막론하고 최고의 수입을 올리는 세일즈맨들은 예외 없이 목표를 철저하게 설정했다. 그들은 매일 목표를 기록하고 또 기록하며, 새로운 목록을 끊임없이 추가했다. 이 과정에서 잠재의식과 초의식에까지 접근하고 이를 활용했다. 그리고 목표 달성을 도와줄 사람과 상황들을 자연스럽게 자신의 삶 속으로 끌어당겼다.

목표가 실현된 것처럼 시각화하고, 말로 확신을 새겨라

목표 설정과 함께 활용하는 시각화는 우리가 익힐 수 있는 기술 가운데 가장 강력한 도구다. 자신이 되고자 하는 모습과 이루고자 하는 목표를 선명한 이미지로 머릿속에 그려넣는 것은 잠재의식을 프로그래밍하는 확실한 방법이다. 마음속 이미지를 형상화하는 힘, 즉 '시각화'는 인간이 지닌 놀라운 능력 중 하나다. 삶에서 일어나는 모든 개선은 마음속 이미지를 개선하는 데서 출발한다.

시각화의 첫 단계는 자신을 차분하고 자신 있고 유능한 존재로 바라보는 것이다. 성공하고 영향력 있는 존재로서 자신을 그려보라. 세일즈의 모든 영역에서 유능하고 경쟁력 있는 자신의 모습을 상상해보라. 잠재고객을 발굴하고 상품을 설명하고 판매하기까지 모든 과정을 완벽하게 해내는 자신의 모습을 떠올려보라.

상담을 시작하기 전, 당신에게 긍정적이고 열정적으로 반응하는 고객의 모습을 상상해보라. 흡족한 표정으로 대화에 몰입하는 고객의 모습, 그리고 마침내 주문서에 서명하거나 신용카드 또는 수표책을 꺼내는 모습을 생생하게 그려보라. 실제 고객과 마주했을 때 당신이 시각화한 모습이 눈앞에서 현실화되는 경험을 생각보다 자주 하게 될 것이다.

이처럼 시각화가 마음속에 '그림'을 심어준다면, 다음 단계로 그 그림에 힘을 불어넣어야 한다. 그 역할을 하는 것이 바로 확언, 즉 스스로에게 들려주는 단단한 언어다. 잠재의식은 선명한 마음속 이미지와 단호한 확언으로 활성화된다. 자신에게 강한 어조로 말할 때마다 잠재의식은 이를 일종의 명령으로 받아들인다. 그리고 이 명령을 실현하기 위한 작업에 돌입한다.

가장 효과적인 만능 확언은 바로 다음과 같은 문장이다.

"나는 내가 좋아! 나는 내가 좋아! 나는 내가 좋아!"

이 말을 반복할 때마다 자존감이 높아지고, 자아 관념이 전체적으로 개선되며, 무엇보다 세일즈를 포함한 모든 일을 더 효과적으로 수행할 수 있게 된다.

이 확언을 자신 있고 열정적인 명령으로 잠재의식에 반복 주입하면 지적 능력이 활성화되고, 활력이 솟아나고, 긍정적이고 열정적인 느낌이 들고, 이성과 감정을 완벽하게 통제할 수 있게 된다.

스스로에게 이렇게 말해보라.

"나는 행복해! 나는 건강해! 나는 멋진 사람이야!"

하루를 보내며 이 말을 계속 반복하라. 그리고 실제로 그렇게 느끼는 자기 모습을 떠올려라. 이 과정을 반복할 때마다 더 행복해지고 자신감이 넘치는 것을 느끼게 될 것이다.

바닥에서 정상까지

최근 세미나에서 한 세일즈 관리자가 들려준 이야기다. 그녀의 회사에서 세일즈 경험이 거의 없는 젊은 직원을 채용했다. 잘할 수 있을지 확신이 없었지만 기회를 주기로 한 것이다. 그런데 그 신출내기가 불과 6개월 만에 회사 최고의 세일즈맨으로 등극했다.

회사는 해당 분야에서 경력도 거의 없는 그가 어떻게 그런 성과를 낼 수 있었는지 물었다. 실제로 그의 실적은 해당 업계에서 10년 혹은 15년 일한 베테랑 세일즈맨들의 기록을 훌쩍 뛰어넘는 수준이었다. 비밀은 무엇이었을까? 그는 매일 확언과 시각화를 실천하고 있었다. 그의 이야기다.

"아침마다 차에 올라탈 때 저 자신에게 반복해서 말합니다. '나는 최고야! 나는 최고야! 나는 최고야!' 그리고 다시 이렇게 말하지요. '나는 이 회사 최고의 세일즈맨이야. 나는 이 업계 최고의 세일즈맨이야. 나는 이 세상 최고의 세일즈맨이야.' 고객을 방문하기 전에도 차 안에 앉아 저 자신을 북돋우는 확언을 반복합니다. '나는 이 회사에서 최고야. 나는 이 업계에서 최고야. 나는 이 나라에서 최고야.'"

이 놀라운 젊은이는 자신에게 늘 긍정적인 말을 건네며 마치 자신이 이미 전국 최고의 세일즈맨인 것처럼 고객과 소통하고 판매하는 이미지를 머릿속에 또렷하게 떠올렸다. 아울러 그런 자신에게 신뢰와 호감을 보이는 고객의 모습도 상상했다. 그 결과, 그는 실제로 고객과 마주하기 전부터 결과를 즐기듯 편안하고 자신감 있는 기분을 느낄 수 있었다.

덕분에 고객을 만나러 들어서는 그는 항상 자신감이 넘쳐났다. 푸근하고 친근하며 확신에 차 있었다. 그는 예의 바르고 정중한 태도로 그 회사의 모든 사람들, 특히 고객과 빠르게 친밀감을 형성했다. 그런 관계는 결국 기록적인 세일즈 성과로 이어졌다.

여기서 눈여겨볼 점이 있다. 우리는 누구나 비즈니스 현장에서 자기 자신과 끊임없이 대화하고, 자기 자신을 어떤 모습으로든 시각화한다. 최고의 세일즈맨과 평범한 세일즈맨의 차이는 이 내적 대화와 머릿속 이미지의 내용에 있다. 최고의 세일즈맨은 과거에 가장 성공적이었던 세일즈 경험을 떠올리며 자신과 대화한다. 그리고 곧 있을 상담에서도 그 탁월했던 경험이 재현될 것이라고 상상한다. 물론 평범한 세일즈맨도 시각화와 확언을 활용한다. 그러나 안타깝게도 이들은 최근에 겪은 가장 부정적인 경험을 먼저 떠올린다. 구매를 거부한 고객, 무례하거나 무관심했던 고객, 그들로 인해 허비한 시간과 열정, 그리고 남은 실망감 말이다.

어느 쪽이든, 시각화와 확언을 통해 과거의 경험을 머릿속에서 되살릴 수 있다. 긍정적이고 짜릿한 최고의 세일즈 경험을 머릿속에 그리면, 잠재의식은 그 이미지를 한 장의 사진처럼 다음번 세일즈 상황에 투영한다. 이미지가 또렷할수록 잠재의식은 당신의 생각과 느낌, 행동을 조율해 그때와 비슷한 말과 행동을 하도록 유도한다.

시각화와 확언은 결국 잠재의식이 움직이는 방향을 바꾸는 작업이라고 할 수 있다. 어떻게 하면 이 강력한 메커니즘을 자신의 편으로 만들 수 있을까? 답은 잠재의식을 어떻게 다루느냐에 있다. 잠재의식은 중립적이다. 마치 점토 같다. 얼마든지 원하는 형태로 빚어낼 수 있다. 잠재의식은 스스로 생각하거나 결정하지 못한다. 오직 당신의 명령을 따를 뿐이다. 잠재의식을 완벽하게 통제해서 당신이 원하는 것만 생각하고 말하도록 훈련하면 당신을 성공으로 이끌 생각과 말과 행동을 하도록 잠재의식에 명확하게 명령할 수 있다.

세일즈는 우연이 아니라 준비된 결과다

많은 세일즈맨들이 이른바 '콜럼버스 세일즈맨'이다. 인도로 향하는 항로를 찾기 위해 항해했지만 진짜로 자신이 어디로 향하고 있는지 몰랐던 콜럼버스처럼, 이들은 무엇을 위해 움직이고 있는지 자각하지 못한 채 행동한다. 아메리카 대륙에 도착하고 나서도 그곳이 어디인지 알지 못했고, 심지어 스페인으로 돌아온 뒤에도 자신이 어디에 다녀왔는지 몰랐던 콜럼버스처럼 말이다.

현장에서 활동하는 적지 않은 세일즈맨들이 이와 크게 다르지 않다. 아침에 집을 나서면서 어디로 향해야 하는지 정확히 알지 못한다. 고객의 집이나 직장에 도착해서도 그때그때 생각나는 대로 아무 말이나 꺼낸다. 게다가 사무실로 돌아와서는 어디를 다녀왔고, 그곳에서 무슨 일이 있었는지조차 명확히 정리하지 못한다.

최고의 세일즈맨은 다르다. 고객과의 모든 접촉은 사전에 꼼꼼히 계획한 것에 따라 이뤄진다. 고객을 만나기 전, 어떤 말을 어떤 흐름으로 이어갈지 머릿속으로 미리 정리한다. 최고의 운동선수들이 심상 훈련 기법을 활용하는 것처럼, 다가올 만남을 머릿속으로 여러 번 반복해서 예행 연습하며 자신이 부딪칠 상황과 고객의 반응을 그려본다.

경기장에 도착하자마자 곧장 경기에 뛰어드는 프로 선수는 없다. 먼저 몸을 풀고, 호흡을 가다듬고, 승부의 그림을 머릿속에 그린다. 프로 세일즈맨 역시 마찬가지다. 고객을 직접 만나기 전에 충분한 예행연습을 통해 최선의 흐름을 준비한다. 바로 이 지점에서, 준비된 세일즈를 완성하는 핵심 도구가 등장한다. 바로 시각화다. 단순히 머릿속으로 떠올리는 수준을 넘어, 실제 상황처럼 반복해서 훈련하는 것이다.

곧 있을 세일즈 활동을 머릿속으로 예행연습할 때 활용할 수 있는 시각화 방법에는 크게 2가지가 있다. 첫 번째는 직접적인 방법으로, 고객과 부딪치는 상황을 자신의 눈으로 바라보듯 떠올리는 것이다. 미소 띤 얼굴로 긍정적으로 반응하는 고객의 모습을 상상하라. 당신의 설명에 고개를 끄덕이며 만족스러워하는 모습을 상상하라. 두 번째 방법은 간접적 시각화다. 제삼자가 옆에서 바라보듯, 당신과 고객이 대화하는 상황을 객관적인 시선으로 관찰하듯 떠올려라. 이 방법들을 번갈아 사용하며 내부와 외부의 시선으로 자신을 파악하면, 상품 설명과 세일즈 성과 모두 크게 향상되는 것을 체감하게 될 것이다.

최고의 자신을 그리자

자기 분야에서 최고가 된 모습을 끊임없이 상상하라. 최고의 수입을 올리는 자신의 모습을 또렷하게 그려보라. 세일즈계의 슈퍼스타가 된 것처럼 걷고, 말하고, 사람들을 대하라. 다른 누군가가 성취한 것이라면, 당신도 할 수 있다. 당신의 가능성에 한계는 없다.

당신은 원하는 것을 스스로 정할 수 있다.
당신의 주요 목적과 목표, 지향점, 목적지를 스스로 정할 수 있다.
―W. 클레멘트 스톤 W. Clement Stone

실행 과제 ✒

1. 크게 생각하라! 앞으로 1년 동안의 수입 목표를 지금껏 가장 많이 번 금액보다 25~50% 높게 설정하라.

2. 원하는 실적을 달성하려면 1년 동안 얼마만큼의 상품과 서비스를 판매해야 하는지 결정하라.

3. 연간 수입과 판매 목표를 월, 주, 일 단위로 세분하고, 이를 달성하기 위해 매일 어떤 활동을 해야 하는지 구체적으로 정하라.

4. 반드시 사전에 매일의 계획을 세워라. 연락해야 할 고객의 수, 직접 만나야 할 고객의 수, 체결해야 할 계약의 수 등을 명확하게 정하라.

5. 가족과 개인적인 삶을 위해 크고 흥미로운 목표를 세워라. 추가 수입으로 사고 싶거나 하고 싶은 것을 목록으로 작성하라.

6. 각각의 목표를 달성하기 위한 구체적인 실행 계획을 세우고, 이를 매일 실천하라.

7. 가장 간절한 목표를 달성하기 위해 감당해야 할 추가적인 노력과 희생, 즉 대가가 무엇인지 정하고, 지금 이 순간부터 그 대가를 지불하기 시작하라.

3장

사람들이
구매하는 이유

사람에게 무언가를 가르칠 순 없다.

내면에 있는 것을 스스로 발견하도록 도울 수 있을 뿐이다.

— 갈릴레오 갈릴레이Galileo Galilei

사람들이 당신에게서 상품이나 서비스를 구매하는 이유는 매우 다양하다. 반드시 기억해야 할 것은, 고객은 당신이 아니라 자신을 위해서 구매한다는 사실이다. 풋내기 세일즈맨은 종종 고객이 실제로 구매하고 싶어지는 이유가 아니라 자신의 개인적인 이유를 앞세워 구매를 요구하는 심각한 실수를 저지르곤 한다.

　잠재고객의 욕구를 정확히 파악하는 능력은 세일즈에서 가장 중요한 부분이자 전체 과정의 기초를 이루는 필수 단계다. 고객이 왜 지금, 그리고 왜 하필 당신에게 상품이나 서비스를 구매하려고 하는지 정확하게 이해하려면 충분한 시간을 들여 많이 묻고 깊이 듣는 과정이 필요하다. 잠재고객의 욕구를 제대로 파악하지 못하면 그다음에 이어지는 모든 세일즈 과정이 흔들리다가 결국 좌초하게 된다. 아무리 훌륭한 상품과 프레젠테이션을 준비했더라도 출발점이 어긋나면 성과로 이어질 수 없다.

기본 동기, 사람은 늘 더 나아지려 한다

───◇───

근본적으로, 인간의 모든 행동은 어떤 식이든 더 나아지려는 쪽으로 방향이 맞춰져 있다. 사람들이 상품이나 서비스를 구매하는 이유는, 그것이 자신에게 실질적인 이익을 가져다주리라 믿기 때문이다. 다른 상품이나 서비스를 구매하거나 혹은 아무것도 구매하지 않는 것보다는 그 상품이나 서비스를 구매하는 게 훨씬 유익하리라 판단하기 때문이다.

당신에게 구매 제안을 받은 고객은 3가지 선택을 할 수 있다. 당신에게 구매하거나, 다른 사람에게 구매하거나, 아예 구매하지 않는 것이다. 따라서 세일즈맨으로서 당신의 역할은 당신의 상품이나 서비스가 정말로 필요하다는 사실을 고객이 충분히 이해하고 납득하도록 설득해 구매를 가로막는 저항을 극복하게 하는 것이다.

그뿐 아니라, 당신의 상품을 구매한 고객은 이전보다 훨씬 나은 상태가 되어야 한다. 효과나 편익이 조금 좋아지는 정도로는 부족하다. 고객의 일이나 생활에서 나타나는 개선 효과가 당신이 요구하는 금액은 물론 당신이 제시한 해결책을 실행하는 데 드는 시간과 노력을 상쇄할 만큼 충분히 커야 한다. 고객이 지불한 대가보다 더 큰 가치를 체감할 때 진정한 만족과 신뢰, 그리고 재구매가 뒤따른다.

최고의 가치, 자유와 선택

사람들은 우리 사회가 제공하는 어떤 편익보다도 자유를 소중하게 여긴다. 돈이 있으면 어느 정도의 자유를 누릴 수 있다. 선택할 수 있고, 고를 수 있다. 다양한 일을 할 수도 있다. 그래서 역설적으로 자유를 향한 욕망은 사람들이 어떤 이유로든 돈 쓰기를 주저하게 만드는 주된 이유 중 하나이기도 하다.

고객이 당신에게서 구매한다는 것은, 당신에게 돈을 지불하기 전에 누렸던 유연성과 자유의 일부를 포기한다는 의미다. 당신에게 산 상품이 기대에 미치지 못한다면 고객은 그 상품에 매여 있는 상황에서 돈까지 잃었다는 사실을 절감하게 된다. 누구나 이런 일을 한두 번 이상 겪었기에 어느 상황에서든 어느 정도의 구매 저항이 항상 존재하게 마련이다.

다다익선, 만족도를 높여라

'만족도(units of satisfaction)'라는 개념이 있다. 서로 다른 행동이 사람에게 서로 다른 수준의 만족을 제공한다는 의미다. 고객은 모든 구매 결정에서 가장 큰 만족을 얻고 싶어 한다. 신체적으로, 감정적으로, 심지어 정신적으로도 더 나아지기를 원한다. 모든 면에서 만족하고 싶어 한다. 그러므로 당신의 상품이나 서비스가 잠재고객을 기쁘게 하고 만족시킬 방법이 다양할수록 구매 결정은 쉬워진다. 이는 세일즈 현장에서 성과를 좌우하는 핵심적인 통찰이다.

감정적 가치, 눈에 보이지 않는 이유를 파악하라

구매 동기는 사람마다 다르다. 세일즈 심리학에서 가장 중요한 영역 중 하나가 바로 심리적, 감정적 가치다. 이는 고객의 관점에서 볼 때, 특정 상품이나 서비스가 더 소중하게 보이거나 느껴지게 하는 무형의 가치를 의미한다.

한 세일즈맨이 자기 상품이나 서비스가 시장 평균보다 합리적인 가격에 판매되고 있다며, 이를 근거로 고객의 구매를 이끌어내려고 한다. 그런데 고객은 그 상품을 판매하는 회사의 이름이나 평판을 더 중요하게 생각할 수도 있다. 이런 경우, 고객은 더 비싸더라도 더 유명한 회사의 상품을 구매하고 싶어 할 수도 있다. 따라서 이런 유형의 고객에게 잘 알려지지 않은 상품이나 서비스를 내세우면서 최저 가격이라는 사실만 강조한다면 판매 기회를 스스로 걷어차는 것이나 다름없다.

타인의 시선, 평가받고 싶지 않은 마음

사람들은 직장에서든 가정에서든 주변의 반응에 민감한 모습을 보인다. 무언가를 구매하려는 사람은 그 결정을 다른 사람들이 어떻게 볼지 은근히 걱정한다. 그 누구도 비난받는 것을 좋아하지 않는다. 특정 구매로 인해 상사나 배우자에게 비난받을지도 모른다면, 그 고객은 구매 자체를 회피하게 된다. 이때 문제는 상품의 필요성이나 가격이 아니라 그 선택이 초래할 '관계의 불편함'이다. 이 경우, 고객은 제품보다 이후 감당해야 할 감정적 비용을 먼저 따지게 된다.

가격과 품질은 충분조건이 아니다

대부분의 세일즈맨들이 가격이나 품질을 구매의 절대적 이유인 양 강조한다. 그러나 오늘날 경쟁 시장에서 어떤 상품이나 서비스가 존재한다는 사실 자체가 이미 적정한 가격과 충분한 품질을 갖추고 있음을 의미한다고 볼 수 있다. 그렇지 않다면 애당초 시장에 등장할 수 없었을 것이다. 따라서 가격과 품질을 이유로 우리 상품을 사야 한다고 고객을 설득하는 것은, 마치 우리 상품은 배송도 되니 사라고 말하는 것이나 다를 바 없다. 가격과 품질만으로는 고객의 구매를 이끌어내기에 충분치 않다.

고객의 욕구를 파악하는 데서 세일즈는 시작된다

성공적인 세일즈는 철저한 욕구 분석에서 출발한다. 충분히 질문하고, 고객의 대답을 귀담아들은 뒤에야 비로소 세일즈가 시작된다. 그래야 당신의 상품이나 서비스가 잠재고객의 어떤 욕구를 가장 강렬하게 만족시키는지 명확히 파악할 수 있다. 고객의 핵심 욕구와 바람을 파악했다면, 당신의 상품이나 서비스를 구매함으로써 그 욕구가 어떻게 충족될 것인지 명확하게 드러나도록 설명 방식을 구성해야 한다.

유익하다 vs. 무엇이다

욕구 분석에서 가장 중요하게 구분해야 할 것은, 당신의 상품이 '무엇인지(is)'와 그 상품이 고객에게 '어떻게 유익한지(does)'다. 대부분의 세일즈맨은 자신의 상품이 무엇인지, 어떻게 만들어졌는지, 디자인과 생산 과정에 어떤 장점이 있는지 등에만 집중한다. 그래서 실제로 잠재고객을 만났을 때도 이런 이야기만 화제로 삼는다.

고객은 당신의 상품이 무엇인지에는 관심이 없다. 그보다는 그 상품이 얼마나 유익한지가 훨씬 중요하다. 모든 고객이 가장 좋아하는 주파수는 'WII-FM(What's In It For Me?)'이다.

고객은 그 상품이 자신의 문제를 어떻게 해결해줄지, 자신의 시간·돈·노력을 얼마나 덜어줄지, 현재보다 얼마나 나은 상태로 만들어줄 것인지 알고 싶어 한다.

당신의 상품이나 서비스가 고객에게 유익한지 판단하는 간단한 방법이 있다. 파이프라인을 떠올려보라. 파이프라인 한쪽 끝에는 판매, 배송, 고객의 실제 사용 등 상품이나 서비스와 관련된 모든 과정이 놓여 있다. 그리고 반대편 끝, 즉 양동이로 쏟아지는 곳에는 그 상품을 구매한 고객의 삶이나 업무를 실제로 개선해주는 효과가 자리한다. 여기서 당신의 역할은, 고객이 상품을 구매했을 때 그 양동이에 무엇이 담길지 명확하게 파악하는 것이다.

감정적 이유 vs. 실질적 이유

생명보험을 판매할 때 어떤 설계사들은 경쟁사의 상품 대비 경제성, 회사의 규모와 평판, 납입 편리성, 재무 설계에서 생명보험이 갖는 중요성 등을 강조한다. 물론 이 모두가 중요하지만, 고객이 생명보험에 가입하는 진짜 이유는 따로 있다. 고객이 생명보험을 찾는 가장 큰 이유는 '마음의 평안'을 얻기 위해서다.

미국에서 최고로 손꼽히는 어느 생명보험 설계사는 새로운 고객을 만날 때 단 하나의 질문만 던진다고 한다.

"고객님께 무슨 일이 생기더라도, 그래도 가족을 책임져야 한다고 생각하십니까?"

이 질문에 즉시 "네"라고 답하지 않는다면, 그 설계사는 상대방에게 생명보험의 중요성을 설명하는 데 더 이상 시간을 쓰지 않는다. 가족에 대한 책임감이 크지 않은 사람은 사고에 대비해 가족을 위한 보험에 가입하는 것 자체를 꺼리기 때문이다.

같은 맥락에서, 고객이 당장 구매 결정을 내릴 정도로 중요한 감정적 욕구를 당신의 상품으로 충족시킬 수 있는지 판단하게 해주는 질문이 있다. 어떤 질문을 선택하느냐에 따라 당신이 고객의 욕구를 정확히 파악할 수 있는지 여부가 좌우된다.

2가지 주요 동기

무언가를 구매하거나 구매하지 않는 데는 2가지 주된 동기가 있다. 얻으려는 욕구(이득의 욕구)와 잃을지도 모른다는 두려움(손실의 우려)이 그것이다.

이득의 욕구란 말 그대로 더 나아지는 것, 즉 어떤 형태로든 상황이 개선되기를 바라는 것이다. 그러므로 세일즈맨으로서 당신의 첫 번째 임무는, 잠재고객이 당신의 상품을 사용함으로써 그의 삶이나 일이 지금보다 나아질 것이라는 확신을 주는 것이다. 두 번째 동기는 손실의 우려다. 앞에서 논의했듯, 잠재고객은 잘못된 구매, 즉 원하지도 않고, 필요하지도 않으며, 사용할 수도 없고, 감당할 수도 없는 무언가로 인해 곤란한 지경에 빠질까 봐 걱정한다. 이미 이런 경험을 여러 번 해봤기 때문에 같은 실수를 반복하지 않으려면 신중해질 수밖에 없다.

여기에는 흥미로운 사실이 숨어 있다. 이득의 욕구가 지닌 동기부여 효과가 1.0이라면, 손실의 우려에서 비롯되는 부정적인 동기부여 효과는 무려 2.5에 달한다. 다시 말해, 손실의 우려는 이득의 욕구보다 두 배 반이나 강력한 힘을 지닌다. 무언가를 구매함으로써 얻는 편익을 기대할 때보다 구매하지 않음으로써 손해를 볼 것이라고 느낄 때, 구매 동기는 훨씬 강해진다.

상품을 설명하는 데 있어 가장 좋은 것은 구매 시 삶이나 업무가 얼마나 나아질지, 그리고 구매하지 않았을 때 어떤 불편이나 손실이 생길지 함께 보여주는 것이다. 예를 들어, 자동차를 판매한다면 이 자동차가 얼마나 멋지고 아름다우며 주행감이 좋은지 설명할 수 있다. 그런데 잠재고객이 자동차를 마음에 들어 하면서도 여전히 구매하는 것을 망설인다면, 지금 구매하지 않으면 앞으로 적어도 두 달은 기다려야 한다거나 이 가격으로 파는 마지막 차라는 점을 강조할 수 있다. 구매를 망설이던 고객도 지금 같은 조건으로는 다시 구매하기 어렵거나 아예 불가능할지도 모른다는 가능성을 알고 나면 곧바로 구매를 결정하게 될 것이다.

당신은 믿을 만한가?

상품 설명에서 가장 중요한 요소를 꼽으라면, 단연 신뢰성이다. 아무리 강조해도 당신이 설명하는 상품이나 서비스가 설명처럼 유익할지 여부에 대해 고객은 여전히 회의적일 수밖에 없다. 이때 당신이 해야 할 일은 고객이 주저 없이 선택할 수 있도록 신뢰를 보여주는 것이다.

잠재고객이 당신의 상품을 구매함으로써 삶이 더 나아질 것이라 확신하고, 또 당신이 그 상품이나 서비스를 100% 책임질 사람이라고 믿게 된다면, 고객은 더 이상 망설이지 않는다. 세일즈 과정에서 당신은 고객의 신뢰 수준을 이 정도로 끌어올려야 한다. 그러기 위해서는 무엇보다 먼저 고객의 욕구를 정확히 파악해야 한다.

욕구가 이끄는 선택의 힘

모든 고객은 구매를 포함해 행동을 유발하는 기본적인 욕구를 지니고 있다. 그러므로 당신의 상품이나 서비스로 고객의 어떤 핵심 욕구를 충족시킬 수 있는지 파악해야 한다. 나아가 지금 이 시점과 이 가격대에서는 시장에 존재하는 어떤 것보다 당신의 상품이나 서비스가 그 욕구를 가장 확실하게 충족시킬 수 있다는 믿음을 강하게 심어주어야 한다.

돈이 만들어내는 강렬한 끌림

모두가 가능한 한 많은 돈을 벌고 싶어 한다. 이는 인간이 지닌 기본적인 욕구다. "돈이 세상을 움직인다"라는 말은 결코 과장된 게 아니다. 당신의 상품이나 서비스가 고객에게 더 많은 수익을 가져다 주거나 불필요한 비용을 줄여줄 것이라고 믿게 된다면, 그의 눈과 귀는 온전히 당신에게 집중될 것이다.

안전을 보장받고 싶다는 깊은 욕구

누구나 안전에 대한 기본적인 욕구를 지니고 있다. 대부분의 사람들이 돈이 충분히 있으면 안전을 보장받을 수 있을 거라고 막연히 생각한다. 돈은 차갑고 딱딱하지만, 안전에 대한 욕구는 따뜻하고 개인적이다. 안전은 계산의 대상이 아니라 감정의 영역에 가깝다.

시카고대학교가 연구한 바에 따르면, 사람들이 상품이나 서비스를 구매하는 이유는 이를 소유하고 사용함으로써 느끼게 될 감정 때문이다. 무언가를 팔고 싶다면 단순히 기능을 설명하는 것을 넘어 이런 감정적 기대감을 유발해야 한다. 상품 자체의 특징이나 편익뿐만 아니라 그 상품을 구매함으로써 고객이 얻을 수 있는 즐거움이나 만족감을 생생하게 떠올리게 해야 한다.

재정적, 감정적, 신체적 차원 등 어느 측면에서든 자신과 가족을 위한 안전에 대한 욕구는 아주 깊고 강력하다. 안전을 보장한다는 호소가 언제나 고객의 관심을 강하게 사로잡는 이유다. 아무리 많은 자유가 주어져도 더 자유롭기를 원하듯, 안전도 마찬가지다. 누구나 더 확실한 안전을 원한다.

최근 들어 인터넷 서버와 컴퓨터용 보안 서비스나 장치 시장이 폭발적으로 성장하고 있는 것도 같은 맥락에서 이해할 수 있다. 가정용 보안 시스템 시장은 이미 수십억 달러 규모의 산업으로 자리 잡았다. 예상치 못한 사고나 손실에 대비해 판매되는 다양한 보험 상품 시장의 규모도 매년 수천억 달러에 달한다. 당신의 상품이나 서비스를 소유함으로써 안전이 더욱 강하게 보장된 생활을 누릴 수 있다는 점을 고객에게 확신시킨다면 자연스럽게 구매 욕구를 이끌어낼 수 있을 것이다.

더 좋아 보이고 싶은 마음

누구나 타인의 호감을 원한다. 누구나 타인에게 호의와 존중을 받고 싶어 한다. 친구, 이웃, 동료들에게 인정받는다면 만족감은 더욱 커질 것이다. 이는 우리 내면 깊은 곳에 자리한 소속과 자존의 욕구를 충족시켜주기 때문이다. 당신의 상품이나 서비스는 잠재고객이 다른 사람에게 더 많은 호감과 존중을 받도록 어떻게 도와줄 수 있는가?

지위와 명성을 높여주는 선택

사람들을 움직이는 가장 강력한 동기 중 하나는 지위와 개인적인 명성이다. 우리는 자신이 중요하고 가치 있는 존재라고 느끼고 싶어 하고, 타인도 그렇게 봐주기를 바란다. 더 나아가, 우리가 가진 것과 이룬 것을 높이 평가하고 인정해주기를 바란다.

50달러를 주고 시계를 구입하는 것은 그저 하루 종일 시간을 알려주는 물건을 사는 것에 지나지 않는다. 그러나 고가의 명품 시계를 사는 순간, 시계는 단순한 도구가 아니라 하나의 장신구가 된다. 이때 시계는 개인적 장신구로서 당신이 성공한 사람이라는 메시지를 타인에게 은근하게 전달하는 역할을 한다.

인간의 가장 근원적인 욕구 가운데 하나는 자기뿐만 아니라 타인의 눈에도 자신이 중요하고, 가치 있고, 훌륭한 존재로 보이고 싶다는 열망이다. 고객의 지위와 존경, 명성을 높여주는 상품을 소개한다면, 고객의 근원적 욕구를 자극해 구매 욕구를 유발할 수 있다.

이런 욕구가 자극될 때, 감정은 종종 이성보다 앞서 움직인다. 인간의 기본적인 감정에 호소해 강한 구매 욕구를 유발한다면 가격에 대한 걱정은 부차적이거나 아예 생각나지도 않게 만들 수 있다. 좋아하는 여성의 호감을 얻으려는 남성 중에는 이성적인 소비 판단을 거의 상실하는 경우도 있다. 사랑이나 욕망, 또는 인정받고 싶은 감정이 고조된 상황에서는 값비싼 보석이나 향수, 선물, 꽃다발, 심지어 그보다 훨씬 사치스러운 물건도 기꺼이 구입한다.

건강한 몸이 주는 확실한 보장

누구나 건강한 몸으로 오래 살기를 바란다. 경제학자들은 비타민, 미네랄 보충제와 신체 단련 장비 같은 건강 관련 상품 시장이 앞으로도 꾸준히 성장할 것이라고 예측한다. 누구나 건강하고 날씬하고 탄력 있는 몸을 원한다. 누구나 강한 활력을 유지하고 싶어 한다. 또한 우리 가족도 이 같은 건강상의 이점을 누리기 바란다.

그래서 더 날씬해지고, 활력 넘치며, 최상의 컨디션을 유지하도록 도와주는 상품이나 서비스에 눈길이 가는 것은 지극히 당연한 일이다. 당신의 상품이나 서비스가 합리적인 비용으로 고객의 신체적 삶의 질을 개선해줄 수 있다면 피로에 지치고, 과체중에, 온몸 여기저기 통증을 호소하는 많은 사람들이 당신과 대화하는 데 진지한 관심을 보일 것이다.

인정받고 싶은 마음은 누구에게나 있다

모든 이들이 공유하는 핵심적인 욕구 가운데 하나로 성취에 대한 인정이 있다. 에이브러햄 링컨(Abraham Lincoln)의 말처럼, "누구나 칭찬을 좋아한다." 이 단순한 문장은 인간 심리를 꿰뚫는 통찰이다. '자신이 칭찬받을 만하다고 느끼는 정도'라는 말로 자존감을 정의하는 것은 바로 이런 이유에서다. 사람은 타인의 시선을 통해 자신의 가치를 확인하려는 경향이 있다.

크고 작은 성취로 칭찬과 인정을 받는 사람은 자신을 더 긍정적이고 행복한 존재로 느낀다. 그러므로 당신의 상품이나 서비스를 사용함으로써 더 큰 인정이나 지위를 얻을 수 있도록 처음부터 설계한다면, 강렬한 구매 욕구를 유발할 수 있다.

칭찬의 욕구는 가장 근원적인 감정적 욕구인 자존감과 맞닿아 있으므로, 당신의 상품이나 서비스로 더 많은 인정을 받을 수 있다고 고객을 확신시킨다면 가격에 대한 저항은 급격히 줄어들 것이다. 이때 고객의 머릿속에서 가격은 비용이 아니라 투자로 인식된다.

영향력이 커질수록 고객의 선택은 분명해진다

당신의 상품이나 서비스로 충족시킬 수 있는 욕구는 매우 다양하다. 세일즈의 본질은 이 다양한 욕구를 얼마나 정확히 짚어내느냐에 있다. 사람은 누구나 권력과 영향력을 얻고 싶어 한다. 어떤 상품이나 서비스로 이런 것들을 더 많이 얻을 수 있다면 누구나 기꺼이 구매할 것이다.

또한 사람은 타인에게 인기와 호감을 얻고 싶어 한다. 사회적 존재로서 우리는 타인의 평가에 민감할 수밖에 없다. 당신의 상품이나 서비스로 누군가를 더 영향력 있고 인기 있는 사람으로 보이게 하거나 그렇게 성장하도록 도와줄 수 있다면, 그 자체로 구매 욕구를 강하게 자극할 수 있다.

먼저 선택하는 사람이 시대를 이끈다

시대를 앞서가는 존재로 보이고 싶어 하는 것은 인간의 뿌리 깊은 욕구와 열망이다. 누구나 시대에 뒤떨어지지 않는, 세련된 사람으로 보이기를 원한다. 일터와 사회집단에서도 리더이자 유행의 선도자가 되고 싶어 한다.

시장에서 최신 상품이라는 이유 하나로 특정 상품이나 서비스를 구매하는 사람도 많다. 주로 다른 사람보다 앞서나가고 싶어 하는 사람들이다. 이들은 가장 먼저 사서 가장 먼저 소유하고 싶어 한다. 구매자 분류에서 이른바 '초기 수용자(early Adopters, 얼리 어답터)'로 불리는 사람들로, 전체 시장의 5~10%를 차지한다. 이들은 단지 새롭고 다르다는 이유만으로 상품이나 서비스를 구매한다.

따라서 잠재고객에게 "고객님의 업계에서 이 상품을 처음 갖게 되시는 겁니다" 혹은 "고객님이 거주하는 지역에서 이런 상품을 처음 갖게 되시는 겁니다"라고 말하면 초기 수용자들의 즉각적인 구매 욕구를 강하게 자극할 수 있다.

좋은 관계를 향한 갈망은 강력한 선택을 만든다

최근 들어 인터넷 만남 서비스에 가입해 자신과 어울릴 만한 이력을 가진 사람을 찾는 이들이 늘고 있다. 이는 좋은 사람과의 교제나 관계 형성에 대한 강한 갈망을 보여주는 증거라 할 수 있다. 다른 사람, 특히 이성을 만나기 위해 동호회나 모임에 가입하는 사람도 많다. 사회 활동의 중요한 동기 중 하나는 바로 사랑과 교제를 향한 욕구다.

따라서 당신의 상품이나 서비스가 잠재고객을 교제 대상에게 더 매력적이고 호감 가는 사람으로 보이게 하는 데 도움이 된다면, 구매 욕구를 강하게 자극할 수 있다.

성장하고 싶다는 열망이 선택을 앞당긴다

새로운 지식과 기술을 익히고 성장하려는 욕구는 인간의 보편적 본성이다. 사람들은 누구나 자신이 능력 있는 존재라고 느끼고 싶어 한다. 새로운 기술을 학습해 자기 직무 분야에서 최고가 되기를 바란다. 더 빠르게 발전해 회사뿐만 아니라 삶의 다른 영역에서도 경쟁자들을 크게 앞서나가고 싶어 한다.

사람들의 높아진 자기 이해와 자기실현 욕구에 호소하는 다양한 상품들이 계속해서 시장에 선보이고 있는 것은 매우 자연스러운 흐름이다. 그만큼 자기표현과 개인적 성취를 향한 사람들의 욕구는 강렬하다. 누구나 자신이 상상하는 이상적인 자기 모습에 더 가까워지고 싶어 한다.

당신이 제공하는 상품이나 서비스가 사람들의 더 큰 성공과 자기실현을 돕는다는 확신을 줄 수 있다면, 그것만으로도 구매 욕구를 강하게 자극할 수 있다.

변화하고 싶다는 소망은 가장 강력한 동기다

가장 추상적이면서도, 동시에 가장 많은 비용을 기꺼이 지불하는 욕구는 아마도 개인적 변화를 향한 바람일 것이다. 잠재고객이 당신의 상품이나 서비스를 통해 삶이나 업무에서 한 차원 높은 단계로 나아갈 수 있고, 마치 다른 사람으로 변모한 듯한 느낌을 줄 수 있다면, 그가 지불하는 금액에는 사실상 한계가 없을지도 모른다.

얼마 전 미국 중서부의 한 제조업체 부사장과 이야기를 나눈 적이 있다. 골프광인 그는 매주 두 번 이상, 휴가 때는 일주일에 대여섯 번 골프를 친다고 했다. 하루에 두 번 치는 날도 비일비재하다고 덧붙였다. 그러면서 이렇게 말했다.

"내 스코어를 영구적으로 두 타 줄여줄 골프 프로가 있다면, 나는 현금 5만 달러를 곧바로 지불할 겁니다."

그의 개인적 변화, 즉 자신이 중요하게 생각하는 영역에서 새로운 기술을 습득하는 것의 가치가 무려 현금 5만 달러인 것이다!

비단 이 사람만의 이야기가 아니다. 사람들은 자신의 외모를 가꾸려고 성형수술을 하거나, 체중을 줄이고 체형을 교정하기 위해 고급 헬스 스파에 막대한 돈을 쓰기도 한다.

개인적 변화는 순수한 감성적 욕구다. 과거의 자신보다 더 나아지고 싶다는 바람은 누구에게나 존재하는 아주 평범한 욕구이지만 매우 강렬한 구매 동기로 작용한다. 이 욕구는 논리로 설득되지는 않지만, 한번 자극을 받으면 행동으로 이어질 가능성이 매우 높다. 당신의 상품이나 서비스가 직장이나 사생활에서 어떤 식으로든 지속적인 변화를 가져다줄 것이라고 설득할 수 있다면, 대부분의 경우 세일즈는 자연스럽게 성사될 것이다.

모든 구매 결정은 감정적이다. 사실 우리의 행동은 거의 모두 100% 감정에서 출발한다고 해도 과언이 아니다. 일반적으로 사람은 감정적으로 판단하고, 그 결과를 논리로 정당화한다. 이미 마음속으로 선택을 끝낸 뒤, 그 선택을 정당화하고 합리화할 논리를 하나둘 가져다붙인다. 겉으로는 논리적인 이유를 들면서 말하더라도, 실제로는 다른 선택보다 감정의 무게가 더 크게 작용하는 경우가 많다.

인간의 감정은 그 폭이 대단히 넓다. 특정 시점에 작용하는 가장 강렬한 감정이 그 순간의 결정과 행동을 좌우한다. 그래서 세일즈의 성패는 '얼마나 많은 이점을 제시했는가'보다 '어떤 감정을 자극했는가'에 달려 있다고 할 수 있다.

당신의 상품이나 서비스를 원하는 사람이 있다고 하자. 그러나 이득에 대한 기대보다 손실이나 실수에 대한 두려움이 더 강하게 작용한다면, 그는 당연히 구매를 주저하거나 포기할 것이다. 왜냐하면 강한 감정이 언제나 약한 감정을 압도하기 때문이다.

구매 욕구가 커질수록 결정은 쉬워진다

판매의 걸림돌이 되는 부정적 감정인 손실의 우려를 극복하는 유일한 방법은, 고객의 구매를 촉발하는 긍정적 감정, 곧 이득의 욕구를 더욱 강하게 자극하는 것이다. 구매 욕구를 강화하는 모든 말과 행동은 당신을 계약 성사에 한 발 더 가까이 다가서게 한다. 실수나 손실의 우려를 줄이는 모든 말과 행동 역시 성공적인 세일즈로 당신을 이끈다.

손실의 우려를 낮추면 신뢰는 자연스럽게 올라간다

세계적인 마케팅 컨설턴트인 제이 에이브러햄(Jay Abraham)은 모든 상품에 무조건적인 '만족 보장'을 제공하도록 설득함으로써 수억 달러의 매출을 이끌어낸 인물로 유명하다. 그는 단순한 환불 보장을 넘어서는, 이른바 '환불보다 나은 방식'을 제안했다. 고객이 만족하지 못할 경우 환불은 물론이고 상당한 가치가 있는 특별 보너스나 선물을 추가로 제공하며, 이미 받은 상품 역시 그대로 소유하게 하는 것이다.

예를 들어, 내가 운영하는 사업 중 하나로, 창업 및 재정적 성공을 주제로 하는 1년 과정의 개인 및 전문가 계발 프로그램이 있다. 52주 동안 단계적으로 진행되는 이 프로그램의 참여자들은 결과에 만족하지 못하면 전액 환불을 조건 없이 보장받는다. 그뿐 아니라 이 과정에 제공되는 3000달러 이상의 책과 테이프, 영상 교육 자료도 그대로 소유할 수 있다. 세일즈 관점에서 보면, 이것은 단순한 제안이 아니라 고객의 위험을 거의 없애버린 대단히 강렬한 제안이다.

생각해보겠다는 말 뒤에 숨어 있는 진짜 의미

잠재고객이 결정을 앞두고 "조금 더 생각해보겠다"라고 말하는 것은, 단순히 당신의 제안을 거절하겠다는 의미가 아니라 아직 결정을 가로막는 장애물이 남아 있다는 신호다. 그 장애물은 크게 2가지다.

첫째, 당신이 판매하는 상품이나 서비스를 소유하거나 즐길 욕구가 솔직히 크지 않을 수 있다. 어떤 이유에서든 고객이 지불하는 돈보다 더 큰 이득을 얻으리라는 확신을 줄 만큼 당신이 고객과 충분한 관계와 신뢰를 아직 형성하지 못한 것이다.

둘째, 욕구는 존재하지만 확신이 부족할 수 있다. 다시 말해, 고객이 구매 결정을 내릴 만큼 충분한 감정적 근거를 제공받지 못한 것이다. 이 경우, 고객은 당신의 제안이 제공할 잠재적 이득보다 손실이나 실수의 우려를 여전히 더욱 크게 느낀다. 이 순간 필요한 것은 추가 설명이 아니라 고객의 불안을 낮추고 확신을 높여주는 결정적인 한마디다.

가치에 집중하라

가치 판매 과정에서는 잠재고객이 당신의 상품이나 서비스를 구매해서 얻게 될 가치와 편익을 의도적으로 끊임없이 반복해서 설명해야 한다. 가격을 낮추거나 일시적인 특별 할인 혜택을 제공하기보다는 고객이 실제로 얻게 될 가치 자체를 처음부터 설계하고 지속적으로 키워야 한다. 고객이 지불한 비용보다 훨씬 큰 가치를 얻을 수 있다고 느낄 때 비로소 구매 결정이 이루어진다. 낮은 가격이 아니라 더 큰 가치에 초점을 맞춰야 하는 이유다.

다양한 고객 유형에 맞춘 세일즈 전략

세일즈맨이라면 판매 대상의 규모와 비즈니스 환경에 따라 의사 결정 방식이 크게 달라진다는 사실을 이해해야 한다. 같은 상품이라도 누구에게 제안하느냐에 따라 접근 방식, 언어, 강조점이 달라진다. 고객의 유형을 정확히 파악할수록 세일즈는 더 설득력 있게 전개되고, 거래 성사까지의 거리도 짧아진다.

소규모 사업체 대상의 세일즈

많은 사람들이 중소 규모의 회사를 대상으로 세일즈 활동을 펼친다. 쉽게 말해, 자기만의 사업을 시작해서 성장시킨 사업가를 상대한다. 그런데도 많은 세일즈맨이 이들의 특성을 충분히 고려하지 않은 채, 특별히 주의하지 않고 이들을 상대로 세일즈를 진행한다. 그 결과, 자신이 대화하는 고객이 어떤 사람인지 정확히 파악하는 과정도 없이 그저 상품이나 서비스의 특징과 편익만 늘어놓는 실수를 범한다.

사업가가 성공하는 이유는 세일즈 성과와 고객 만족에 전력을 다하기 때문이다. 이들은 세부적인 것들에는 관심이 없다. 장부, 회계, 재무 같은 업무는 상품을 판매하고 전달하는 과정에서 어쩔 수 없이 감수해야 하는 필요악이라고 여긴다. 따라서 이들과 대화할 때는 매출과 이익이라는 핵심에 집중해야 한다.

예를 들어, 어느 사업가를 찾아간 세일즈맨이 회계 부서의 업무 환경을 개선할 컴퓨터와 소프트웨어를 판매하려 한다면, 그는 금세 흥미를 잃을 것이다. 회계와 수익성을 연결해서 생각하지 않는 사람이므로, 애초에 그는 대화 상대로 적합하지 않은 셈이다.

사업가들이 정말 관심 있는 것은 매출과 현금흐름이다. 이들은 고객과 소통해서 만족스러운 상품과 서비스를 제공하기 위해 골몰한다. 또한 자신이 판매하는 것들의 성능과 신뢰성을 개선하는 데 집중한다. 결국 이들에게 무엇보다 중요한 것은 매출과 이익, 성장이다. 내부 운영과 관련된 세세한 사항에는 관심이 적다.

당신의 상품이나 서비스를 최대한 많이 팔고 싶다면, 무엇이 고객의 구매 결정을 좌우하는지 파악하는 데 시간과 관심과 열정을 쏟아야 한다. 고객을 만족시키는 구체적인 욕구를 파악하는 데 많은 시간을 할애할수록, 상품 설명을 체계화해 계약을 성사시키기가 한결 수월해진다.

소매 비즈니스를 위한 세일즈

재판매를 위해 상품을 구매하는 소매업 사업가들의 관심은 오로지 한 곳으로 집중된다. 바로 순이익이다. 자기 사업을 운영하는 과정에서 재판매하기 위해 당신의 상품이나 서비스를 구매하는 경우에도 그들의 관심은 오로지 하나다. 순이익. 그들에게 상품이 무엇인지는 중요하지 않다. 그 상품으로 무엇을 해서 최종적으로 얼마나 순이익을 남길 수 있는지가 그들이 관심을 갖는 전부다. 한마디로, 상품이나 서비스를 통해 소매업 고객에게 제공할 수 있는 가장 큰 이점은 바로 순이익의 증가다. 이것을 분명히 보여줄 때 세일즈는 자연스럽게 힘을 얻는다.

대기업을 대상으로 한 세일즈

대기업은 실적과 생산성을 직접적으로 높이고, 비용과 지출을 의미있게 줄이며, 현금흐름과 이익을 지속적으로 늘리는 데 도움이 되는 상품만 구매한다. 당신의 상품이나 서비스가 이 중 하나 이상에서 실제로 어떤 유익한 결과를 가져올지 잠재고객에게 명확하게 설명하는 것이 무엇보다 중요하다.

당신이 취급하는 상품이 특정 영역에서 비용을 절감하거나, 생산성을 개선하거나, 장비나 인력의 성과를 향상시킬 수 있다면 그것은 분명한 세일즈 포인트가 된다. 또한 매출 성과를 증대하거나 구매자 만족도를 높이는 데 기여한다면 그 가치는 더욱 분명해진다. 시간과 비용을 크게 절감하는 등 고객이 지불하는 비용보다 훨씬 높은 가치를 얻을 수 있다고 설득한다면 자연스럽게 판매로 이어질 것이다. 이처럼 기업을 대상으로 할 때 세일즈맨이 수행해야 할 핵심 역할은, 당신의 제안이 기업의 성과 지표에 어떻게 얼마나 기여하는지를 수치와 논리로 증명하는 것이다.

고객 의사결정의 진짜 기준

고객은 언제나 '무엇을 얻을 수 있는가'와 '무엇을 잃지 않을 것인가' 사이에서 저울질한다. 이 두 감정은 동시에 작동하며, 어느 쪽이 더 크게 느껴지는지에 따라 결과가 달라진다. 세일즈는 설득이 아니라 불안과 망설임을 관리하는 과정에 가깝다. 고객의 걱정을 정확히 이해하고 다뤄줄 때, 신뢰와 결정은 자연스럽게 이어진다.

궁극적 편익을 강조하라

내 세미나에 참석한 한 여성이 있었다. 사무 자동화 시스템을 판매하던 그녀는 이렇게 말했다.

"고객과 약속 잡기가 너무 어려워요. 전화해서 사무 자동화 컨설팅 얘기를 꺼내면, 늘 관심 없다는 대답만 돌아와요."

회사에서 근무한 경력도 있는 그녀는, 고객사의 시설을 살펴보고 제안할 기회만 주어진다면 상당한 비용을 절감해줄 자신이 있다고 말했다. 나는 그녀에게 잠재고객에게 주로 어떤 방식으로 접근하는 물었다. 그녀는 이렇게 말했다.

"먼저 전화를 걸어 '안녕하세요, 저는 사무 자동화 서비스 회사의 베티 딘입니다. 저희 상품으로 귀사의 업무 효율을 높이고 관리를 유연화하는 방법을 보여드릴 기회가 있었으면 좋겠습니다'라고 말해요. 그러면 상대방은 '아뇨, 고맙지만 지금은 너무 바빠요. 당장은 시간을 내기가 어렵네요' 혹은 '지금은 여유가 없어요. 그런 데 지출할 예산이 없어요' 같은 말로 늘 거절해요."

그녀는 전화로 약속을 잡기 전에 판매까지 시도하는 실수를 범하고 있었다. 나는 잠재고객을 발굴하는 방법부터 조금 바꿔보라고 조언했다.

"다음에 약속을 잡을 때는, 먼저 전화를 걸어 관리 책임자를 연결해달라고 하세요. 그리고 책임자와 연결되면 이렇게 말하세요. '안녕하세요, 저는 ABC회사의 베티 딘입니다. 저희 회사에서 사무 관리비를 20~30% 절감해드릴 수 있는 프로세스를 개발했습니다. 설명하는 데 10분이면 충분합니다. 설명을 들어보면 평소 찾던 해답이 될는지 판단할 수 있으실 겁니다.'"

그녀는 접근 방식을 이렇게 바꾼 덕분에 고객과 약속을 훨씬 쉽게 잡을 수 있게 되었다고 나중에 나에게 말했다. 이런 변화로 그녀의 매출은 단기간에 두세 배 늘어났고, 당연히 이전보다 훨씬 많은 수입을 올리게 되었다.

상대방이 바라는 것을 말하라

수많은 세일즈맨이 이 원리를 이해하고 나면 얻게 될 결과의 근거는 아주 단순하다. 사람들은 사무 자동화 상품이나 컴퓨터, 서버, 무선통신, 휴대전화 자체에는 큰 관심이 없다. 사업가는 시간과 비용을 절감하거나 더 많은 수입을 올리는 것, 즉 성과에만 관심이 있다. 더 나은 성과, 더 많은 이익만이 그들의 관심사다.

기업이 이익을 늘리는 방법은 2가지뿐이다. 비용을 일정하게 유지하면서 매출과 이익을 늘리든지, 아니면 매출과 이익을 유지하면서 비용을 줄이는 것이다. 그러므로 무엇을 판매하든, 그로 인해 매출을 늘리거나 비용을 절감하는 과정 혹은 2가지 모두를 어떻게 개선할지 설명해야 한다.

대화 상대방이 관리 책임자라면, 그의 관심은 오로지 비용 절감에 집중될 것이다. 마케팅이나 영업 책임자와 대화하고 있다면, 그는 매출 증대와 그에 따른 이익 증가에만 관심이 있을 것이다. 그리고 상대방이 회사 소유주라면, 아마도 최종적인 실적 개선을 열망할 것이다.

> 판매하는 것 자체가 아니라 고객의 기대를 기준으로 당신의 상품이나 서비스가 어떤 의미가 있는지에 늘 대화의 초점을 맞춰야 한다. 그 지점에서 세일즈는 설득이 아니라, 합리적인 선택으로 전환된다.

고객의 보상 구조를 이해하라

사업체에서 상품이나 서비스를 판매할 때의 핵심은, 잠재고객이 회사에서 어떤 일을 하며 어떤 결과에 책임을 지는지 질문하는 것이다. 고객이 맡은 직무의 핵심 성과 지표(Key Performance Indicator, KPI)는 무엇인가? 회사에서 어떤 성과를 내야 보수를 받는가? 어떤 결과를 창출해야 인정과 평가를 받는가? 이 질문들은 본격적인 세일즈 과정에 들어가기에 앞서 반드시 확인해야 할 핵심 질문이다.

앞서 말했듯, 누구나 현재보다 상황이 나아지기를 바란다. 그래서 제안을 받았을 때, 그 제안이 자신에게 실제 개선을 가져올 것이라는 확신이 들어야 행동에 나선다. 사업체에서는, 상품이나 서비스를 도입할 경우 회사에서 자신의 개인적 지위와 성과가 높아지는 데도움이 될 것이라고 확신할 때만 구매를 승인한다.

예를 들어, 영업 교육 시스템을 홍보하는 세일즈맨으로서 이 분야에서 의사결정권이 있는 영업 관리자와 상담하는 상황이라고 가정해보자. 이 경우, 설명의 초점은 수익성 향상이 아니라 영업 실적 향상에 맞춰져야 한다. 영업 관리자는 회사의 수익성이 아니라 세일즈팀의 실적을 기준으로 보상받기 때문이다. 따라서 회사 전체에 해당되는 보편적인 편익이 아니라, 그 관리자에게 직접적인 성과와 보상을 가져다줄 구체적 편익에 초점을 맞춰야 한다.

회사의 편익 vs. 개인의 편익

구매를 결정하는 사람은 무의식적으로 회사의 편익과 개인의 편익을 구분해 판단한다. 회사의 편익은 당신의 상품이나 서비스를 통해 회사 차원에서 얻는 이득을 의미한다. 반면, 개인의 편익은 그 상품이나 서비스를 도입해 실제로 활용했을 때 개인이 얻는 이득을 의미한다. 사업체에서 일하는 사람은 이 2가지 영역 모두에서 가시적인 효과가 확인되지 않으면 쉽사리 구매 결정을 내리지 않는다.

따라서 더 많은 수입, 더 향상된 편의성, 회사 구성원들의 더 높은 신뢰와 존중 등 잠재고객의 현 상황을 더욱 발전시킬 방법을 찾는 데 시간을 투자해야 한다. 바로 이런 요소들이 구매 결정을 유발하는 핵심 요인이기 때문이다.

고객의 기본 욕구 규명하기

기본 욕구 분석의 열쇠는 능숙한 질문과 주의 깊은 경청이다. 최고의 세일즈맨은 고객이 대화를 주도하도록 이끌고 자신은 이를 경청하는 데 집중한다. 질문을 던지고 그 대답을 끈기 있고 신중하게 듣는 시간이 길어질수록 고객은 마음의 문을 활짝 열고 더 많은 이야기를 꺼낸다.

사람들은 대부분의 시간을 자기 생각에 할애한다. 하루 종일 어떤 일이 벌어지든 사람들은 자기만의 문제와 관심사에 끊임없이 골몰한다. 사람들의 최고 관심사는 늘 '나에게 가장 중요한 것이 무엇인가'이다. 질문하고 의도적으로 주의 깊게 경청함으로써 고객의 생각과 관심사를 자극하면, 고객은 대화 속에서 무심코 자신의 진짜 진솔한 속내를 드러내게 된다.

무의식이 드러나는 순간

정신분석학에서는 이를 '무의식적 실언(freudian slip)'이라고 부른다. 심리학자들은 사람들이 자신을 자유롭게 표현하도록 허용하면, 어느 순간 무심코 실언하고 만다는 사실을 발견했다. 그 순간, 사람들은 자신의 머릿속에 담아두었던 진짜 생각을 무심결에 털어놓는다. 심리학자의 역할은, 환자가 마음을 열고 솔직하게 표현하도록 편안한 분위기를 조성하는 것이다.

어찌 보면 당신은 '움직이는 세일즈 심리학자'라고도 할 수 있다. 당신의 목표는 당신만의 개성이 반영된 편안한 분위기를 조성하는 것이다. 바람직한 질문을 하고 상대방의 말을 주의해서 경청한다. 상대방에게 몸을 기울이고 고개를 끄덕이며 미소를 짓되, 그의 말을 끊어서는 안 된다.

개방형 질문을 적극 활용하라

잠재고객과 대화의 물꼬를 트고 더 많은 정보를 얻기 위해 가장 효과적인 질문은 '개방형 질문(open-ended questions)'이다. 쉽게 말해 '누가(who)', '언제(when)', '어디서(where)', '무엇을(what)', '어떻게(how)', '왜(why)', '어느 것(which)' 같은 의문대명사나 의문부사 등으로 시작하는 질문을 활용한다. 개방형 질문을 받은 고객은 "예" 혹은 "아니오"로만 대답할 수 없다. 보다 포괄적인 답변을 하도록 유도되므로, 개방형 질문은 당신의 상품이나 서비스로 만족시킬 수 있는 잠재고객의 진짜 욕구를 파악하기에 최적의 기회가 된다.

세일즈업계에는 "설명한다고 팔리는 건 아니다"라는 격언이 있다. 질문을 해야 팔 수 있다. 상품이나 서비스를 그저 설명하는 데는 특별한 창의력이 필요하지 않다. 그러나 일반적인 내용에서 특별한 내용으로 이어지는 질문 방식으로 상품 정보를 제시하려면 상당한 연구를 해야 한다.

사람들은 판매 당한다는 느낌을 극도로 싫어한다. 구매하기를 원할 수는 있어도, '판매 당하고 있다'는 느낌을 받는 것은 원하지 않는다. 누군가가 억지로 구매를 결정하도록 자신을 밀어붙인다고 느끼는 순간, 고객은 마음을 닫고 흥미를 잃어버린다.

질문이 대화를 이끈다

질문하는 사람이 대화의 주도권을 갖기 마련이다. 질문에 답하는 사람은 질문하는 사람에게 대화의 흐름을 맡기게 된다. 질문을 던지고 상대방의 대답을 주의 깊게 경청하면 대화의 흐름을 통제할 수 있다. 반대로 잠재고객의 질문에 계속 답변을 늘어놓는 상황이라면, 대화의 주도권이 고객에게 넘어갔다고 생각해도 좋다.

만약 고객이 당신에게 먼저 질문을 던진다면 (대부분의 경우가 그렇듯이) 반사적으로 대답하지 말고 잠시 숨을 고른 뒤 이렇게 말하자.

"좋은 질문이네요. 그런데 제가 먼저 하나 여쭤봐도 될까요?"

다시 말해, 상대방의 질문을 인정하되 곧바로 질문을 던져서 대화의 주도권을 되찾아야 한다. 이렇게 몇 번 반복하다 보면, 지극히 자연스럽고 반사적인 흐름 덕분에 고객은 무슨 일이 벌어졌는지 깨닫지 못하고, 대화의 주도권은 다시 당신 손에 들어오게 된다.

당신의 위상을 '조언자'로 정립하라

이 시대 최고의 세일즈맨들은 자신을 단순히 물건을 파는 사람이 아니라 고객의 컨설턴트이자 조언자로 여긴다. 컨설턴트의 역할은, 고객의 문제를 당신의 상품이나 서비스로 해결하도록 돕는 데 있다. 최고의 세일즈맨은 고객이 갖고 있는 여러 가지 문제 중에서 자신의 상품과 서비스로 해결할 수 있는 것을 찾아내는 데 집중한다. 그러고 나서 고객이 원하는 해법을 얻을 수 있다는 확신을 심어주기 위해 최선을 다한다.

세일즈맨은 단순한 판매원이 아니라 친구이자 조언자로서의 위상을 확립해야 한다. 다른 무엇보다 도우미의 관점에서 자신을 바라봐야 한다. 고객의 욕구를 충분히 파악하는 데 시간을 투자하고, 그런 다음 자신의 상품이나 서비스가 다른 어떤 것보다 고객의 욕구를 제대로 충족시킬 수 있는 이유와 방법을 설명해야 한다.

배우고, 그리고 가르쳐라

교사로서의 위상을 확립하라. 질문을 던져 고객의 욕구를 정확히 파악하고, 당신의 상품이나 서비스로 고객이 가장 큰 편익을 누릴 수 있는 방법을 교육하라. 모든 세일즈 상황에서 친구이자 조언자, 교사로서 고객에게 다가가면 경쟁적인 세일즈 환경에서 비롯되는 스트레스를 줄일 수 있다. 아울러 실패나 거절의 가능성을 크게 낮춰 당신과 고객 모두 편안하고 안정된 느낌을 받을 수 있다.

잠시 멈추고, 침묵을 경청하라

판매는 말로 이루어지지만, 구매는 침묵 속에서 이루어진다. 극심하게 긴장한 탓에 너무 큰 목소리로, 너무 빠르게 말하는 세일즈맨들이 적지 않다. 이들은 침묵을 견디지 못하고, 대화의 모든 순간을 상품이나 서비스와 관련된 기발한 설명이나 통찰로 채워야 한다고 생각한다. 하지만 이는 결코 좋지 않은 방법이다.

고객에게 질문하고 상품이나 서비스에 대해 조언할 때는 대화 도중에 반드시 의도적인 침묵의 순간을 만들어라. 그래야 고객이 당신의 말을 곱씹고 스스로 판단할 여유를 얻을 수 있다. 서두르지 마라. 차분하고 느긋한 모습을 유지하라. 세일즈의 모든 과정은 억지로 밀어붙이거나 초조해하지 말고 자연스러운 속도로 전개되어야 한다. 그래야 고객이 편안한 마음으로 구매를 결정할 수 있다.

'새로움'이 아니라 '개선'을 제안하라

어떤 면에서 사람들은 참 재미있다. 더 나아지기를 바라면서도 동시에 지금 상태 그대로 머무르기를 바란다. 이런 경향은 새로운 상품을 사고파는 세일즈 상황에서 특히 두드러진다. 완전히 새로운 무언가를 원하는 사람은 거의 없다. 시장에서 충분히 시험되거나 검증되지 않은 완전히 새로운 무언가는 왠지 위험하게 느껴진다. 기대한 대로 작동하지 않을 수도 있고, 그 과정에서 돈만 날릴 수도 있기 때문이다. 대부분의 고객이 '후발 수용자(late adaptors)'인 것은 바로 이런 이유 때문이다. 이들은 상품이 스스로 제 가치를 입증할 때까지 기다렸다가 비로소 구매하기 시작한다.

신상품을 판매하면서 이처럼 자연스럽게 생겨나는 반발을 극복하기 위해서는, 그 상품이 완전히 새롭거나 낯선 무언가라고 강조하기보다는 고객의 기존 삶을 한 단계 '개선'하는 아이디어 중 하나라고 소개하는 게 낫다. 상품의 새로운 기능을 통해 고객의 삶이 기술적으로 진보하고 한 단계 나아질 수 있다는 점을 설명하라. 당신의 회사가 고객의 삶을 과거보다 개선하고 효율적으로 변화시키기 위해 꾸준히 노력해왔음을 강조하라.

정직한 정보가 최고의 세일즈 전략이다

상품이나 서비스에 관해 고객이 원하는 것은 복잡한 포장이나 과장된 주장이 아니라 단순한 진실이다. 그것이 자신의 삶과 비즈니스를 어떻게 개선할 수 있을지에 대한 정직한 정보 말이다. 동시에 고객은 어떠한 형태로든 강압이나 압박감을 느끼면 즉시 거부하는 태도를 보인다. 편안한 분위기를 조성하고, 고객의 욕구를 충족시키는 데 집중할수록 양쪽의 관계는 한층 부드러워진다. 그런 가운데 고객을 위해 이 상품이 무엇을 해줄 수 있는지, 그 단순한 진실을 차분히 설명한다면 고객의 구매 결정은 한층 수월해질 것이다.

고객은 비즈니스를 효율적으로 수행하거나 삶을 개선하는 데 도움이 되는 진솔한 조언을 원한다. 따라서 고객을 어떻게 도울지 설명하는 데 집중할수록 당신의 판매는 한결 수월해질 것이다.

품질이 다가 아니다

많은 세일즈맨들이 '품질'이라는 요소에 쉽게 매몰된다. 질 좋은 상품을 판매하니까 고객이 구매하는 거라고 생각한다. 그러나 품질은 구매의 주된 이유가 아니다. 품질은 논리적인 주장일 뿐이다. 고객은 감정적으로 구매하는데, 품질은 감정적 선택을 합리화하기 위해 사후에 가져다붙이는 논리적 이유에 불과하다. 품질보다 중요한 것은 편익이다. "우리 상품은 업계 최고 성능을 자랑합니다"라는 말은 그다지 의미가 없다.

고객의 관심사는 오로지 이런 것이다.
'이게 나에게 도움이 될까?'
'나에게 필요한 성능을 발휘할까?'
'내 목적에 부합할까?'

롤스로이스나 메르세데스가 뛰어난 자동차인 것은 분명하지만, 단순한 출퇴근이 목적이라면 굳이 그런 차를 살 필요가 없다. 결국 핵심은 품질이 아니라 '나에게 적합한가?'이다.

품질은 비용이 아니라 보험이다

품질을 주요 논점으로 삼아야 하는 유일한 경우가 있다. 더 높은 가격의 상품을 더 낮은 가격의 다른 상품과 비교해야 할 때다. 이 경우에는 저렴한 가격보다 우수한 품질을 선택해야 하는 이유를 명확히 이해시켜야 한다. 저렴하지만 질이 낮은 다른 상품보다 비싸지만 품질이 뛰어난 당신의 상품을 사용할 때 고객의 삶이 어떻게 더 개선되는지 입증해야 한다.

알래스카 주민에게 스노모빌을 판매하는 상황에서 성능은 가격보다 훨씬 중요한 논점이다. 스노모빌을 몰고 북극 빙원을 달리다가 기계가 고장난다면, 자칫 집으로 돌아오지도 못하고 얼어 죽을 수도 있다. 이런 경우, 우수한 품질로 인한 높은 비용은 생존이라는 편익으로 충분히 상쇄된다.

사하라 사막을 횡단하려는 사람에게 차를 판매할 때도 고성능 차량이라는 장점은 매우 결정적인 요소로 작용한다. 사람도 물도 없는 사막 한가운데서 차가 고장이라도 난다면 여행자는 도움을 받기도 전에 목숨을 잃을 수 있기 때문이다.

품질이 중요한 이유를 설명하라

고객이 업무를 수행하는 데 기존 품질로 충분하다면, 이때 품질은 중요한 이점이 아니다. 상품이나 서비스의 품질 특성을 설명할 때는, 그 품질이 고객에게 어떤 편익을 직접적으로 제공하는지 반드시 설명해야 한다. 고객이 '더 우수한 품질에 더 높은 비용을 지불하는 것'과 그 결과 '더 많은 편익을 돌려받는 것' 사이의 직접적인 관계를 똑똑히 인식해야 한다.

상품이나 서비스를 언급할 때마다 고객은 마음속으로 늘 같은 질문을 던진다.
'그래서 어쩌라고?'

고객이 진정 알고 싶은 것은 이런 것들이다.
'그래서 나에게 무슨 이득이 있는가?'
'그 기능이 나에게 어떤 점에서 유익한가?'
'그 특별한 기능이 나에게 왜 중요한가?'

상품에 대해 설명하는 모든 내용이 고객에게 확실한 이득으로 연결된다는 점을 분명히 보여줘야 한다. 그래야 품질과 비용, 그리고 편익 사이의 관계가 선명해진다.

적합한지가 먼저다

세일즈에서 상품의 품질보다 먼저 고려해야 할 것은, 그 상품이 지금 이 고객의 욕구에 가장 적합한지 판단하는 것이다. 일본 자동차가 인기를 얻는 이유가 바로 여기에 있다. 일본 자동차는 완성도가 높고, 고장이 적으며, 가격도 합리적이어서 많은 운전자에게 이상적이고 합리적인 자동차로 인식된다. 게다가 연비가 뛰어나고 품질까지 우수하다.

그러나 품질은 적합성과 편익이 입증된 이후에나 의미가 있는 요소다. 당신의 상품이나 서비스가 지금 이 시점에 고객에게 왜 최선의 선택인지 설명하기 전에, 질문을 통해 고객의 진정한 욕구를 먼저 파악하는 것이 중요한 이유가 바로 여기에 있다.

사소한 것도 중요하다!

세일즈에서 중요한 또 하나의 원칙이 있다.

'사소한 것도 중요하다!'

당신의 모든 행동은 고객에게 도움이 되거나 해를 끼치거나, 성과를 키우거나 줄이거나, 성공적인 세일즈로 이어지거나 고객이 달아나게 만들어버리거나 둘 중 하나다. 중간은 없다.

세일즈와 인간관계에는 모두 '후광 효과(halo effect)'가 작용한다. 잠재고객은 당신의 제안이나 일 처리 과정의 어느 한 부분에서 품격을 느끼면, 자연스럽게 상품과 서비스의 품질도 우수할 것이라고 기대한다. 좋은 인상 하나가 품질과 전문성이라는 후광 효과를 만들어내기도 한다. 사소한 것도 놓쳐서는 안 되는 이유다!

당신의 외모도 중요하다. 상당히!

당신의 외모와 패션 역시 상품의 품질과 연결된다. 고객과 회사의 만남은 대부분 당신이라는 창구를 통해 개별적으로 이루어진다. 이런 이유로, 당신이 어떻게 보이고 어떻게 행동하느냐는 구매 결정을 좌우하는 중요한 요소가 된다. 확신을 얻고 싶은 고객의 욕구를, 당신이라는 세일즈 전문가를 통해 충족시킬 수 있기 때문이다.

고객에게 전달되는 첫인상의 무려 95%가 옷차림으로 결정된다. 일반적으로 우리 몸의 95%가 옷으로 덮여 있기 때문이다. 단정한 용모와 세련된 옷차림, 잘 닦인 구두를 갖춘 모습을 본 잠재고객은 당신이 좋은 회사에서 일하며 우수한 상품이나 서비스를 판매할 것이라고 무의식적으로 가정한다. 여기에 덧붙여 당신이 시간을 잘 지키고, 점잖으며, 늘 준비된 사람처럼 보인다면 당신이 하는 모든 일과 판매하는 상품이나 서비스까지 긍정적으로 비춰진다.

반면, 약속 시간에 자주 늦고 준비도 제대로 되지 않은 세일즈맨을 만났을 때, 고객은 무심코 '보이는 게 전부일 것'이라고 단정한다. 게다가 그가 속한 회사도 이류이고, 그런 곳에서 취급하는 상품이나 서비스의 품질도 뻔할 것이라고 생각해버린다.

이 점을 잘 아는 일류 기업들은 세일즈맨을 선발할 때 철저히 준비한다. 잘 훈련되고 용모도 단정한 인재를 확보하기 위해, IBM이나 휴렛팩커드(HP) 같은 기업은 후보자들을 여러 차례 면접한다. 때로는 저녁 식사에 초대해 식기를 어떻게 사용하고, 사교 상황에 어떻게 대처하는지 살펴본다. 배우자와의 긍정적 또는 부정적 역동성을 판단하기 위해 가족을 만나기도 한다. 이처럼 일류 기업은 잠재적 피고용자들을 개별적으로, 그리고 집단적으로 면접한다. 전체 구매 결정이 상품보다 그것을 전달하는 사람에게 크게 좌우된다는 사실을 누구보다 잘 알고 있기 때문이다

기본 욕구와 부차적 욕구를 정확히 읽자

당신의 상품으로 충족시킬 수 있는 기본적 욕구와 부차적 욕구를 먼저 규명하고, 이를 고객에게 분명히 입증해야 한다. 그러려면 능숙하게 질문하고, 고객의 답변을 주의 깊게 경청해야 한다. 머지않아 잠재고객은 그 상품이 무엇이며 어떤 장점이 있는지 질문하는 등 관심을 보일 것이다. 이때가 바로 판매의 기회다.

회사를 대상으로 컴퓨터와 소프트웨어를 판매한다고 가정해보자. 신출내기 세일즈맨은 주로 자사의 장치가 갖고 있는 다양한 장점을 설명하는 데 많은 시간을 할애한다. 그러나 고객은 그런 데 관심이 없다. 고객은 그 상품의 비용 회수가 가능한지, 비용을 회수하기까지 시간이 얼마나 걸릴지 알고 싶을 뿐이다. 아울러 상품의 비용 회수가 얼마나 확실하게 이뤄질지도 궁금해한다. 이를 바탕으로 고객은 이 구매가 사업적으로 현명한 결정인지 판단하려는 것이다.

고객을 무대의 중심에 두자

당신이 아니라 고객에게 집중해야 한다. 사람은 한 번에 하나만 생각할 수 있다. 고객에게 집중할수록 당신의 안정감과 자신감은 높아지고, 고객은 더 긍정적이고 활기찬 모습을 보인다. 세일즈 상황에서 긴장이 고조되면, 곧바로 고객 자신이나 그의 사업에 관한 질문을 던지고 고객의 대답에 귀를 기울여라.

어두운 방에 고객과 함께 있다고 상상해보라. 고객의 책상에는 음성으로 작동하는 조명등이 하나 있다. 누구든 말하는 사람 쪽으로 돌아가 오로지 그 사람만 비춘다. 그렇다면 누가 조명을 받아야 할까? 당신일까 아니면 고객일까?

고객이 가장 중요한 사람이므로, 조명은 당연히 그를 향해야 한다. 고객이 이야기하고 질문에 대답할 때마다 조명은 고객을 비춘다. 당신이 고객과 그의 욕구, 문제, 목표, 요구 사항 등을 이야기할 때도 조명은 계속해서 고객을 향한다. 그러나 당신 자신과 상품이나 서비스, 당신의 회사와 인생 이야기를 시작하는 순간, 조명은 당신에게로 돌아가 초점을 맞춘다. 고객을 어둠 속에 홀로 남겨둔 채.

조명이 고객을 비추는 시간이 길어질수록 세일즈가 성공할 가능성은 높아진다. 반대로 조명이 당신과 당신 회사로 향하는 시간이 늘어나면, 고객이 구매할 가능성은 점점 낮아진다.

모든 주의를 당신이 아니라 고객에게 집중해야 한다. 좋은 판매는, 언제나 고객을 비추는 조명에서 시작된다.

고객은 편익과 해법을 구매한다

사람들은 단순히 상품을 사지 않는다. 사람들은 편익을 구매하고, 문제의 해법을 구매하고, 자신의 욕구를 충족할 방법을 구매한다. 따라서 세일즈맨의 관심 역시 상품이 아니라 고객에게 향해야 한다. 고객이 무엇을 얻고 싶어 하는지 이해하려면 먼저 질문해야 한다.

다음과 같은 질문을 던져보자. 지금 이 분야에서 어떤 일을 하고 있는가? 그 일이 얼마나 잘되고 있는가? 앞으로 어떤 계획을 갖고 있는가? 만약 이상적인 상황을 만들 수 있다면 지금과 무엇이 달라질 것으로 생각하는가? 그리고 마지막으로, 당신이 소개하는 상품을 선택하기 위해 어떤 점이 더 분명해져야 하는가?

이 모든 과정에서 기억해야 할 사실은 단 하나다. 질문하는 사람이 언제나 대화의 주도권을 갖는다.

구매하거나 구매하지 않는 이유

모든 세일즈에는 잠재고객이 찾는 핵심 편익이 있다. 잠재고객이 구매하기 전에 확신해야 하는 것도 바로 이것이다. 당신은 핵심 편익을 정확히 밝혀내고, 고객이 당신의 상품이나 서비스를 구매함으로써 이 편익을 누릴 수 있을 거라고 확신시켜야 한다.

동시에, 모든 세일즈에는 고객이 구매를 망설이거나 거부하게 만드는 주요 거절 사유도 존재한다. 이를 찾아내고 합리적이고 현실적인 해소 방안을 제시해 고객이 충분히 만족하도록 돕는 것이 무엇보다 중요하다.

핵심 20%에 집중하자

앞서 살펴본 80/20 법칙은 세일즈에도 그대로 적용된다. 구매 결정의 80%는 당신이 잠재고객에게 제안하는 수많은 편익 중 고작 20%에 집중된다. 심지어 90/10 법칙이 적용되는 극단적인 경우도 있다. 즉, 구매 결정의 90%가 당신의 상품이 지닌 가치와 편익 중 겨우 10%에 의해 좌우될 수도 있다. 세일즈맨으로서 당신은 고객의 구매를 이끌어내기 위해 이것이 무엇인지 정확하게 알아내야 한다.

잠재고객이 관심을 보이는 가치와 편익 중에서 80%에 해당하는 것들을 너무 많이 설명하면, 오히려 판매 기회를 놓쳐버릴 수도 있다. 그 영역에서 당신의 상품이 세계 최고일지라도, 그것만으로는 고객이 구매 결정을 내리도록 설득할 수 없다. 하지만 고객이 누릴

10~20%의 편익에 집중해 다른 어떤 것보다도 당신의 상품이나 서비스로 이런 편익을 더 확실하고 더 빠르게 얻을 수 있다는 강한 믿음을 심어준다면 세일즈는 훨씬 쉬워진다.

핵심 동기를 찌르는 '급소 종결' 기법

가장 효과적인 세일즈 클로징 기법 중 하나로 '급소 종결(hot-button close)' 기법이 있다. 꾸준히 뛰어난 실적을 올리는 세일즈맨들이 즐겨 사용하는 이 기법의 원리는 아주 간단하다. 질문하고 상대방의 대답을 주의 깊게 경청하면 잠재고객이 당신의 상품이나 서비스에서 가장 중요하게 여기는 핵심 편익, 즉 '급소(hot-button)'를 쉽게 찾아낼 수 있다. 그리고 나서 고객이 그 편익을 반드시 얻을 수 있다고 확신하도록 설득하는 데 집중한다.

급소 종결 기법의 성패는 고객의 결정적인 구매 이유를 얼마나 정확히 찾아내느냐에 달려 있다. 그 이유를 찾아냈다면, 이제 반복해서 강조해야 한다.

하나의 핵심 이유를 중심에 두고, 그 지점을 집중적으로 공략한다. 고객이 실제로 행동에 나서는 결정적인 이유가 되는 그 편익을 반드시 얻을 수 있다는 확신이 쌓여야 한다. 모든 판단이 그 하나의 질문에 쏠리도록 만들어야 한다. 그리고 그 급소를 반복해서 일관되게 공략해야 한다.

그렇다면 급소는 어떻게 찾아낼 수 있을까? 방법은 의외로 간단하다. 고객이 망설이거나 주저할 때 이렇게 묻는다.

"언젠가 이 상품을 구매하신다면, 어떤 이유 때문일까요?"

그러고는 입을 꼭 다물고 조용히 대답을 기다린다.

이런 추상적인 질문을 받으면 고객은 종종 이렇게 대답한다.

"글쎄요, 이 상품을 사려면 저는 ○○○(급소)에 대한 확신이 필요할 것 같네요."

마치 무의식적으로 흘러나오는 것처럼, 급소가 고객 자신의 입에서 자연스럽게 드러난다. 그 순간, 당신의 역할은 분명해진다. 고객이 당신의 제안을 받아들인다면, 지금 당장 그 편익을 실제로 얻을 수 있다고 설득하는 것이다.

빠르고 저렴한 시장조사

짧은 시간 안에 매출을 두 배로 늘릴 수 있는 매우 효과적인 연습법을 하나 소개한다. 고객 열 명의 명단을 작성하라. 그리고 고객 한 사람 한 사람에게 전화를 걸어 이렇게 말하라.

"저희 상품을 구매해주셔서 감사하다는 인사를 드리고 싶었습니다. 사용하시면서 불편한 점은 없으셨나요? 혹시 도와드릴 일이 있을까요?"

고객이 상품이나 서비스에 대해 질문하거나 문제를 제기할 수도 있고, 그렇지 않을 수도 있다. 만약 문제가 있다면, 통화를 마친 후 즉시 해결해주겠다고 약속해야 한다. 그리고 이렇게 질문한다.

"하나만 질문해도 될까요? 이 상품을 다른 회사에서도 구매할 수 있었는데 저희 회사를 선택해주셨습니다. 저희 상품을 선택한 정확한 이유를 말씀해주실 수 있을까요?"

이는 매우 효과적인 시장조사 질문이다. 대답을 듣기 전까지 잠시 침묵하며 기다려라. 절대 끼어들어서는 안 된다. 그러면 놀라운 사실을 깨닫게 될 것이다. 기존 고객 열 명에게 전화를 해보면, 그중 80%가 비슷한 이유로 당신에게서 구매했다고 설명할 것이다. 그런데도 정작 고객이 왜 자신에게서 구매하기로 결정했는지 그 이유를 정확히 알고 있는 세일즈맨은 사실 많지 않다.

어떤 대답을 듣든 반드시 기록하라. 그리고 새로운 잠재고객을 만날 때마다 이렇게 말하라.

"저희 주요 고객들은 대부분 ○○○한 이유로 저희 상품을 선택했다고 말씀하셨습니다. 고객님에게도 이것이 중요한가요?"

이 과정을 반복하다 보면, 당신의 비즈니스가 고객에게 제공하는 가장 결정적인 편익이 무엇인지 선명해진다. 그리고 바로 그 급소를 정확히 건드렸을 때, 세일즈는 놀라울 만큼 쉽게 성사된다. 아래 이야기는 그 사실을 아주 분명하게 보여준다.

한 부부를 데리고 집을 보러 간 부동산 중개인이 있었다. 상태가 썩 좋지 않은 집이었는데, 그 집 앞에 도착하자마자 여자가 집을 지나쳐 곧장 뒷마당으로 향했다. 거기에는 아름답게 꽃이 핀 벚나무 한 그루가 서 있었다. 여자가 말했다.

"오, 해리. 저 예쁜 벚나무 좀 봐요! 어렸을 때 우리 집 뒷마당에도 벚나무가 있었어요. 난 늘 벚나무가 있는 집에서 살고 싶었어요."

중개인은 그 말을 놓치지 않고 기억했다.

세 사람은 차에서 내려 집 안으로 들어갔다. 집을 꼼꼼히 살펴보던 해리가 꺼낸 첫마디는 이랬다.

"카펫을 전부 새로 깔아야겠네요."

그러자 중개인이 답했다.

"네, 그래야겠네요. 그런데 여기 좀 보세요. 식탁에서 창밖을 내다보니 아름다운 벚나무가 바로 보이는군요."

여자는 뒷마당의 벚나무를 바라보며 미소지었다. 중개인은 구매 결정권이 아내에게 있다는 것을 눈치채고 그녀에게 더 집중했다.

부엌으로 들어서자 해리가 또 말했다.

"부엌이 조금 좁고, 배관도 낡아 보이네요."

중개인은 고개를 끄덕이며 다시 말했다.

"네, 맞습니다. 손볼 곳이 있죠. 하지만 저녁을 준비하면서 창 너머로 뒷마당의 예쁜 벚나무를 감상할 수 있습니다."

위층으로 올라가 나머지 방을 둘러보던 해리가 말했다.

"침실이 모두 너무 좁고, 게다가 벽지도 구식이네요. 전부 다시 도배해야겠어요."

그러자 중개인이 차분히 되받았다.

"네, 맞습니다. 하지만 침실에서도 아름다운 벚나무가 한눈에 보이는 게 너무 좋네요."

집 구경이 끝날 즈음, 아내는 이미 마음속으로 결정을 내린 듯했다. 그녀는 벚나무에 푹 빠져서 다른 것은 눈에 들어오지도 않는 듯했다. 구매 결정은 끝난 것이나 마찬가지였다. 부부는 결국 그 집을 구입했다. 중개인이 급소, 즉 벚나무를 찾아낸 덕분이었다. 당신이 판매하는 모든 상품이나 서비스에도 '벚나무'가 존재한다.

진지하게 관심을 보이는 잠재고객이라면, 당신의 상품이나 서비스를 통해 진심으로 얻고자 하는 무언가가 있다. 고객이 반드시 얻고자 하는 핵심 편익 말이다. 그것이 무엇인지 질문과 경청으로 알아내고, 당신에게서 구매하면 그 편익을 확실하게 얻을 수 있다는 것을 명확히 보여줘야 한다.

타인을 돕는 것은 곧 우리 자신을 돕는 것이다.
우리가 베푸는 선행이 선회해 우리에게로 되돌아오기 때문이다.
— 플로라 에드워즈Flora Edwards

실행 과제 🖋

1. 고객의 욕구 중 당신의 상품이나 서비스로 충족시킬 수 있는 것의 목록을 작성하고, 개별 고객에게 중요한 순서대로 정리하라. 잠재고객을 발굴하고 세일즈 활동을 할 때 이 목록을 중심으로 진행하라.

2. 만족한 고객을 대상으로 정기적인 시장조사를 시행하라. 왜 다른 사람이 아닌 당신에게 구매했는지, 즉 어떤 편익이 구매를 결정하게 했는지 파악하라.

3. 기업 고객에게 가장 중요한 편익이 무엇인지 확인하고, 모든 상담에서 그 편익을 설명할 방법을 개발하라.

4. 고객이 당신의 상품이나 서비스를 사용하거나 그렇지 않아서 발생하는 가장 큰 이득과 가장 큰 손실을 파악하고, 이를 반복해서 강조하라.

5. 성공을 위한 옷차림을 준비하라. 적절한 옷차림에 관한 책을 읽고 준비해서 고객과 만날 때 완벽한 전문가처럼 보이게 하라.

6. 세일즈 상담을 주도하고 잠재고객의 진짜 욕구를 파악하기 위한 개방형 질문을 준비하라. 질문하고 그 대답을 경청하는 과정에서 고객에게 계속 집중해야 한다.

7. 고객과의 모든 접촉에서 당신은 친구이자 조언자, 교사다. 판매하는 것보다 돕고 가르치는 데 초점을 맞춰라.

4장

창의적 세일즈

성공적인 비즈니스를 이어가려는 사람은 상상력이 있어야 한다.
세상 모든 것을 하나의 꿈으로, 하나의 눈으로 바라봐야 한다.

— 찰스 슈왑Charles Schwab

창의력은 뛰어난 세일즈맨에게서 공통적으로 발견되는 핵심 자질이다. 다행히 창의력의 수준은 타고난 재능보다 자아 관념, 즉 창조적 활동과 관련해서 자신을 어떻게 생각하고 느끼는가에 더 크게 좌우된다. 다시 말해, 누구나 연습하면 창의력을 발전시킬 수 있으며, 궁극적으로는 스스로 설정한 목표에 반사적이고 자연스럽게 반응하는 수준까지 성장할 수 있다.

창의력은 특별한 상황에서만 나타나는 게 아니다. 일상 속에서 언제든 드러나고 발휘된다. 약속 장소로 가는 길에 교통 체증을 피하려고 다른 도로나 샛길을 선택하는 것도 매우 창의적인 행동이다. 파티를 준비하거나 상품 설명을 계획하는 것도, 누군가에게 자기 상품의 우수성과 가치를 이해시키려고 노력하는 것도 창의적 행동이다. 아침에 옷을 입을 때 넥타이와 셔츠, 블라우스, 원피스, 바지, 구두 등의 조화를 고려해 전체적인 맵시를 살리는 것도 창의적 행동이다.

믿음은 현실이 된다

안타깝지만 많은 사람들이 자신을 특별히 창의적이라고 생각하지 않는다. 창의력은 위대한 문학 작품을 쓰거나 뛰어난 미술 작품을 그릴 때나 필요한 능력이라고 생각하는 경우가 많다. 그러나 창의력은 '더 나아지는 것'이라고 단순하게 정의하는 편이 훨씬 더 적절하다. 무언가를 과거와 다른 방식으로 실행해 더 나아진 결과를 만든다면, 그것이 바로 창의력을 발휘하고 있다는 뜻이다. 그리고 때로는 대단히 높은 수준에 이를 수도 있다.

우리 중심에는 언제나 자아 관념이 자리하고 있다. 따라서 자신이 창의적이라고 믿을수록 창의적 아이디어를 더 많이 떠올리게 된다. 세일즈의 본질 역시 여기에 있다. 과거에 전혀 관계가 없던 곳에서 새로운 거래를 창조하는 것이기 때문이다. 잠재고객을 발굴하고, 친밀감을 형성하고, 욕구를 파악하고, 해법을 제안하고, 거절에 대응하고, 구매를 성사시키고, 재판매와 추천을 유도하는 과정은 대단히 복잡하고도 창의적인 활동이다. 이는 동시에 자유기업 사회를 움직이는 중요한 원천이기도 하다.

창의력을 북돋는 3가지 방법

창의력을 키우는 데는 3가지 핵심 요소가 있다. 가능한 한 이를 자주 활용하고, 사고 기능을 최고 수준으로 유지해야 한다.

첫째, 명확한 목표다. 목표가 분명하고 구체적일수록, 그리고 그것을 성취하려는 의지가 강할수록 목표를 달성하기 위한 창의적인 해법을 더 많이 찾아낼 수 있다.

둘째, 처리 중인 문제에 대한 단호한 태도다. 지금 해결해야 할 문제를 분명히 인식하고 끝까지 해결해내겠다는 단호한 태도를 가질수록 다양한 자원을 활용해 여러 가지 해법을 찾아낼 수 있다.

셋째, 집중적인 질문이다. 자신에게 던지는 질문이든, 다른 사람이 제기하는 질문이든, 그것이 집중적이고 구체적이며 본질을 찌를수록 더 혁신적인 해결책을 발견하게 된다.

창의적 세일즈, 이렇게 연습하라

세일즈에는 꾸준한 연습과 실천으로 창의력을 높일 수 있는 여러 영역이 있다. 각 영역에 얼마나 창의적으로 대응하느냐에 따라 수입은 크게 달라진다. 창의력이 중요한 첫 번째 영역은 잠재고객 발굴이다. 잠재고객을 발굴하는 데 성공하느냐 실패하느냐에 따라 수입은 크게 달라진다. 더 좋은 잠재고객을 더 많이 발굴하는 능력은 전적으로 창의력에 달려 있다.

창의력이 필수적인 두 번째 영역은 구매 동기를 파악하는 과정이다. 고객에게 무엇이 필요하고, 무엇이 구매 결정으로 이끄는지 정확히 파악하려면 질문 자체가 창의적이어야 한다. 이 부분이야말로 당신의 지능과 사고력이 진정한 시험대에 오르는 순간이다. 잠재 고객은 세일즈를 목적으로 다가오는 모든 접근을 반사적으로 거부한다. 당신의 상품이나 서비스를 구매할 수도 있지만, 그 이유를 솔직히 드러내는 경우는 거의 없다. 고객의 진짜 욕구를 파악하고 그 욕구를 충족시켜줄 거라 확신하게 만들 방법을 찾아낸다면 구매를 거부하는 게 어려워질 것임을 경험으로 알고 있기 때문이다.

상품의 새로운 가능성을 찾아내라

창의력은 상품의 새로운 용도와 활용법을 찾아낼 때도 필수적이다. 기존에 없던 방식을 상품에 적용하고, 아직 거래가 없는 시장에서 매출을 창출하려면 창의력을 발휘해야 한다. 당신 자신과 회사, 고객, 상품과 서비스, 가격과 조건, 배송과 설치 등 거래의 모든 요소를 조율하는 것은 대단히 복잡하며 고도의 창의력이 필요한 일이다.

구매 저항을 극복하고 거절에 대응하는 데도 창의력은 반드시 필요하다. 창의력이 향상될수록 판매를 성사시키는 능력이 향상되면서, 그에 따라 매출과 수입의 규모도 달라진다.

제대로 알고 말하라

창의적 세일즈는 당신이 취급하는 상품이나 서비스에 대한 철저한 이해에서 시작된다. 세일즈의 본질을 잘 알고 깊이 이해할수록 세일즈 프로세스는 더욱 창의적으로 진화한다. 더 나아가 자사 상품이 경쟁사의 상품보다 왜 어떻게 우수한지 더 상세하게, 더 구체적으로 이해할수록 고객에게 분명하게 설명할 수 있고, 구매 저항을 극복함으로써 경쟁에서 우위를 점할 수 있다.

상품 정보를 읽고, 연구하고, 암기하라. 경쟁사에서 무엇을 판매하는지, 무엇을 강조하는지, 얼마에 판매하는지 조사하라. 세일즈맨이라면, 자신이 속한 시장을 누구보다 잘 이해하는 전문가가 되어야 한다.

잠재고객 발굴, 세일즈 성과의 결정적 출발점

수입을 늘리는 가장 빠른 방법은 매우 단순하다. 이것은 성공적인 세일즈의 열쇠이기도 하다. 더 나은 잠재고객들과 더 많은 시간을 보내라. 이 문장이야말로 어떤 시장에서도 높은 소득을 얻을 수 있는 비결이다.

창의적인 방식으로 잠재고객을 발굴하는 것은 성공적인 세일즈를 위한 필수조건이다. 이 과정은 철저한 계획과 분석에서 시작된다. 다음의 3가지 질문으로 출발하자.

첫째, 당신의 상품이 지닌 가장 매력적인 장점을 구체적으로 설명할 수 있는가? 가장 매력적인 장점은 무엇인가? 중요한 순서대로 기록하고, 다음 질문에 답하라. 고객은 왜 이 상품을 구매해야 하는 가? 왜 다른 회사가 아닌 당신의 회사에서 구매해야 하는가? 그리고 왜 다른 사람이 아닌 바로 '당신'에게 구매해야 하는가? 고객과 대면 하기 전, 이 질문들에 분명하게 답할 수 있어야 한다.

둘째, 당신의 상품은 구체적으로 잠재고객의 어떤 욕구를 충족 시킬 수 있는가? 당신의 상품이 제공하는 편익은 무엇인가? 다시 말 해, 고객은 왜 다른 상품이 아닌 당신의 상품을 구매해야 하는가? 당 신의 상품이 지닌 가장 매력적인 장점을 종이 한쪽에 적어라. 다른 한쪽에는 각각의 장점이 고객에게 어떤 편익을 제공하는지 정리하 라. 기억하라. 고객은 '장점'을 사는 게 아니다. 고객은 '편익'을 산다. 고객은 단순히 상품이나 서비스를 구매하는 것이 아니라 자신의 문 제를 처리할 해법을 사는 것이다. 상품에 무엇이 포함되어 있는지에 는 관심 없다. 그로부터 무엇을 얻게 될지에만 관심이 있다.

셋째, 다른 회사에서는 제공할 수 없고, 당신의 회사에서만 제 공할 수 있는 것은 무엇인가? 당신 회사의 '독자적 세일즈 포인트 (Unique Selling Proposition, USP)'는 무엇인가? 당신 회사나 상품의 우 수한 영역은 무엇인가? 당신의 회사나 상품 또는 서비스가 시장의 다른 어떤 상품이나 서비스보다 뛰어난 점은 무엇인가? 이 질문들 에 명확히 답할 수 있다면, 더 창의적인 방식으로 더 나은 잠재고객 을 발굴하고, 이는 결국 더 많은 매출과 수입으로 이어질 것이다.

전략적 영업의 4요소

자신이 종사하는 분야에서 최상위 10%의 고소득자 집단에 진입하고 싶다면 '전문화(specialization)', '차별화(differentiation)', '세분화(segmentation)', '집중화(concentration)'라는 전략적 영업의 4요소에 정통해야 한다.

전문화하라!

당신의 상품이 정확히 고객의 어떤 부분을 만족시키도록 설계되었는지 명확히 밝혀야 한다. 특정 효과나 편익, 혹은 특정 고객군이나 시장을 전문 영역으로 설정할 수 있다. 특정 지역을 중심으로 계획을 세우거나, 특정 욕구를 완벽하게 충족시키는 방향으로 전문화할 수도 있다. 여기서 중요한 것은 다방면에 능한 사람이 아니라 특정 영역의 전문가가 되어야 한다는 점이다. 많은 세일즈맨이 특정 산업, 특정 고객 유형 또는 특정 지역에 전문화해 평생 경력을 쌓는다. 당신이라면 어떤 방식으로 이를 적용할 것인가?

남들과 다르게 차별화하라!

당신의 상품은 경쟁 회사보다 어떤 점에서 우수한가? 다른 곳에서는 얻을 수 없고, 오직 당신의 상품만 제공할 수 있는 특별한 편익은 무엇인가? 시장에 존재하는 수많은 유사 상품이나 서비스 속에서 당신의 상품이 돋보이는 진짜 이유는 무엇인가?

부동산이나 생명보험처럼 누구나 취급할 수 있는 흔한 상품이라면, 당신의 성격이 특별한 차별화 요인이 될 수도 있다. 당신과 똑같은 사람은 세상에 단 한 명도 없다.

시장을 세분화하라!

전문화 영역을 결정하고 당신의 상품이나 서비스를 차별화했다면, 이제 다음 목표는 당신이 다른 누구보다 자신 있게 제공할 수 있는 편익을 가장 필요로 하는 고객이 누구인지 정확히 찾아내는 것이다. 그들은 누구인가? 당신의 상품과 가장 잘 맞는 이상적인 고객이나 조직을 어디에서 가장 많이 찾을 수 있는가? 당신의 상품에 '완벽하게 어울리는 고객'을 찾기 위한 광고를 제작하는 것도 고려해보자. 이 광고에서 그들을 어떻게 묘사할 것인가?

표적을 설정하고 집중하라!

집중화는 세일즈뿐만 아니라 다른 어느 분야에서도 성공하기 위해 반드시 필요한 중요한 기술이다. 명확한 우선순위를 설정하고, 잠재력이 가장 큰 최고의 잠재고객에게 오롯이 에너지를 집중하라.

한 명의 잠재고객이 지닌 가치가 다른 고객보다 백 배나 클 수도 있다. 세일즈의 기본은 피라미가 아니라 고래를 노리는 것이다. 명심하라. 피라미를 1000마리 잡아봤자 양동이 한두 개면 모두 담을 수 있다. 그러나 고래 한 마리는 배 한 척을 가득 채우고도 남는다.

얼마 전 탬파에서 열린 세미나에 참석했던 한 세일즈맨이 편지를 보내왔다. 그녀는 세미나에서 배운 기법을 적용한 지 불과 일주일 만에 연간 매출 할당량의 58%에 이르는 계약을 성사시켰다고 말했다. 그러면서 최대 잠재고객에게 모든 에너지를 집중했을 때 얼마나 큰 차이가 나타나는지 놀라움을 금할 수 없다고 덧붙였다.

당신이 판매하는 상품을 대량 구매할 능력을 가진 고객이나 시장은 어떤 부류인가? 그들은 어디에 있으며, 어떻게 접근해야 하는가?

철저한 시장 분석

창의력을 발휘하면 세상에서 가장 포괄적이고 가장 수준 높은 영업 기회를 발굴할 수 있다. 그러기 위해서 다음과 같은 질문을 규칙적이고 반복적으로 던져라.

당신의 고객은 정확히 누구인가?

이상적인 고객의 특징과 성향을 목록으로 작성하라. 그들의 나이와 학력, 직업, 소득 수준, 경력, 태도, 욕구 등은 어떠한가? 이상적인 고객의 특징을 명확히 규정할수록 그런 고객을 찾아내고 접근하는 과정이 쉬워진다.

지금 당신의 상품이나 서비스를 구매하는 사람은 누구인가?

80/20 법칙을 적용해보자. 현재 매출에서 80%를 차지하는 20%의 고객은 누구인가? 그들 사이의 공통점은 무엇인가? 오늘 당신이 확보한 바로 그 최고의 고객과 같은 유형의 고객을 더 많이 찾으려면 어떻게 해야 하는가?

당신의 미래 고객은 누구인가?

시장은 끊임없이 변한다. 그에 따라 당신도 변해야 한다. 5년 뒤를 내다보라. 지금 같은 추세가 계속된다면, 그 시점에 최고의 고객은 어떤 사람들일 것 같은가?

당신의 일이나 시장의 추세나 경향은 무엇인가?

당신의 세일즈 방식이나 대상 고객을 변화시키라고 요구하는 흐름이 일어나고 있는가? 시장은 어느 방향으로 움직이고 있는가? 고객은 어떻게 변하고 있는가?

당신의 상품이나 서비스와 관련해서 새로운 시장은 없을까?

지금껏 인연이 닿지 못한 사람들 중에서 당신의 전문화와 차별화를 통해 편익을 얻을 수 있는 사람이 더 없을까?

고객들이 구매하는 이유는 무엇인가?

당신에게서 상품이나 서비스를 구매하는 고객은 어떤 이득이나 편익을 얻는다고 생각하는가? 당신이 상품이나 서비스를 통해 고객에게 제공하는 것 중에서 고객이 가장 좋아하고 칭찬하는 부분은 무엇인가? 고객의 구매를 유도하는 '급소'는 무엇인가?

당신의 직접적인 경쟁자는 누구인가?

당신의 주요 경쟁자와 소규모 경쟁자는 각각 누구인가? 경쟁자의 상품을 구매한 잠재고객들이 손꼽는 편익은 무엇인가? 그들이 느낀 편익을 어떻게 상쇄할 것인가? 경쟁자가 아니라 당신에게서 구매하도록 유도하려면 당신과 당신의 상품을 어떻게 포지셔닝해야 하는가? 포지셔닝 전략에 따라 시장 전체의 판도가 뒤집히기도 한다. 경쟁사보다 효과적인 포지셔닝을 통해 매출이 몇 배 이상 증가한 사례도 많다.

애플컴퓨터는 개인용 및 사무용 소형 컴퓨터 시장을 최초로 개척한 회사다. 사용자 친화적인 개인용 컴퓨터를 출시한 뒤 곧바로 시장을 석권했고, '애플 I'과 '애플 II' 모델을 수십만 대나 판매했다.

마이크로소프트는 애플에 이어 시장에 진입했지만, 애플의 매출을 따라잡는 것을 넘어 이를 뛰어넘겠다는 목표를 세웠다. 이를 위해 마이크로소프트는 컴퓨터를 자체 개발하는 대신에 소프트웨어인 운영체제를 개발하는 데 집중했다.

두 회사의 전략은 완전히 달랐다. 애플은 모든 운영체제 코드와 하드웨어를 독점적으로 보유하며 고가 정책과 이윤 극대화에 주력했다. 전성기 애플의 매출총이익률은 무려 49%에 달했다. 마이크로소프트는 애플의 사용자 친화적 소프트웨어가 지닌 경쟁 우위를 따라잡기 위해 전 세계 소프트웨어 개발자들에게 자사의 코드를 공개하기로 결정했다. 동시에 기술이 진화함에 따라 운영체제 가격을 인하했다. 판매 한 건에서 큰 이익을 남기기보다는 적은 마진을 감수하더라도 다량 판매로 이익을 극대화하는 이른바 박리다매 전략에 집중한 것이다.

그 결과, 시장이 정리되면서 마이크로소프트는 전 세계 PC 시장의 90%를 장악하기에 이르렀다. 초창기에 폭발적인 성공을 거뒀던 애플은 한 번 추월당한 뒤 다시는 마이크로소프트를 따라잡지 못했다. 2004년 애플의 시장점유율은 3%까지 떨어졌다. 기술적으로는 애플의 상품이 마이크로소프트보다 우수하다고 평가하는 사람도 많지만, 그 격차는 지금도 회복되지 않고 있다.

당신의 경쟁자는 누구인가? 그들과 경쟁하려면 당신의 상품을 어떻게 포지셔닝해야 하는가?

고객의 선택을 빼앗는 다른 대안은 무엇인가?

당신의 주요 경쟁자는 다른 회사나 세일즈맨이 아니라 당신의 상품에 대한 고객의 '무지'일 수도 있다. 고객은 당신에게 이런 상품이 있다는 사실을 전혀 모를 수도 있다. 새로 출시되었다는 점, 낮은 인지도, 부족한 홍보 등 이유는 다양하다. 그런데 당신의 상품이 제공할 수 있는 편익을 고객들이 전혀 모른다는 사실이야말로 당신이 극복해야 할 가장 큰 장애물인지도 모른다.

전략적 세일즈에는 경쟁이 따르게 마련이다. 무엇을 판매하든, 시장에는 항상 대체재가 존재한다. 따라서 당신은 잠재고객이 어떤 선택지를 고려하고 있는지 파악한 뒤 당신의 상품이나 서비스가 그보다 우수하다고 판단할 수 있도록 포지셔닝해야 한다.

어떤 면에서 세일즈는 전쟁과 닮았다. 전쟁에서 의사결정을 내릴 때는 적군이 무엇을 하고 있는지 또는 무엇을 할 것인지부터 신중히 고려한다. 세일즈에서도 가장 중요한 결정은 경쟁자가 지금 무엇을 하고 있고, 앞으로 무엇을 할지 고려해 판단하는 것이다.

당신의 경쟁 우위는 무엇이며, 어떻게 만들 것인가?

당신은 어떤 식으로 경쟁자보다 우위를 점하고 있는가? 당신의

상품이나 서비스는 왜, 그리고 어떻게 더 우수한가? 이것이 앞에서 논의한 차별화의 핵심이다.

제너럴 일렉트릭의 전 CEO 잭 웰치(Jack Welch)는 "경쟁 우위가 없으면 경쟁하지 마라!"고 말했다. 고객이 경쟁사가 아닌 당신의 상품을 선택하는 가장 중요한 이유는 바로 당신의 경쟁 우위다. 자신이 지닌 경쟁 우위의 본질을 충분히 이해하는 것이야말로 효과적이고 창의적인 세일즈 상담 기법을 개발하는 열쇠다. 누군가 새벽 3시에 전화해서 "당신의 상품이 다른 것보다 우수한 이유가 뭐죠?"라고 물었을 때, 잠결에도 술술 대답할 수 있을 정도로 자신의 경쟁 우위를 명확하게 알고 있어야 한다.

당신이 진짜로 우월한 영역은 어디인가?

고객이 특정 상품이나 서비스를 구매하는 이유는 다른 대안보다 그 상품이나 서비스가 우수하다고 느끼기 때문이다. 그 우수함은 더 저렴한 가격 때문일 수도 있고, 특정한 기능이나 편익 때문일 수도 있고, 혹은 고객이 다른 회사의 직원보다 그 세일즈맨을 더 좋아하기 때문일 수도 있다. 또는 상품을 통해 고객의 삶이나 비즈니스가 얼마나 개선될 수 있는지 설명해준 사람이 당신이 처음이기 때문일 수도 있다. 이렇듯 경쟁 우위로 작용하는 것은 매우 다양하다.

그 이유가 무엇이든, 고객은 언제나 주어진 상황에서 최선이라고 믿는 것을 선택한다. 그러므로 당신의 상품이나 서비스가 바로 그

'최선의 선택'임을 고객에게 입증해야 한다.

모두가 비슷해 보이는 시장에서 어떻게 이길 것인가?

얼마 전, 한 젊은이가 내 세미나에 찾아왔다. 인근 시장에서 시공업체에 전기 자재를 공급하는 열 곳의 회사 중 하나에서 일하던 청년이었다. 문제는, 그 지역의 모든 공급업체들이 같은 제조회사에서 자재를 구입해 동일한 고객들에게 거의 동일한 가격으로 되판다는 점이었다. 게다가 당시 전기 자재 시장은 침체기였다.

그는 나에게 물었다. "이런 상황에서 어떻게 하면 독특한 세일즈 기법이나 경쟁 우위를 만들 수 있을까요?" 나는 쉽지 않은 일이라고 답했다. 그의 설명대로라면 그가 판매하는 자재는 누구나 어디서나 거의 동일한 가격과 품질, 조건에 구입할 수 있었다. 한마디로 그가 취급하는 자재에는 독자적인 세일즈 포인트가 없었다. 더군다나 시장 자체가 침체된 상황에서는 그를 포함한 모두에게 일거리가 줄어들 수밖에 없었다. 그 시기 그 업계는 미래를 보장하기 어려웠다.

평범한 상품도 '특별한 세일즈'로 바꿀 수 있다

가장 창의적으로 시도할 수 있는 전략 중 하나는 어떤 식으로든 특별한 상품이나 서비스를 제공하는 것이다. 고객이 다른 곳에서는 얻을 수 없어 기꺼이 비용을 지불할 만큼 특별한 편익을 제공해야 한다. 당신이 제공하는 편익이 언제든 대체될 수 있는 환경에서 매출을 올리는 유일한 방법은 더 열심히 더 오래 일하고, 더 많은 잠재고객을 만나고, 그러면서 좋은 시절이 오리라 믿고 기다리는 것뿐이다. 그러나 장기적으로 미래를 보장받으려면 당신의 상품을 시장의 다른 어떤 것보다 독특하고 차별화된 무언가로 만들어야 한다.

최고로 인정받는 것을 전면에 내세워라

창의적인 세일즈맨은, 경쟁사와 비교해 자기 상품만이 제공할 수 있는 가장 중요한 편익을 전면에 내세운다. 모든 광고, 모든 잠재고객 발굴, 모든 세일즈 활동의 핵심은 바로 이것이다. 당신의 상품만이 제공할 수 있는 특별한 편익을 진심으로 원하는 고객을 만난다면, 세일즈는 놀라울 만큼 쉽게 진행된다.

대기업은 자사의 독자적인 세일즈 포인트에 대한 탄탄한 평판을 구축하기 위해 엄청난 시간과 돈을 쏟아붓는다. 세계 최대 컴퓨터 회사였던 시절, IBM은 탁월한 고객 서비스로 높은 명성을 누렸다. IBM은 상품에 문제가 생긴 고객에게 가능한 한 빨리 신뢰할 수 있는 서비스를 제공하기 위해 매년 10억 달러 이상 투자했다. 특히 대규모 컴퓨터 장치를 사용하는 주요 고객에게는 전 세계 어디든 24시간 이내 항공편으로 전문가를 파견해 시스템을 복구해주었다. IBM을 이 부문에서 세계적인 리더로 만들어준 것은 바로 이런 고품격 서비스에 대한 뛰어난 평판이었다.

여기서 흥미로운 사실은, IBM이 경쟁사보다 더 뛰어나거나, 더 빠르거나, 혹은 더 저렴한 상품을 보유한 적이 없다는 점이다. 기능이 다양한 우수한 컴퓨터를 더 저렴하게 판매하는 회사들도 있었다. 그런데도 IBM은 최신 장비로 경쟁하기보다 고객 서비스와 지원에 대한 평판을 쌓는 데 주력했다. 이 같은 전략 덕분에 IBM은 세계에서 가장 성공한 기업의 하나로 성장할 수 있었다.

한 문장으로 만든 압도적 판매력

보드카 스미노프 유통업자들이 미국 시장에 진출하려고 했을 때의 이야기다. 처음에는 큰 성공을 거두지 못했다. 당시 보드카는 외국 주류, 특히 러시아산 술로 인식됐다. 아직 냉전이 끝나기 전이라 미국인들은 러시아 상품에 그리 호의적이지 않았다. 게다가 익숙하지 않은 종류의 술이었기에 거부감도 있었다.

스미노프 유통업자들은 위스키, 스카치, 진, 럼 등 다른 주류보다 스미노프가 뛰어난 술이라는 이미지를 구축하기 위해 막대한 돈을 쏟아부었지만 큰 효과는 없었다. 그러다가 그들은 마침내 스미노프의 독자적 세일즈 포인트를 찾아냈다. 스미노프를 마시고 숨을 쉬어도 술 냄새가 나지 않는다는 사실이었다! 그들은 이에 착안해 곧바로 두 줄짜리 광고 문구를 선보였다.

스미노프! 숨이 멎을 듯한 맛.
스미노프! 당신을 숨 막히게 하는 맛.

이 광고를 내보낸 이후, 스미노프는 순식간에 5000만 달러어치나 판매되었고, 곧 5억 달러 규모의 브랜드로 성장했다. 이 같은 성공을 계기로 미국 보드카 시장은 본격적으로 성장하기 시작해 연간 10억 달러 규모의 시장으로 자리 잡았다.

스미노프는 점심시간에 술을 마셔도 동료들이 눈치채지 못한다는 경쟁 우위를 앞세워 압도적인 성공 마케팅을 실현했다. 당신의 상품도 이와 비슷한 방식으로 묘사하거나 포지셔닝할 수 있지 않을까? 당신만의 독자적 세일즈 포인트는 무엇인가?

당신의 비(非)고객은 누구인가?

당신의 상품이나 서비스를 이용할 수 있는데도 당신이나 경쟁사 어디에서도 구매하지 않는 사람들은 누구인가? 아직 시장에 진입조차 하지 않은 이들 '비고객'이야말로 당신의 상품이나 서비스가 만날 수 있는 가장 거대한 미개척 시장이다. 이들을 찾아내 어떻게든 접근할 방법을 알아낸다면, 매출도 전혀 없고, 경쟁과 가격 저항도 거의 없는 곳에서 새로운 매출을 창출할 수 있을 것이다.

거대한 미개척 시장

흔히 '후발 수용자(late adopters)'라고 불리는 이들은 위험을 감수하며 구매하려고 하지 않는다. 이들은 다소 시간이 걸리더라도 새로운 상품이나 서비스가 시장에서 충분히 검증되기를 기다린다. 비고객으로 이루어진 거대한 후발 수용자 시장에 발을 들일 방법을 찾아낸다면, 기존 경쟁자들을 단숨에 추월할 수 있을 것이다.

이를 보여주는 대표적인 사례가 있다. 팩스, PC, 휴대전화가 그것이다. 이들 상품이 처음 시장에 등장했을 때, 신기술의 위험을 기꺼이 감수하려는 사람은 극소수였다. 초기 상품은 대부분 크고 투박하며 비효율적이기까지 했다. 최초의 휴대전화는 그 크기가 서류가방과 맞먹어서 실제로 휴대하기 어려웠다.

그러나 이런 혁신 기술이 사무실과 가정에서 사용되기 시작하면서 시장의 둑은 곧 무너져내렸다. 수백만 명의 비고객이 시장에 진입하고, 이내 아이들조차 신기술에 익숙해졌다. 이들 상품은 더 새롭고, 더 우수하고, 더 빠르고, 더 저렴하게 끊임없이 개선됐다. 한때는 극소수의 초기 수용자들만 있었던 시장이 이제는 어마어마한 규모의 다국적 시장으로 급성장했다. 이 사례를 당신의 상품이나 서비스에 어떻게 적용할 수 있을까?

그들은 왜 구매하지 않는가?

당신뿐만 아니라 다른 누구의 상품도 구매하지 않는 사람들이야말로 신규 고객의 가장 큰 원천이다. 이들이 구매하지 않는 이유를 알아낸다면, 당신은 완전히 새로운 시장에 진입해 지금보다 훨씬 많은 매출을 기록할 수 있을 것이다.

비고객에게 계속 의문을 품자. 그 사람들은 왜 사지 않을까? 그들의 인식에서 무엇이 당신의 상품이나 서비스를 구매하지 못하도록 막는 것일까? 그들을 시장에 참여시키려면 어떤 거부감을 극복하도록 도와야 할까? 그들이 당신의 상품이나 서비스에서 얻을 수 있는 편익을 모른다면, 그 무지를 어떻게 해소할 것인가? 그들을 붙잡고 있는 두려움을 어떻게 하면 없앨 수 있을까?

비고객 시장에 접근하는 가장 단순한 방법은 당신의 상품이나 서비스를 구매하도록 만드는 동기, 즉 잠재고객의 가치와 열망을 충족시킬 구체적인 편익을 찾아내는 것이다. 이들에게 원하는 편익을 분명히 얻을 수 있다고 확신시킨 뒤에는 고객 만족을 철저히 보증해야 한다. 핵심 편익에 집중하고 이를 강력하게 보증한다면, 비고객의 구매를 머뭇거리게 하는 불안감을 해소할 수 있다.

고객은 언제 구매하는가?

고객에게 세일즈를 시도할 최적의 타이밍은 언제인가? 사업 주

기에 따른 특정 시점인가, 아니면 연중 특정한 계절인가? 고객은 사업이 성장할 때 구매하는가, 아니면 어려울 때 구매하는가? 사업이 어려울 때 적합한 서비스가 있는가 하면, 빠르게 성장할 때 쉽게 거래되는 서비스도 있다.

고객이 가장 많이 구매하는 계절은 언제인가? 사업 주기의 어느 단계에서 주로 구매하는가? 어떤 상품은 창업 초기에 가장 적합하고, 어떤 상품은 성장기에 적합하다. 안정기나 성숙기에 접어든 대기업에 가장 적합한 상품도 있다. 세일즈맨이라면, 자신이 다루는 상품이 어느 단계에서 가장 설득력을 가지는지 이해해야 한다.

무엇이 구매 행동을 유발하는가?

'충동 구매자(impulse buyers)'들이 있다. 이들은 상품이 출시되자마자 구매한다. 새 영화가 개봉하는 첫날 곧바로 보러 가고, 새로 문을 연 식당에 누구보다 먼저 찾아가며, 매장에 물건이 도착하자마자 새로운 패션을 시도한다. 충동 구매자는 전체 고객의 5~10% 정도를 차지한다. 한마디로 이들은 물건이 좋은지 아닌지 제대로 파악하기도 전에 시도부터 해보는 사람들이다. 그러나 대부분의 고객들은 이와 다르다. 보통 2~4년 정도 시간을 두고, 그 상품이 시장에서 인기 있고 호응이 좋은지 확인한 후에야 구매에 나선다.

출시 후 4~5년이 지나서야 본격적으로 성장하기 시작하는 상품도 많다. 시장에서 신뢰를 얻어 대량 구매가 이루어지기까지는 대체로 이 정도의 시간이 필요하다. PC 시장은 그 대표적인 사례다.

또한 구매자들 중에는 시장이 성숙기에 접어든 뒤에야 진입하는 사람도 많다. 하지만 이 시점의 상품이나 서비스는 수명 주기의 끝자락에 가까워져 더 빠르고 더 우수하며 더 저렴한 유사 상품으로 대체되고 있을 가능성이 높다. 따라서 이 단계에서 얻을 수 있는 이익은 상대적으로 작을 수밖에 없다.

마지막으로, 시장에서 철수하기 직전의 상품만 구매하는 '후성숙기 구매자(postmature buyer)'도 있다. 이들은 가격 인하나 재고 정리 등을 이유로 뒤늦게 시장에 진입한다. 이 고객군을 이해하지 못하면 마지막 국면에서 생기는 잔여 수요를 놓치게 된다.

잠재고객은 무엇을 더 확인하고 싶어 하는가?

신뢰하는 사람에게 추천받고서야 상품을 구매하거나 새로운 회사나 서비스에 적극적인 관심을 보이는 사람도 있다. 이들은 이미 만족한 다른 고객의 이야기를 직접 들어본 뒤에야 비로소 구매를 결정한다. 어떤 이들은 주변 사람들의 격려와 지지, 승인을 받아야 비로소 안심하고 구매를 결정한다.

구매를 망설이는 잠재고객에게 유익한 2가지 질문이 있다. '이 제안을 받아들이려면, 어떤 조건이 더 충족되어야 할까요?' '이 상품이나 서비스를 구매하려면, 어떤 부분을 더 확인해야 할까요?' 이 두 질문의 해답이 세일즈를 마무리하는 열쇠가 될 것이다.

추천 후기를 활용하라

추천 후기는 효과적인 세일즈 도구 중 하나다. 상품이 아무리 우수하고, 최선의 선택이라고 당신 입으로 말해봐야 고객은 당신의 말을 귀담아듣지 않는다. 그러나 그 상품을 구매한 다른 고객이 좋다고 말하면, 그 평가를 신뢰하고 곧바로 받아들인다.

몇 년 전, 나는 새로운 사업을 시작했다. 시장에 막 진입한 상태라 잠재고객들을 설득하는 게 쉽지 않았다. 하지만 내 서비스를 이용해본 고객들이 하나같이 만족했기에 나는 일주일을 온전히 투자해 기존 고객들을 일일이 찾아갔다. 그리고 내 서비스에 얼마나 만족하는지, 다른 사람들에게 이 서비스를 추천하는 글을 써줄 수 있는지 물었다. 고객들은 대부분 호의적으로 응답했다. 이렇게 꾸준히 고객들과 접촉한 결과, 내 파일은 고객들의 추천 후기를 엮은 종이로 가득 찼다. 이 경험은 내 세일즈 인생을 완전히 바꾸어놓았다.

나만의 성공 전략

그때부터 나는 잠재고객을 만날 때마다 제일 먼저 이렇게 말했다. "상담을 본격적으로 시작하기 전에, 제 고객들에게 받은 자랑스러운 편지 몇 통을 보여드리고 싶습니다."

그런 다음 추천 후기를 모아놓은 서류철을 건네 고객이 직접 읽어보게 했다. 놀랍게도 고객들은 후기를 꼼꼼하게 읽었다. 마치 다른 사람의 사적인 편지를 엿보듯 집중해서 말이다. 나는 형광펜으로 각 편지에서 주목할 부분을 표시해 고객이 중요하지 않은 부분을 건너뛰며 읽을 수 있도록 배려했다. 결과는 놀라웠다! 고객들은 후기를 읽다가 고개를 들고는 이렇게 말했다.

"잘 알겠습니다. 얼마나 빨리 시작할 수 있죠?"

매출은 금세 두 배, 세 배, 네 배로 급성장했다. 추천 후기를 활용한 지 두 달 만에 전년 매출을 뛰어넘는 판매량을 기록했다.

추천 후기를 부탁하면 많은 고객이 기꺼이 수락하지만, 바쁜 일정 때문에 미루다가 결국 쓰지 못하는 경우도 있다. 이런 상황이라면 당신이 초안을 작성하고 고객에게 서명을 부탁해보자. 놀랄 만큼 많은 고객이 흔쾌히 응해줄 것이다.

추천 후기를 활용해 거부감을 극복하라

가격이 비싸다거나 회사나 상품이 생소하다는 등 비슷한 유형의 거부감을 반복적으로 드러내는 고객이 있다면, 이를 불식시킬 만한 내용을 후기에 담도록 만족 고객들에게 부탁하자.

고객의 진심 어린 신뢰와 만족이 담긴 이 편지들은 당신에게 돈으로 따질 수 없는 귀한 가치를 갖는다. 이런 편지 대여섯 통만 있어도 단기간에 매출을 두세 배는 늘릴 수 있을 것이다. 그리고 머지않아 당신은 대화하는 거의 모든 사람과 계약을 하기 위해 논의하고 있을 것이다.

가장 강력한 광고는 무엇인가?

우리 사회에서 가장 강력한 광고 유형은 단연코 '입소문'이다. 전체 매출의 85%는 그 상품이나 서비스가 좋다고 누군가 인정해줄 때 형성된다. 그외의 모든 광고는, 사람들이 그 상품이나 서비스를 최소한 한 번이라도 사용하게 만들어 입소문 광고가 시작되도록 유도하려는 노력에 불과하다.

영화업계에도 이런 원리가 그대로 적용된다. 영화사들은 전체 광고 예산의 80% 이상을 영화 개봉 주간에 집중적으로 투자한다. 최대한 많은 관객을 최대한 빨리 극장으로 끌어들이기 위해서다. 그 이유는 2가지다. 첫째, 영화가 그리 재미있지 않다는 사실이 알려지기 전에 관객들이 관람하도록 유도하기 위해서다. 둘째, 초기 관람객을 확보해 입소문 광고를 촉발하고 더 많은 관객이 극장을 찾도록 만들기 위해서다. 전화번호부를 보고 식당을 찾는 사람을 본 적 있는가? 대부분의 사람들은 누군가 그곳에서 맛있게 식사했다는 이야기를 들은 뒤에야 비로소 방문해볼 생각을 한다. 결국 시장을 움직이는 것은 입소문이다.

반드시 물어보라

만족 고객은 당신이 보유한, 재판매와 추천을 만들어내는 가장 강력한 자원이다. 그들에게 왜 다른 사람이 아니라 당신에게서 구매했는지 물어보면, 충분하고도 가치 있는 통찰을 얻을 수 있다. 그 이유를 이해하면, 이후 만나게 될 새로운 잠재고객에게까지 두고두고 활용할 수 있다.

당신이 좋아하고, 또 당신을 좋아하는 고객에게 전화를 하거나 직접 찾아가 이렇게 말하라.

"앞으로 더 나은 서비스를 제공할 방법을 찾기 위해 가장 소중한 고객분들과 이야기를 나누고 있습니다. 몇 가지 질문에 답해주시겠습니까?"

그런 뒤, 다음과 같은 질문을 덧붙인다.

"다른 곳이 아닌 저희 회사에서 구매한 이유는 무엇입니까?"

"저희 상품을 통해 얻은 구체적인 효과나 편익은 무엇입니까?"

"앞으로 고객들을 위해 상품을 어떻게 개선하면 좋을까요?"

"어떤 유형의 고객이 저희 상품에서 가장 큰 편익을 얻을 수 있다고 생각하십니까?"

"구매할 당시에는 예상하지 못했지만, 사용하다 보니 특별하다고 느낀 점이 있습니까?"

묻기를 주저해서는 안 된다. 만족 고객들에게 충분히 많은 것을 물어보고, 그들의 대답에 진지하게 귀 기울인다면, 그들은 더 많은 사람에게 더 많은 상품을 판매하는 데 필요한 모든 것을 더 빠르고 더 쉽게 알려줄 것이다.

'마인드스토밍'을 주기적으로 활용하라

마인드스토밍(mindstorming)은 창의력을 자극하고, 새로운 기회를 찾게 해주며, 세일즈 성공 속도를 비약적으로 높여주는 효과적인 방법 중 하나다. '20가지 아이디어 기법(20 Idea Method)'으로도 불리는 이 방법을 주기적으로 활용하고, 그 과정에서 나온 아이디어를 선별 적용하면 몇 달 안에 수입을 두 배 이상 늘릴 수 있을 것이다.

방법은 간단하다. 종이 한 장을 꺼내 당신의 가장 큰 목표나 시급한 문제를 맨 위에 질문 형태로 적는다.

'어떻게 하면 앞으로 12개월 내 나의 수입을 두 배로 늘릴 수 있을까?'

이보다 훨씬 구체적으로 작성할 수도 있다.

'어떻게 하면 앞으로 12개월 내 연수입을 5만 달러에서 10만 달러로 늘릴 수 있을까?'

질문이 명확하고 구체적일수록 답을 떠올리기가 쉬워진다.

마인드스토밍 기법은 구체적이고 실행 가능한 답을 요구하는 질문에 적용할 때 가장 효과적이다. 이를테면 "어떻게 하면 더 행복해질 수 있을까?" 같은 질문은 적절하지 않다. 이런 질문은 너무 추상적이고 모호해서 사고를 집중시켜 구체적이고 실행 가능한 답변을 만들어내기 어렵다.

질문을 만들었다면, 이제 그 질문에 적합한 답변을 20가지 정도 차분하게 기록해본다. 각각의 답변은 개인적이고, 긍정적이며, 현재형으로 작성해야 한다. 예컨대 '전화를 더 많이 하자'라는 문장보다는 '매일 다섯 통의 전화를 추가로 한다'라고 기록한다. 답변 내용이 구체적일수록 아이디어는 더 많이, 더 빨리 떠오른다.

하나의 질문에 최소한 20가지 아이디어를 적어라. 20가지 이상 써도 좋지만, 적어도 20가지를 완성할 때까지는 최대한 신중하게 생각하라. '20'이라는 숫자는 종종 마법 같은 효과를 발휘한다. 스무 번째 아이디어가 한 사람의 직업 인생을 바꾸는 결정적인 돌파구가 된 경우도 있었다. 20가지를 다 적었다면 목록을 훑어보면서 당장 실행할 아이디어를 최소한 하나 이상 선택하라. 그리고 지금 바로 행동하라. 나중으로 미루어서는 안 된다. 미루지 않는 것이 핵심이다.

다양한 아이디어를 내놓고, 그중 하나라도 행동으로 옮기면, 하루 종일 창의력의 물꼬가 트인다. 그날 하루 동안 어떻게 하면 더 효율적으로 더 많은 일을 해낼 수 있을지에 대한 아이디어와 통찰이 끊임없이 떠오를 것이다. 당신의 머릿속은 크리스마스트리처럼 반짝이는 영감으로 가득 차고, 사고와 의식은 더욱 민첩해질 것이다. 게다가 자신뿐만 아니라 다른 사람의 문제에 대해서도 더욱 빠르고 효율적인 해결책을 찾아낼 수 있을 것이다.

작은 아이디어가 부를 만든다

이제부터는 마인드스토밍이 실제로 어떤 변화를 만들어내는지 살펴보자. 자기계발과 성공학의 대가 얼 나이팅게일(Earl Nightingale)은 이 개념을 기록한 글에서, '20가지 아이디어 기법'은 지금껏 등장한 어떠한 창의적 사고법보다 많은 사람을 부자로 만들었다고 했다. 나 또한 그의 말에 전적으로 동의한다. 수많은 사람들이 이 기법을 통해 삶이 달라지는 결정적인 전환점을 경험했다. 이 기법은 일단 실행하기 시작하면, 앞으로 마주할 모든 문제와 목표에 자연스럽게 적용할 수 있을 만큼 범위가 확장된다. 집을 짓는 큰 프로젝트에도, 경력을 설계하는 장기 계획에도 활용할 수 있다. 그 결과는 무척 놀라울 것이다.

매일 아침 마인드스토밍을 다른 문제나 목표에 적용하라. 같은 문제를 다시 다루는 것도 괜찮다. 이렇게 하면 매일 적어도 20가지 아이디어가 나온다. 일주일에 5일만 꾸준히 실행해도 매주 100가지 새로운 아이디어가 쌓인다. 1년에 50주 동안 매주 5일씩 꾸준히 지속하면 무려 5000가지 새로운 아이디어가 만들어진다. 이 아이디어들이 당신을 더 큰 성공으로 이끌어줄 것이다. 매일 하나만 골라 실행해도 1년이면 250가지 아이디어를 실천하게 된다. 이렇게 하면 당신의 개인적 목표와 직업적 목표 모두에 더 빠르게 다가갈 수 있을 것이다.

성공하기 위해 매년 250가지 새로운 아이디어를 실천하면 당신의 인생은 어떻게 달라질까? 수입이 크게 늘어날까? 하루에 하나씩 자기계발 아이디어를 실천하는 것만으로도 1년 후 알아보기 어려울 정도로 삶이 완전히 달라질까?

미디어 비평가 마셜 매클루언(Marshall McLuhan)은 단지 10% 정도 새로운 아이디어로도 100만 달러를 벌어들일 수 있다고 말했다. 상대성 이론 같은 위대한 발견처럼 거창한 아이디어가 필요한 게 아니다. 지금 하고 있는 일을 조금 더 개선해 약간의 경쟁 우위를 만드는 정도면 충분하다. 이 작지만 의미 있는 경쟁 우위 하나가 당신을 다른 사람들과 차별화해 성공의 지름길로 이끌어줄 것이다.

마인드스토밍을 실천해 매일 20가지 아이디어를 적기 시작하면, 곧 스스로도 놀라게 될 것이다. 머지않아 당신은 업계에서 가장 창의적인 세일즈맨, 혹은 최고의 세일즈맨으로 인정받을 것이다. 수입역시 업계 최고 수준에 이르는 것은 당연한 결과다. 창의적으로 생각하고, 떠오른 아이디어를 즉시 행동으로 옮기는 습관이 몸에 배면 팔 수 없는 상품도 없고 이루지 못할 목표도 없다.

인생이 주는 최고의 보상은,
단연코 가치 있는 일에 헌신할 수 있는 기회다.

— 시어도어 루즈벨트Theodore Roosevelt

실행 과제 ✒

① 당신은 천재다. 타고난 창의력을 발휘해 어떤 문제라도 해결하고, 어떤 장애물이라도 극복하며, 스스로 세운 목표는 무엇이든 달성할 수 있다고 오늘 당장 다짐하라.

② 종이 맨 위에 질문 형태로 당신에게 가장 중요한 목표를 기록하라. 그 질문에 20가지 아이디어를 적고, 그중 하나를 실행하라. 이 과정을 매일 실행하라.

③ 당신의 상품이나 서비스에서 우수하고 경쟁력 있는 부분을 찾아내라. 당신이 판매하는 것이 경쟁 상품보다 뛰어난 이유는 무엇인가?

④ 고객이 왜 다른 사람이 아닌 당신에게서 구매하는지 파악하라. 당신의 경쟁 우위로 가장 큰 편익을 얻는 잠재고객은 누구인가?

⑤ 유망한 잠재고객들이 주로 사는 지역은 어디인가? 그들과 더 많은 시간을 보낼 방법을 고민하라.

⑥ 당신의 상품이나 서비스를 의미 있게 차별화하라. 사람들이 왜 당신의 상품을 구매하는지 알아내고, 종합적으로 고려했을 때 왜 당신의 상품이 최선인지 명확히 보여줘라.

⑦ 만족한 고객에게 추천 후기를 받아라. 그중 가장 인상적인 문구에 강조 표시를 하고, 서류철로 엮어 보관하라. 그리고 이를 모든 잠재고객에게 보여줘라.

5장

더 많은
약속 정하기

최선을 다하고, 자신의 전부를 쏟아붓고,

그 과정에서 가족과 사회의 욕구를 충족했다면,

그는 이미 '성공하는 습관'을 가진 사람이다.

— 맥 R. 더글라스 Mack R. Douglas

성공적인 세일즈의 첫 번째 원칙은 '더 나은 잠재고객에게 더 많은 시간을 투자하라'는 것이다. 이 속에는 완벽한 세일즈 전략이 함축되어 있다. 더 나은 잠재고객과 보내는 시간이 늘어나면 확률의 법칙에 따라 매출이 늘어나 더 큰 성공을 거두게 될 것이다.

새로운 대화 상대를 찾아내고 그에게 다가가는 과정은 세일즈에서 가장 어려운 부분 중 하나다. 모든 광고와 홍보 활동은 이 과정을 더 빠르고 손쉽게 만들기 위한 장치라고 해도 과언이 아니다. 잠재고객 발굴은 세일즈 활동에서 스트레스와 좌절을 가장 많이 유발하는 과정이다. 이 과정을 제대로 수행해내지 못해 낙담한 나머지, 화려하게 꽃 피울 수도 있었을 경력을 포기하는 세일즈맨도 많다.

다행스럽게도 잠재고객을 발굴하는 기술은 누구나 얼마든지 배울 수 있다. 이 일을 능숙하게 해낸 사람이 있다는 것은 당신도 그 일을 잘해낼 수 있다는 증거다. 잘하는 사람들의 전략과 기법을 배워서 자신에게 맞게 조정한 뒤 익숙해지도록 노력하면 된다. 그러면 성공적인 세일즈는 자연스럽게 따라올 것이다.

지금까지 당신은 창의적 사고를 적용하고 시장을 분석하는 과정을 익혔다. 당신의 주요 경쟁 우위와 독자적인 세일즈 포인트도 파악했다. 최적의 고객 유형과 그들과 대화할 내용, 그들이 다른 사람이 아닌 바로 당신에게서 구매하는 이유도 명확히 이해했다. 지금까지의 과정은 총에 탄환을 장전하고 격발 준비를 마친 것과 같다. 이제 남은 일은 조준하고 방아쇠를 당기는 것뿐이다.

그런데 이 단계가 무척 어렵다. 지금부터는 전화로든 대면이든 한 번도 접한 적 없는 실제 잠재고객에게 처음으로 다가가야 하기 때문이다. 숙달하기 전까지는 누구에게나 두렵고 긴장되는 순간임이 분명하다.

잠재고객 발굴, 첫 문을 여는 과정

당신의 상품과 시장을 계속 분석하다 보면, 앞으로 접촉해야 할 새로운 잠재고객과 고객군이 점차 명확히 드러날 것이다. 세일즈 과정의 출발점은 잠재고객과의 첫 접촉이다. 그 접촉은 판매로 이어질 수도 있고, 그렇지 않을 수도 있다. 다음 단계 목표를 달성하려면 당신의 접근 과정이나 상품 설명에 사용하는 모든 단어를 사전에 신중하게 설계해야 한다.

몰두하던 일에서 벗어나도록

잠재고객에게 다가갈 때는 그들의 몰두 상황부터 깨야 한다. 당신이 찾아가는 사람은 이미 이런저런 일로 바빠서 다른 생각을 할 겨를이 없다. 개인적인 문제, 일, 가족, 건강, 사업, 청구서 등 온갖 것들로 마음이 꽉 차 있다. 이런 몰두를 깨지 못하면 세일즈 상담을 시작할 기회조차 얻기 어렵다.

전화를 걸어서 자기소개를 한 뒤 곧바로 상품이나 서비스를 설명하기 시작하는 경우가 많다. 그보다는 이런 식으로 말하는 편이 낫다.

"일이 분 정도면 될 것 같은데, 잠시 시간을 내주실 수 있을까요? 지금 통화 가능하신가요?"

잠재고객이 당신의 말을 들을 여유가 있다는 의사를 표현한 뒤 당신이 판매하는 상품의 효과나 편익과 관련된 질문을 자연스럽게 이어나가라.

상품이 아니라 약속을 판다

잠재고객을 직접 만나지 않고도 세일즈의 시작과 마무리를 할 수 있는 경우가 아니라면 상품이나 가격을 전화로 이야기해서는 안 된다. 이것은 매우 중요한 원칙이다.

신입 세일즈맨은 약속을 잡고 싶은 조급한 마음에 대화를 시작하자마자 상품의 세부 정보를 흘리는 실수를 자주 범한다. 그러면 거래는 그 순간부터 엉망이 된다. 몇 마디 말로 고객이 당신의 제안을 진지하게 검토하는 것은 불가능하다. 결국 고객은 "관심 없어요" 또는 "당장은 구매 계획이 없어요"라고 말하며 전화를 끊는다. 세일즈는 상품 설명이 아니라 약속에서 시작된다는 것을 명심하라.

단어를 신중하게 선택하라

잠재고객을 처음 만났을 때, 그가 통화 중이거나 서류를 정리하는 등 다른 업무에 한창 몰두하고 있는데 상품 이야기를 꺼내는 경우도 있다. 당연히 고객의 마음은 콩밭에 가 있다. 자기 일에 집중한 탓에 바로 옆에 앉아 있는 당신에게 관심을 기울일 여유가 없다. 대화를 본격적으로 시작하기에 앞서 반드시 이런 상황부터 깨야 한다.

당신의 첫마디는 유리창을 단번에 깨버리는 벽돌처럼 강렬해야 한다. 고객의 주의를 단숨에 끌어당길 수 있는 진술이나 질문을 준비하라. 그러려면 상품이나 서비스 자체가 아니라 그 상품이나 서비스가 고객에게 가져다줄 효과나 편익에 초점을 맞춰 진술이나 질문을 구성해야 한다.

몰두 상황을 깨는 간단한 방법

오래전 코닝 글래스에서 일하는 세일즈맨이 있었다. 이 회사가 안전유리 제품을 출시한 첫해였다. 두 장의 유리 사이에 투명 플라

스틱 시트를 넣어 만든 이 제품은 대부분의 자동차 전면유리처럼 파편이 튀는 것을 방지할 목적으로 만들어졌다.

이 신출내기 세일즈맨은 새로운 제품을 들고 시장에 나섰고, 불과 1년 만에 북미 지역 최고의 안전유리 판매왕에 등극했다. 전국영업인총회에서 최고 실적상을 받은 그는 그 자리에 참석한 동료들에게 비결을 알려달라는 요청을 받았다. 사람들은 물었다.

"어떻게 해서 남들보다 훨씬 많은 매출을 올릴 수 있었나요?"

그는 설명했다.

"먼저, 공장에 부탁해서 견본품을 만들었습니다. 현장을 방문할 때 이 유리 견본품과 쇠망치를 함께 들고 갔지요. 잠재고객을 만나면 이렇게 말했습니다. '파편이 튀지 않는 유리를 한번 보시겠습니까?' 대부분 '말도 안 돼요. 믿을 수 없어요'라고 대답했습니다. 그러면 저는 책상에 견본품을 올려놓고 망치로 내리쳤습니다. 고객은 본능적으로 펄쩍 뛰면서 눈을 감고 손으로 얼굴을 가렸지요. 그러다 책상을 내려다본 순간, 유리 파편이 흩어지지 않은 모습을 보고 깜짝 놀랐습니다. 그다음은 아주 간단했어요. 저는 그저 '얼마나 필요하세요?'라고 묻고, 주문서를 꺼내 바로 작성하기 시작했지요."

그의 설명에 감명받은 코닝 글래스는 이듬해 모든 세일즈맨들에게 쇠망치와 안전유리 견본품을 지급하고는 전국으로 내보냈다. 효과는 놀라웠다. 안전유리가 트럭 단위로 팔려나갔다.

그해 말, 다시 열린 전국영업인총회에 참석한 그 젊은 세일즈맨은 또다시 미국 전역의 다른 세일즈맨들과 비교해서 압도적인 실적을 기록했다. 사람들은 그에게 다시 비결을 물었다.

"올해도 모두를 제치고 1등을 한 비결이 무엇입니까?"

그는 대답했다.

"이제 다른 세일즈맨들도 제 방식을 사용하니 새로운 방법을 고안해야 했습니다. 지금도 고객을 만나러 갈 때 쇠망치와 안전유리 견본품을 들고 갑니다. 그러고는 말하죠. '파편이 튀지 않는 유리를 한번 보시겠습니까?' 역시 고객은 이렇게 말합니다. '말도 안 돼요.' 그러면 저는 유리를 책상 위에 놓고 고객에게 망치를 건넵니다. 힘껏 내려쳤는데도 유리 파편이 튀지 않는 모습을 보며 고객은 완전히 믿게 됩니다. 저는 곧바로 주문서를 작성하지요."

시작이 좋으면 절반은 끝난다

좋은 시작은 곧 절반의 성공이다. 상품의 효과나 편익을 겨냥한 효과적인 질문으로 대화를 시작하는 것만으로도 절반의 성공을 예약할 수 있다. 강렬하고 인상적인 도입은 고객이 몰두 상황을 깨고 주의를 환기하며 당신에게 집중하도록 만든다. 이제 고객은 당신의 말에 귀 기울일 준비가 되었다.

마케팅의 거장 댄 케네디(Dan Kennedy)는 잠재고객을 처음 방문할 때 사용할 도입 문구를 검증하는 효과적인 방법을 제시했다. 그는 도입부의 표현이 고객에게 "정말이에요? 그게 어떻게 가능하죠?"

같은 반응을 유도할 수 있어야 한다고 지적했다.

"저희는 파편이 튀지 않는 유리를 공급합니다."

"정말이에요? 그게 어떻게 가능하죠?"

이처럼 첫마디로 즉시 고객의 주의를 사로잡아야 한다.

당신의 시간은 한정되어 있다

잠재고객의 관심을 온전히 끌 수 있는 시간은 대화를 시작한 후 약 30초에 불과하다. 그 짧은 순간에 고객은 당신의 말을 계속 들을지 말지 결정한다. 이때 당신이 횡설수설하거나 무미건조한 대화로 일관한다면 상대방은 금세 인내심을 잃고 만다. 그렇게 30초가 지나면 마음도 귀도 닫힌다. 한번 닫힌 마음은 다시 열기 어렵다.

대화 도입부의 15~25개 단어가 이후의 전체 대화 분위기를 좌우한다. 그러므로 대화의 도입부에 사용할 단어를 신중하게 선택하고, 이를 계속 연습해야 한다. 생각나는 대로 말해서는 절대 안 된다.

잠재고객을 처음 만난 세일즈맨 중에는 이런 생각을 하는 사람도 많다. '오늘은 어떤 말을 하게 될지 궁금하네. 내 입에서 어떤 말이 튀어나올까?' 당신도 이런 식이면 곤란하다. 준비되지 않은 도입은 준비된 경쟁자에게 기회를 넘겨주는 것과 같다.

단어 하나하나까지 계획하라

도입부의 질문이나 진술은 단어 하나하나까지 철저하게 설계해야 한다. 거울 앞에서 여러 번 연습해 완벽하게 익힌 다음, 실제로 잠재고객을 만나면 준비한 그대로 말하라. 이때 상대방이 어떤 반응을 보이는지 관찰한다. 흥미나 관심을 보이지 않으면 처음부터 다시 시작한다. 당신이 원하는 반응, 이를테면 "정말요? 그게 뭐죠?"라는 말이 나올 때까지 도입부의 질문과 진술을 계속 다듬어야 한다.

콜드콜은 약속을 얻기 위한 도구다

나는 이 원칙의 중요성을 직접 체험했다. 세일즈 교육 프로그램을 판매하던 당시, 나는 무작위로 전화를 걸어 이렇게 말하곤 했다.

"귀사의 영업사원들을 대상으로 한 교육 프로그램이 있는데 잠시 얘기할 수 있을까요?"

그러면 거의 반사적으로 이런 반응이 돌아왔다.

"직원들을 교육할 시간이 없어요."

"우린 자체 교육 프로그램이 있어요."

"우리 직원들은 교육이 필요 없어요."

"요즘 매출이 줄어서 교육비를 감당할 수 없어요."

"경기가 안 좋아요."

"교육 예산이 따로 없어요."

약간의 표현 차이만 있을 뿐 잠재고객들이 하는 말은 늘 거기서 거기였다. 이런 방식으로는 아무런 성과도 낼 수 없다는 것을 깨달은 나는 홀로 앉아 그 이유를 분석했다. 몇 시간에 걸쳐 도입 문구를 고치고 다듬으며, 어떻게 하면 세일즈 조직에 몸담은 잠재고객들에게 긍정적인 반응을 이끌어낼 수 있을지 연구했다.

마침내 문제의 핵심을 파악한 나는 이를 보완할 전략을 세웠다. 약속을 정하려고 시도하기 전에 가장 먼저 확인해야 할 것은 내가 대화하려는 잠재고객이 '적임자'인지 여부였다. '사업체에서 영업 교육을 관할하는 잠재고객은 누구일까?' 영업사원 교육에 관한 결정권을 가진 사람은 당연히 사업주나 영업 관리자다.

두 번째 질문은 이것이었다. '내 최고의 고객이 지닌 기본 욕구나 관심사는 무엇인가?' 이것 역시 명확했다. 그들은 교육 자체에는 큰 관심이 없었다. 그들이 진짜 관심 있는 것은 매출 증대, 즉 세일즈 실적을 늘리는 것이었다. 나는 그때서야 비로소 고객이 정말로 바라는 효과나 편익에 초점을 맞춰 질문해야 한다는 사실을 깨달았다.

다시 전화로

나는 다시 전화를 걸기 시작했다. 먼저 회사 안내원에게 물었다.

"귀사에서 영업과 영업 교육을 담당하는 분은 누구신가요?"

"영업 관리자 브라운 씨입니다."

"그럼 브라운 씨와 통화할 수 있을까요?"

전화가 연결되면 나는 이렇게 말했다.

"안녕하세요, 브라운 씨. 저는 기업 경영자 교육원의 브라이언 트레이시입니다. 앞으로 12개월 동안 귀사의 매출을 20~30% 높일 수 있는 검증된 방법이 있는데, 관심 있으신가요?"

어떤 반응이 돌아왔을까? 거의 모든 잠재고객의 대답은 이랬다.

"물론이죠. 어떤 방법인가요?"

핵심 편익을 반복해서 강조하라

그다음에는 핵심 편익, 즉 '급소'를 반복해서 강조했다.

"브라운 씨, 저희는 앞으로 몇 달 만에 귀사의 매출을 20%, 30%, 심지어 50%까지 늘릴 방법을 개발했습니다."

그러면 고객은 대체로 이렇게 반응했다.

"정말인가요? 그게 어떻게 가능하죠?"

나는 대답했다.

"바로 그 문제로 전화 드린 겁니다. 10분 정도만 시간을 내주시면 시스템을 직접 보여드리겠습니다. 그다음에 귀하의 회사와 영업팀에 적용할 가치가 있는지 직접 판단하시면 됩니다."

콜드콜 과정에서 실패와 좌절을 반복하던 나는 이 단순한 접근 방식의 변화 덕분에 무작위로 전화를 걸어도 다섯 명 중 네 명, 심지어 열 명 중 아홉 명과 약속을 정할 수 있게 되었다. 그리고 불과 두 달 만에 이전 1년보다 훨씬 큰 성과를 올렸다.

모든 도입 질문은 "그게 뭔가요?" 또는 "정말요? 그게 어떻게 가능하죠?" 같은 반응을 이끌어내야 한다. 이런 반응이 나오지 않으면 문구를 다시 다듬어야 한다. 상대방의 몰두 상황을 깨고 온전한 주의를 끌지 못한다면, 그럴 수 있을 때까지 고치고 또 고쳐야 한다.

구매 저항은 일상이다

잠재고객이 "글쎄요, 별로 관심이 없어요"라고 말하는 것은 2가지 경우 중 하나다. 당신의 질문이 충분히 강력하지 않거나, 대화 상대방이 애초에 당신의 상품이나 서비스를 구매할 '진짜 잠재고객'이 아니라는 뜻이다. 다시 말해, 적임자가 아닌 사람에게 말하고 있을 가능성이 크다.

강렬한 진술이나 질문으로 대화를 시작하면 당신은 즉각 엘리트 세일즈맨 반열에 올라갈 수 있다. 상품 라인이나 회사 소개로 처음의 소중한 몇 분을 낭비하지 말고 고객이 가장 관심 있어 할 만한 주제로 곧바로 들어가야 한다.

초기 구매 저항을 무력화하는 법

잠재고객에게 처음 전화를 건다는 것은 그가 하던 일을 방해하는 것이나 마찬가지다. 고객에게 그 일은 당신이 하려는 어떤 말보다도 중요하다.

누구나 바쁘다. 그러므로 당신이 아무리 좋은 상품을, 아무리 좋은 가격에, 아무리 적임자인 고객에게 제안하더라도 초기 구매 저항은 반드시 나타나게 마련이다.

구매 저항을 처음부터 무력화하는 간단한 기법을 소개한다.

고객이 "전화는 고맙지만 관심 없어요" 또는 "지금 당장은 구매 계획이 없습니다"라고 말하더라도 진지하게 받아들일 필요 없다. 고객은 당신의 상품이나 서비스가 자신과 회사에 얼마나 도움이 될지 아직 전혀 모른다. 모든 구매 제안을 대하는 그의 반응은 그저 반사적이고 즉각적일 뿐이다. 권투 선수가 상대방의 펀치를 유연하게 흘려보내듯, 구매 저항을 자연스럽게 받아들이면서 이렇게 말하라.

"괜찮습니다. 처음 전화를 드릴 때 귀하처럼 업계에 계신 분들은 대체로 부담스러워하십니다. 하지만 지금은 저희의 최고 고객이 되셔서 지인들에게 저희를 추천해주시지요."

이 말을 들은 고객은 즉시 하던 일을 멈추고 당신의 말에 귀를 기울인다. 그리고 거의 대부분 이렇게 되묻는다.

"아, 그래요? 그게 뭐죠?"

고객 유형에 맞춰 대응하라

이 말을 잠재고객의 업종에 맞게 구체화하면 훨씬 큰 효과를 거둘 수 있다. 이를테면 이런 식으로 말한다.

"괜찮습니다. 금융서비스업계의 다른 분들도 제가 처음 연락 드렸을 때는 대체로 부담스러워하셨습니다. 하지만 지금은 저희의 핵심 고객이 되어 지인들에게 저희를 추천해주십니다."

로버트 치알디니(Robert Cialdini)는 저서 《설득의 심리학(Influence)》에서 신뢰를 형성하고 관심을 유도하는 사회적 증거(social proof)의 위력을 설명했다. 사회적 증거는 이미 그 상품이나 서비스를 구매한 고객처럼 다른 사람들로부터 비롯된다. 자신과 비슷한 사람들, 즉 자신과 같은 업종, 관심사, 가치관을 가진 사람들이 특정 상품을 구매했다는 말을 들으면 자동적으로 그 상품에 관심이 생긴다. 그리고 자신과 비슷한 수많은 사람들이 구매했다면, 자동적으로 좋은 선택일 거라는 결론을 내린다.

잠재고객이 "정말요? 그게 뭐죠?"라고 묻는다면 이렇게 말하자.

"바로 그 부분을 말씀드리고 싶습니다. 10분 정도만 시간을 내주시면 됩니다. 귀하게 적절한지는 직접 판단하시면 됩니다."

전화로 팔려고 해서는 안 된다

간혹 시간에 쫓기는 고객들은 이렇게 말하기도 한다.

"음, 전화로 대략이나마 설명해줄 수 없나요?"

그럴 때는 이렇게 대답하라.

"고객님, 전화로도 말씀드릴 수는 있지만, 직접 보여드려야 정확히 이해하실 수 있는 부분이 있습니다."

이 말은 상대방의 호기심을 강하게 자극한다. 곧바로 일정을 2가지 정도 제안한다.

"화요일 오전이나 수요일 오후는 어떠실까요?"

첫 번째 전화의 목적은 상품이나 서비스를 판매하거나 설명하는 게 아니라는 점을 명심해야 한다. 그 목적은 잠재고객과 10분 정도의 대면 약속을 정하는 데 있다. 따라서 통화 중에는 약속을 정하는 것 이외의 어떤 이야기도 하지 말아야 한다. 특히 상품이나 가격을 논의해서는 절대 안 된다.

미루자는 말에 휘둘리지 마라

매우 바쁜 잠재고객은 때때로 이런 식으로 말한다.

"그럼 자료를 이메일이나 우편으로 보내주실 수 있나요?"

그러나 자료만 보내면 고객이 그 자료를 아예 보지도 않거나, 잃어버리거나, 도착했는지도 모르는 경우가 다반사다. 자료를 받은 고객은 그것만으로도 충분한 정보를 얻을 수 있다고 여기며, 굳이 세일즈맨을 만나 시간을 허비할 이유가 없다고 생각한다. 그래서 원격판매가 아닌 이상 이메일이나 우편 발송은 대부분 돈과 시간 낭비로 귀결되는 경우가 많다. 그래도 고객이 자료를 보내달라고 계속 고집

하면 이렇게 대응하자.

"마침 제가 그 무렵에 고객님의 회사 근처에 있을 예정인데, 그때 직접 전달해드리면 어떨까요? 시간이 괜찮으실까요?"

잠재고객은 만남을 회피하려고 마지막 꾀를 부릴 수도 있다.

"좋아요. 그럼 월요일에 전화주시면 다음 주 중으로 구체적인 시간을 잡아보죠."

하지만 이 미루기 전술에 넘어가 월요일에 다시 전화하면, 고객은 회의 중이라며 다시는 전화를 받지 않을 가능성이 높다. 그러므로 이렇게 말하자.

"고객님, 지금 제 앞에 일정표가 있습니다. 혹시 고객님의 일정표도 옆에 있으신가요?"

대개 그렇다고 대답할 것이다. 그러면 덧붙인다.

"그럼 지금 바로 구체적인 시간을 정했으면 합니다. 혹시 나중에 다른 일정이 생기면 언제든 조정하셔도 됩니다. 화요일 오후 3시쯤 괜찮으실까요?"

약속이 정해지면, 요일, 날짜, 시간을 다시 확인하고, 혹시 모를 변동에 대비해 당신의 연락처를 알려준다. 이 단계까지 끝나면 고객에게 감사 인사를 전하며 다시 한번 약속을 확인한다.

"감사합니다. 화요일 오후 3시 사무실에서 뵙겠습니다. 제가 안내해드릴 자료가 정말 마음에 드실 겁니다."

고객이 구체적인 시간 약속에 동의하는 순간, 사실상 첫 번째 판매에 성공한 것이나 다름없다.

잠재고객과의 대면

세일즈 과정의 첫 번째 과제는 잠재고객이 당신의 말을 진지하게 경청하도록 만드는 것이다. 고객이 편안하게 귀를 기울이게 만들려면, 다음 5가지가 확실히 충족되어야 한다. 고객이 드러내 말하지 않더라도, 당신의 말을 들을 준비가 되어 있는지 판단하려면 이 5가지부터 확인해야 한다.

첫째, 고객은 당신에게서 중요한 이야기를 듣게 될 것이라는 확신을 원한다. 당신이 첫마디부터 효과나 편익을 제시해야 하는 이유는 바로 그 때문이다. 당신의 제안이 고객의 일과 직접 관계된다면 상대방의 관심은 온전히 당신에게로 향할 것이다.

둘째, 고객은 지금 이 대화가 자신과 직접 관련된 이야기인지, 즉 당신이 찾는 '적임자'가 맞는지 확인받고 싶어 한다. 당신의 상품이나 서비스는 대개 어떤 문제를 해결하기 위한 것이므로, 고객은 당신이 해결하려는 문제나 욕구의 당사자가 바로 자신이 맞는지 알고 싶어 한다. 다행히 당신은 이미 안내원과의 통화 단계에서 고객이 적임자임을 어느 정도 확인한 상태다. 그럼에도 고객이 확신하지 못하는 기색을 보인다면, 다음과 같은 질문을 통해 고객이 스스로 적임자임을 자각하도록 도와야 한다.

"귀사에서 매출 증대를 담당하는 분이 고객님 맞으시죠?"

"정보처리비용 절감에 관한 책임자가 고객님 맞으시죠?"

"귀사의 ○○ 관련 문제에 대해 제가 말씀드릴 책임자가 고객님 맞으시죠?"

기억하자. 고객은 당신이 단순히 상품이나 서비스를 팔기 위해 접근하는 사람이 아니라, 자신의 문제를 해결하고 욕구를 충족시켜 줄 바로 그 사람이라는 사실을 확인받고 싶어 한다. 따라서 고객이 '내 이야기가 맞구나. 내가 바로 이 문제의 당사자구나'라고 느끼도록 돕는 것이 먼저다. 당신이 제공할 편익을 설명하는 것은 그다음 순서다. 아무리 훌륭한 설명이라도 고객이 '이건 내 이야기가 아니다'라고 느끼면 소용없다. 고객이 적임자라고 확신하도록 만들어야 한다.

셋째, 고객은 당신의 방문이 짧고 간결하게 끝날 것이라는 보장을 원한다. 누구나 바쁘다. 누구나 수많은 문제와 책임에 시달리고 있다. 그러다 보니 누군가 자신의 시간을 과도하게 빼앗을 것이라고 느끼는 순간, 방어적이고 부정적인 태도로 돌아선다. 따라서 처음부터 이렇게 말해 고객을 안심시켜야 한다.

"몇 분만 시간을 주시면, 고객님께서 처음에 질문하신 그 유용한 부분을 전부 설명드리겠습니다."

넷째, 고객은 당신을 의무감 없이 만나도 된다는 확신을 원한다.

당신은 이런 말로 고객의 부담을 덜어줘야 한다.

"보여드릴 게 있습니다. 보고 나서 직접 판단하시면 됩니다."

이 한 문장으로 고객의 압박감을 크게 줄일 수 있다. 이 말은 약속을 정할 때도 결정적인 역할을 한다.

다섯째, 고객은 당신이 자신을 과도하게 압박하지 않을 것이라는 확신을 원한다. 세일즈맨을 만날 때 고객들이 공통적으로 느끼는 2가지 우려가 있다. 과도한 압박감과 속거나 이용당할지도 모른다는 우려가 바로 그것이다. 그러므로 당신은 늘 긍정적이고 공손하며 친근한 태도를 유지해 고객의 이런 우려를 불식시킬 필요가 있다. 그러면 고객은 긴장을 풀고 당신의 말을 더욱 경청하게 될 것이다.

이 5가지 목표는 대화의 도입부에서 반드시 달성해야 한다. 특히 새로운 잠재고객과 전화 통화로 첫 약속을 정할 때도 이 5가지가 대화의 중심이 되어야 한다. 이 과정을 체계적으로 수행하는 데 도움이 되는 특별한 기법이 있다. 나는 이 기법을 수천 명의 세일즈맨들에게 가르쳐왔다. 그리고 전화로 약속을 잡을 때 이 기법을 적용하면서 그들의 성과가 획기적으로 향상되는 모습을 자주 봐왔다.

체계적인 질문으로 시작하라

마침내 새로운 잠재고객과 대면했다면, 먼저 자신을 소개하고 악수를 나눈 뒤 자리에 앉아 체계적인 질문으로 대화를 시작한다. 이때의 질문은 당신이 판매하는 상품이나 서비스의 편익과 관련된 홍

미롭고 특별한 내용일수록 좋다.

질문의 힘은 강력하다. 우리는 어렸을 때부터 질문을 받으면 즉시 대답하도록 조건화되어 있다. 지금 몇 시냐는 질문을 받으면, 다른 생각을 할 겨를도 없이 시간을 확인해 말해준다. 이처럼 질문은 대답을 유도하는 힘을 가지고 있다.

질문하는 사람이 대화의 주도권을 갖는 이유가 여기에 있다. 질문하는 쪽이 대답하는 사람의 생각과 말을 자연스럽게 이끈다. 어느 대화에서든 주도권을 잡는 가장 빠른 방법은 잠시 말을 멈추고 적절한 질문을 던지는 것이다. 상대방은 그 질문에 대답하기 전까지 무슨 말을 할지에 집중하느라 다른 이야기를 꺼낼 수 없다.

잠재고객에게 "질문 하나 해도 될까요?"라고 물으면, 상대방은 거의 항상 "네"라고 대답한다. 그 순간, 주도권은 온전히 당신 손으로 넘어온다.

좋은 질문은 좋은 반응을 유도한다

잠재고객에게 "매년 매출을 20~30% 늘릴 수 있는 검증된 방법을 보시겠습니까?"라고 물었을 때, 고객은 그 질문에 대답하기 전까지는 어떤 말도 할 수 없다. 질문하는 사람이 대화의 주도권을 갖고 있기 때문이다.

이 질문으로 고객과의 통화를 시작한 이후, "아니오, 관심 없습니다"라고 대답한 사람은 단 한 명뿐이었다. 그가 관심을 보이지 않았던 이유는 파산 관재인들이 들이닥쳐 회사를 폐쇄하고 있었기 때문이었다. 그는 이렇게 말했다.

"우린 너무 늦었네요. 6개월 전에 전화하셨으면 좋았을 텐데."

하지만 그 외에 모든 영업 관리자들의 반응은 한결같았다.

"네. 그게 뭐죠? 언제 오셔서 이야기하시겠어요?"

당신의 질문도 자연스럽게 이런 반응을 이끌어내야 한다.

대면 약속을 정하는 이 기법의 두 번째 단계는 이렇게 정중하게 말하는 것이다.

"제가 가진 것을 보여드리는데 10분 정도면 충분합니다. 그러고 나서 직접 판단하시면 됩니다."

여기서 핵심은 '직접 판단하라'는 메시지다. 두 사람의 만남은 짧고 부담 없을 것이며, 고객과 공유할 중요한 내용이 당신에게 있음을 확신시켜라. 이 같은 확신을 주는 것만으로도 대화는 절반 정도 성공한 셈이다.

만족한 다른 고객을 언급하라

도입부를 좋은 질문으로 시작했더라도 잠재고객이 약속을 정하는 데 머뭇거리는 경우가 있다. 이 같은 거부감을 극복하는 효과적인 방법이 있다. 이 상품을 이미 만족스럽게 사용하고 있는 다른 고객들을 언급하는 것이다.

지금 당신이 인쇄 회사 관계자와 통화하고 있는데 다른 인쇄 회사에 이미 같은 상품을 판매한 경험이 있다면, 이렇게 말할 수 있다.

"귀사와 같은 업계의 회사인 ABC 프린팅 서비스는 이미 저희 상품을 사용해 큰 성과를 거둔 바 있습니다."

사회적 증거는 고객을 긍정적으로 변화시키고, 동종업계의 경쟁자들이 무엇을 선택했는지, 지금 어떤 비즈니스 전략을 취하고 있는지 당신을 통해 확인하고 싶게끔 유도하는 힘이 있다.

상품의 신뢰도를 구축하라

세일즈 교육 프로그램을 판매하던 당시, 나는 혼자 이렇게 되뇌곤 했다.

"이미 수백 곳의 회사에서 이 프로그램을 활용해 놀라운 성과를 거둔 바 있습니다. 이 기법은 이미 검증되었고, 실용적입니다. 저는 이를 자신 있게 보증할 수 있습니다. 제가 이 프로그램을 설명하는 데는 10분이면 충분합니다. 결정은 이후 직접 하시면 됩니다."

아무리 바쁜 사람이라도 10분 정도는 시간을 낼 수 있다. 게다가 자신에게 흥미로운 내용을 설명한다면 10분 정도의 시간은 누구나 당장 내기 쉬운 시간이다.

늘 전문가답게 행동하라

"오늘 아침 10시 30분과 내일 아침 11시 20분 중 어느 쪽이 더 좋으세요?"같이 지나치게 구체적인 2가지 일정을 제시하는 실수를 범해서는 안 된다. 고객은 이런 진부하고 교묘한 방식의 약속 제안을 그동안 숱하게 경험해왔다. 이런 방법을 사용하면 오히려 신뢰만 훼손될 뿐이다. 당신의 제안에 관심 있던 고객이라도 자신이 조종당한다는 느낌이 들면 곧바로 흥미를 잃어버린다.

이 시점에는 유쾌하고 긍정적이며, 동시에 끈기 있게 행동해야 한다. 고객에게 수요일 오전이나 목요일 오후처럼 선택권이 열려 있다고 느껴지는 시간대를 제시하라. 이 시간대가 모두 맞지 않는다면 편한 시간이 언제인지 고객에게 직접 물어보면 된다. 다시 한번 강조하지만, 질문하는 사람이 대화의 주도권을 갖는다.

약속을 확인하라

약속을 정했다고 해서 끝난 게 아니다. 이제 시작일 뿐이다. 약속 장소로 출발하기 전에 반드시 한 번 더 전화로 확인한다. 이것은 최고의 세일즈맨들에게서 공통적으로 발견되는 특징이다. 잠재고객이 혹시라도 약속을 취소할까 봐 전화로 확인하는 것을 꺼리는 사람도 많다. 그래서 약속 시간에 맞춰 무작정 이동한다. 그런데 고객이 회의에 불려갔거나 다른 지역으로 출장을 갔을 수도 있고, 몸이 아프거나 긴급한 상황이 생겼을 수도 있다. 이처럼 당신이 어찌할 수 없는 이유로 약속이 무산되는 경우는 생각보다 흔하다.

약속을 확인하는 방법에는 2가지가 있다. 첫 번째는 잠재고객에게 직접 전화해서 약속 시간에 만나기를 기대하고 있다고 말하는 것이다. 이렇게 하면 고객의 다른 일정이 겹치더라도 조정할 수 있다. 두 번째는 안내원과 통화하는 방법이다.

"브라운 씨 계신가요?"

안내원이 그렇다고 답하면 이렇게 말한다.

"저는 브라이언 트레이시입니다. 내일 오전 10시에 잡힌 브라운 씨와의 약속을 확인하려고 전화 드렸습니다. 예정대로 찾아뵐 거라고 전해주세요. 감사합니다."

어떤 이유로든 약속이 취소된다면, 즉시 이 장 앞에서 설명한 기법을 활용해 구체적인 시간을 포함한 일정을 다시 잡아야 한다. 나 역시 주로 몇 주 전에 약속 시간을 정하고, 이후 확인 과정을 거친다. 이렇게 사전에 정한 약속 중 놀랄 정도로 많은 비율이 정해진 시간에 그대로 이루어졌다. 그로부터 창출된 업무 성과도 상당했다.

예외로 관리하기

잠재고객이 이렇게 말할 때도 있다.

"그날 제가 시내에 있을지 확실치 않아요. 며칠 후나 다음 주에 다시 전화해주실 수 있을까요?"

이런 말을 들으면 즉시 이렇게 대응해야 한다.

"그런 상황은 예외로 관리하면 됩니다. 지금 약속을 정하고 혹시 나중에 변동이 생기면 그때 일정을 조정하면 됩니다."

공손하되 끈질겨야 한다. 당신의 제안에 관심이 있고, 의사결정권한도 있는 잠재고객과 대화할 기회를 얻었다면, 구체적인 약속 시간을 확정하기 위해 끝까지 노력해야 한다.

인간은 기대하는 바에 강하게 영향을 받는다. 고객이 당신을 만나 무언가를 배우거나 이익이 될 것이라 기대한다면, 당신과의 약속을 소중히 여기게 된다. 일정을 조정할 필요가 있더라도, 고객이 먼저 연락해 오는 경우가 대부분이다.

잠재고객과 실제로 대면하면 전화로 소통할 때보다 계약할 확률이 열 배, 스무 배 높아진다. 고객이 당신을 직접 만나, 당신이 지식과 전문성을 겸비한 사람임을 알고 나면, 당신과 당신의 제안을 훨씬 더 진지하게 생각하게 되기 때문이다.

전화 세일즈로 잠재고객 발굴 성과를 끌어올리는 방법

전화로 잠재고객을 발굴할 때 생산성을 높이려면 2가지를 주의해야 한다.

첫째, 잠재고객과 통화할 때는 서서 말하라. 선 채로 통화하면 신체의 에너지 중심이 정렬되어 목소리에 힘이 실리고 자신 있는 어조로 말하게 된다. 목소리에 힘이 들어가기 때문에 신뢰감이 느껴지고 권위 있게 들린다.

둘째, 통화할 때는 미소를 지어야 한다. 놀랍게도 이 미소는 전화 건너편에서도 느껴진다. 무덤덤하거나 찡그린 표정으로 이야기하면 상대방은 그 분위기를 금세 감지한다. 나와 함께 일했던 많은 세일즈맨들은 실제로 책상 위에 거울을 놓고 잠재고객과 통화할 때 미소 짓고 있는지 확인한다.

'서서 통화하기'와 '미소 짓기'가 합쳐지면, 당신의 말에 열정과 진정성이 자연스럽게 스며든다. 이것이 바로 전화로 약속을 정할 때 꼭 기억해야 할 작지만 결정적인 차이다.

주도권을 유지하라

아무리 정직하고 명확하게 설명했더라도, 잠재고객이 당신에게 다시 전화해줄 거라고 기대해서는 안 된다. 세일즈에서 주도권은 언제나 당신이 가지고 있어야 한다. 첫 대면 약속을 정할 때까지는 절대로 주도권을 넘겨서는 안 된다. 고객이 이런저런 이유로 약속을 미루도록 해서도 안 되고, 나중에 다시 연락하겠다는 말을 곧이곧대로 믿어서도 안 된다. 사람들은 모두 바쁘다. 당신의 상품이나 서비스에 관심이 있더라도 그것만을 위해 따로 시간을 쓰기는 어렵다.

> **거절은 당신 개인에 대한 공격이 아니다. 초기의 구매 저항도 당신 개인을 향한 것이 아니다. 잠재고객이 관심 없다거나 이미 충분하다고 말하더라도 곧이곧대로 들을 필요는 없다.**

이것은 그저 전화 세일즈 상황에서 흔히 나타나는 일반적이고 자연스러운 반응일 뿐이다. 절대로 개인적인 감정으로 받아들여서는 안 된다.

심상 훈련으로 세일즈 컨디션을 끌어올려라

세일즈 심리학에서 손꼽는 중요한 성공 비결 중 하나는, 잠재고객을 만나기 전에 마음속으로 어떤 준비를 하느냐와 직결된다. 특히 첫 만남이라면 이 과정의 중요성은 더욱 커진다.

잠시 멈추고, 느긋하고 침착한 상태에서 긍정적인 미소를 띤 채 상담을 완벽하게 주도하는 자신의 이미지를 머릿속에 선명하게 그린다. 그다음 숨을 깊이 들이마셔 폐를 가득 채우고 횡경막을 압박한다. 이 상태로 7초간 숨을 멈췄다가 다시 7초간 천천히 내쉰다. 이렇게 심호흡하는 동안 최고의 세일즈맨으로 활약하는 자신의 모습을 계속 상상하라.

선명한 심상을 그려라

그다음, 잠재고객을 만나기 직전에 그가 긍정적으로 반응하는 장면을 떠올려보라. 그가 미소 띤 표정으로 당신과의 대화를 즐기며 고개를 끄덕여 동의를 표하는 모습을 생생하게 상상해보라.

세일즈 상담을 시작하기 전에 과거의 성공담을 떠올려보면 심상 훈련의 효과를 높이는 데 큰 도움이 된다. 최근에 가장 좋은 실적을 거뒀던 사례를 생각해보라. 잠재고객과의 대화가 얼마나 즐거웠는지, 그가 얼마나 긍정적이었는지, 특히 설명이 끝나고 나서 실제 계약으로 이어진 과정을 하나하나 떠올려보라. 그 거래에서 느꼈던 행복감과 만족감을 기억하라. 이 행복한 느낌을, 지금 곧 만나게 될 잠재고객의 이미지와 결합시켜라.

이 훈련의 효과가 얼마나 뛰어난지 당신은 무척 놀라게 될 것이다. 그런 생각을 하는 것만으로도 당신의 전체적인 분위기가 한층 부드러워지고, 긴장이 자연스럽게 풀린다. 심호흡을 하면서 긴장을 풀고 긍정적인 자기 모습을 시각화하라. 이제 당신은 최고의 세일즈 성과를 낼 준비를 완벽하게 끝냈다.

자신에게 긍정적으로 말하라

앞에서 설명한 긍정적 확언 기법을 잊지 말고 활용하라. 특히 긴장될 때는 자신에게 반복해서 이렇게 말하라.

"나는 내가 좋아! 나는 내가 좋아! 나는 내가 좋아!"

"나는 내 일을 사랑해! 나는 내 일을 사랑해! 나는 내 일을 사랑해!"

"나는 행복해! 나는 건강해! 기분이 최고야!"

이런 긍정적인 말을 반복하다 보면 행복감과 자신감이 샘솟지 않을 수 없다. 그래서 고객을 만나러 들어가는 순간, 고객 역시 당신에게서 뿜어져 나오는 긍정의 에너지를 자연스럽게 느끼게 된다.

언제든 심호흡을 하고, 시각화하고, 긍정적인 확언을 하면서 차분히 상담을 준비하라. 이 과정은 세일즈 현장, 그리고 비즈니스 전반에 놀라운 변화를 만들어낸다.

처음 1분, 세일즈의 흐름을 장악하라

잠재고객을 만나면 힘차게 악수하며 이렇게 말하라.

"시간 내주셔서 정말 감사합니다. 제가 설명해드릴 내용이 정말 흥미로우실 겁니다."

긍정적인 기대감을 조성하면서 고객이 흥미와 호기심을 갖도록 만들어라. 그러면 고객은 "뭔지 궁금하네요"라는 반응을 보일 것이다. 밝은 미소와 자신감, 긍정적인 태도는 고객에게 그대로 투사되어 당신이 하는 모든 말에 대한 기대감을 높여준다.

환영받는 모습을 그려라

때로는 잠재고객의 아침이 썩 좋지 않을 수도 있다. 회사에 출근하자마자 불쾌한 전화 메시지와 이메일, 고객들의 항의가 밀려든다. 커피는 식었고, 팀원들은 피곤하거나 표정에 불만이 가득하고, 상사는 잔뜩 예민해져 있다. 바로 이때 당신이 들어선다. 잠재고객은 생각한다.

'아휴, 살았다. 나에게 무언가 흥미로운 이야기를 해줄 멋지고, 유쾌하고, 똑똑하고, 긍정적으로 보이는 사람이 저기 들어오는구나.'

잠재고객이 보낼 하루의 하이라이트가 바로 당신이 될 수 있다. 당신이 상냥하게 미소 짓는 모습을 보는 것만으로도 고객은 행복해질 것이다.

선 채로 이야기해서는 안 된다

약속 장소에 도착했는데 잠재고객이 무척 바쁜 걸음으로 다가오더니 로비에서 상품 설명을 해달라고 요구할 수도 있다. 그러나 이렇게 선 채로 대충 설명하는 일은 반드시 피해야 한다. 상품이나 서비스의 가치를 떨어뜨릴 위험이 있기 때문이다. 선 채로, 충분히 살펴보지 않은 상태에서 중요한 상품이나 서비스를 구매하는 사람은 없다. 이런 식의 세일즈는 원칙적으로 거부해야 한다.

'작은 것도 놓치지 마라!'는 격언을 기억하라. 전시장처럼 본래 서서 둘러보는 환경이 아니라면, 선 채로 설명을 듣고 제대로 이해할 수 있는 사람은 없다. 이런 상황에서는 다음과 같이 말하라.

"제가 말씀드릴 것은 정말 중요한 내용입니다. 10분 정도면 충분합니다. 잠시 시간을 내주실 수 있을까요?"

그런데도 상대방이 앉아서 이야기하자고 권하지 않는다면 이렇게 덧붙여라.

"지금은 많이 바쁘신 것 같군요. 당장 시간을 내기 어려우시면, 좀 더 편한 다른 날에 10분 정도 약속을 잡을 수 있을까요?"

선 채로 상품이나 서비스를 설명하는 것은 원칙적으로 거부해야 한다. 이유는 매우 단순하다. 잠재고객이 선 채로 대충 듣고 상품을 구매하지 않듯, 선 채로 대충 상품을 판매하려 해서는 안 된다.

당신의 상품을 존중하라

전화 세일즈에도 같은 원리가 적용된다. 고객이 전화로 간단히 구매할 수 있는 상품이 아니라면, 전화로 대충 판매하려고 시도해서는 안 된다. 우편으로 구매하고 결제할 수 있는 상품이 아니라면, 우편으로 판매하려고 시도해서도 안 된다. 상품을 팔기 위해 고객을 직접 만나야 한다면, 반드시 직접 만나 상품을 설명할 수 있도록 요청해야 한다.

선 채로 대충 듣고 구매 결정을 하는 사람은 없다. 대부분 사무실이나 집에 편안히 앉아서 구매 여부를 고려한다. 설명을 듣고, 고민하고, 다시 검토하고, 자료까지 살펴본 뒤에야 결정을 내린다. 충분히 평가하고 검토한 뒤에 지불할 비용보다 편익이 크다는 확신이 들어야 비로소 구매한다. 이것이 세일즈의 기본이며, 세일즈맨이 반드시 존중해야 할 비즈니스의 원칙이다.

철저한 계획은
모든 일이 저절로 이루어지는 것처럼 보이게 한다.
— 마크 케인Mark Caine

실행 과제 ✒

1. 매출과 수입 목표를 달성하기 위해 매일, 매주 연락해야 할 잠재 고객의 정확한 수를 정하라.

2. 충분히 많은 고객을 확보하라. 일하는 시간의 80%를 잠재고객을 발굴하는 데 투자하라.

3. 잠재고객을 발굴하는 데 필요한 전화 대본을 작성하고 암기하라. 자연스럽고 익숙하게 들릴 때까지 반복해서 연습하라.

4. 잠재고객의 초기 구매 저항에 연연해하지 마라. 당신이 제공하는 효과와 편익에 집중하고, 이미 만족스럽게 활용하고 있는 고객들의 사례를 언급하라.

5. 대화의 주도권을 놓치지 말고, 잠재고객과의 첫 약속 날짜와 시간을 정확히 정하라.

6. 전화 통화를 할 때 상품이나 서비스 또는 가격 등을 설명해서는 안 된다. 대면 약속을 정하는 데 온 신경을 집중하라.

7. 모든 상담을 철저히 준비하라. 인터넷을 활용해 사전 조사를 하는 등, 첫 만남에서부터 전문가처럼 보이고 들릴 수 있도록 노력하라.

6장

암시의 위력

우리의 잠재의식에 이식해 반복과 정성으로 가꾸는 모든 것이,

언젠가는 현실이 된다.

— 얼 나이팅게일

인간은 주변 환경의 암시 요소, 특히 인간적인 요소에 많은 영향을 받는다. 차분하고 자신 있으며 여유로운 세일즈맨이 주는 암시 효과는 대단히 위력적이다. 성공한 세일즈맨들은 대체로 침착하고 온화해 보인다. 깔끔한 옷을 입고, 외모를 세련되게 관리하며, 모든 면에서 전문가다운 인상을 준다. 이런 요소들은 고객의 감정에 작용해 그가 하는 제안의 신뢰도를 한층 끌어올린다. 상품에 대해 이해하기도 전에 '이 사람'이라면 믿을 수 있다는 인상을 주는 것이다.

　최고의 세일즈맨들은 잠재고객에게 차분하고 편안한 느낌을 준다. 자신과 판매하는 상품이나 서비스에 늘 자신이 있다. 그래서 잠재고객은 그들의 말을 들으며 신뢰를 느끼고, 제안받는 상품이나 서비스 역시 신뢰한다. 이처럼 신뢰가 형성된다면 이후의 대화는 물론 세일즈의 모든 과정이 부드럽게 흘러간다.

환경이 세일즈 성과를 바꾼다

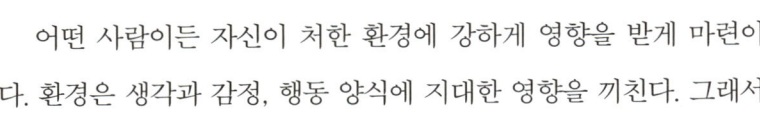

어떤 사람이든 자신이 처한 환경에 강하게 영향을 받게 마련이다. 환경은 생각과 감정, 행동 양식에 지대한 영향을 끼친다. 그래서 환경에 작은 변화만 생겨도 반응과 대응 방식이 즉각 달라진다.

외부 환경이 만드는 미묘한 차이

물리적 환경은 우리의 반응에 즉각 영향을 준다. 평균 실내 온도는 20도 전후인데, 이를 5도만 높이거나 낮춰도 안락함과 집중도가 크게 달라진다. 너무 덥거나 추우면 그 불편함 때문에 과민해지고, 바라는 게 많아지며, 인내심이 줄어든다. 세일즈 현장에서도 마찬가지다. 장소, 조명, 소음, 의자 하나까지도 잠재고객의 태도와 판단에 영향을 준다.

사람은 가장 강력한 암시 환경이다

암시적 환경 중에서 가장 크게 영향을 미치는 요소는 바로 사람이다. 타인을 향한 우리의 반응은 거의 무의식적으로 이루어진다. 누군가를 처음 만났을 때, 말을 건네기도 전에 호감이나 거부감을 느껴본 경험이 있을 것이다. 이런 즉각적인 판단이 이루어지는 것은, 과거의 경험이 잠재의식 속 영구기억 저장소에 담겨 있기 때문이다. 새로운 사람을 만날 때, 잠재의식은 과거의 경험을 기반으로 여러 단서를 연결해 그 사람을 즉각적으로 판단하게 해준다.

당신이 타인에게 거의 무의식적으로 반응하듯, 잠재고객 역시 당신에게 같은 방식으로 반응한다. 세일즈 상담을 하기 전과 잠재고객을 직접 마주한 순간, 당신의 표정과 태도, 말투는 잠재고객의 무의식에 강한 암시를 준다. 이는 결과적으로 세일즈의 성공과 실패에도 큰 영향을 미친다.

다행히 우리가 직접 통제할 수 있는 암시 요소도 많다. 대표적인 것으로 외모와 목소리, 태도가 있다. 단정한 용모, 선명하고 자신감 있는 목소리, 차분하고 낙관적인 태도를 유지한다면 잠재고객은 당신을 처음 만나는 순간부터 긍정적인 인상을 받을 것이다.

다행히 외모는 스스로 관리할 수 있다. 전문가답게 옷을 입고, 외모를 깔끔하게 관리하고, 바른 자세를 유지하라. 언제나 자신의 분야에서 최고처럼 보이도록 노력해야 한다.

세일즈는 연습으로 강해진다

거울 앞에서 계속 발표 연습을 하다 보면 목소리가 점점 또렷하고 힘차게 변한다. 배우들이 걷기, 말하기, 몸짓, 대사 등을 오랜 시간 반복해서 연습하며 자신의 목소리가 관객석 맨 뒤까지 울려퍼지게 하는 것과 같은 이치다. 잠재고객을 만날 때 상황에 맞게 성량을 조절하되, 자신감과 에너지는 잃지 말아야 한다. 이렇게 전달력을 훈련하면, 잠재고객에게 강렬한 암시 효과를 줄 수 있다.

또한 심상 훈련을 계속 하다 보면 명랑하고 자신감 있는 태도를 유지할 수 있다. 자신을 업계 최고의 세일즈맨으로 시각화하는 연습을 자주 하라. 잠재고객을 만나러 들어가기 직전, 스스로에게 이렇게 말하라.

"나는 최고야! 나는 최고야! 나는 최고야!"

등을 펴고 턱을 들고 바른 자세로 선다. 잠재고객의 눈을 바라보며 힘있게 악수한다. 그런 당신의 모습은 잠재고객의 눈에 긍정적이고, 준비되어 있으며, 전문적인 세일즈맨으로 비칠 것이다.

성공을 향한 옷차림

나의 세일즈 경력에서 중대한 전환점이 되어준 사건이 있다. 어느 날, 친구가 나에게 고객을 만날 때의 옷차림을 다룬 책을 읽어본 적이 있는지 물었다. 나는 누구도 정장을 입지 않는 가정에서 자랐다. 비즈니스 복장의 중요성에 대해 이야기해주는 사람도 전혀 없었다. 하지만 당시 나는 배울 준비가 되어 있었다.

친구는 비즈니스에 어울리는 옷차림에 대해 몇 가지 조언해주었다. 이를 계기로 관련 서적을 여러 권 사서 읽으며 비즈니스 복장에 대해 깊이 연구했다. 그러면서 잠재고객이 세일즈맨에게서 받는 첫 인상의 95%가 옷차림에 의해 결정된다는 사실을 알게 되었다.

잠재고객은 시각에 의존한다

외모는 내면을 드러내는 표현 방식의 하나다. 옷을 잘 갖춰 입고 외모를 깔끔하게 관리한 당신을 보는 순간, 잠재고객은 당신이 좋은 회사에 다니며, 취급하는 상품이나 서비스도 품질이 좋을 거라고 무의식적으로 생각한다. 첫 만남에서 전문적인 세일즈맨 이미지를 보여주면, 잠재고객은 당신을 더욱 진지하게 받아들이고 세일즈 메시지도 열린 마음으로 받아들인다.

잠재고객은 시각적 요소에 매우 민감하다. 세일즈맨의 옷차림에서 유발되는 시각적 충격은 파도가 방파제를 때리듯 고객을 강타하며 잠재의식에 지대한 영향을 끼친다.

누가 제일 많이 버는가?

수년에 걸쳐 100만 명이 넘는 세일즈맨과 1000번도 넘는 세미나를 진행하면서 나는 공통점을 하나 발견했다. 비즈니스 복장을 가장 잘 갖추는 사람이 해당 분야에서 수입도 가장 많이 올린다는 사실이다. 멋진 옷차림을 하고 다가와 나에게 말을 건네는 세일즈맨들을 보면서, 그들의 자신감 있는 태도와 안정적인 성과가 결코 무관하지 않다는 것을 확신할 수 있었다.

반면, 초라한 옷차림으로 집을 나서면서 그 모습이 자신뿐만 아니라 세일즈 성과까지 가로막는다는 사실을 알지 못하는 세일즈맨도 수없이 봤다. 지금껏 그들에게 성공에 어울리는 비즈니스 복장의 중요성을 설명해준 사람이 하나도 없었다는 사실이 놀랍기만 하다. 그들의 옷차림이 부적절하다고 지적하며 비판하는 사람조차 없었다. 누구나 알면서도 누구도 말을 꺼내지 않았던 것이다.

세일즈맨이라면 적절한 비즈니스 복장에 관한 책을 최소한 두 권 이상 읽고, 그 지침을 철저히 따라야 한다. 세일즈의 모든 측면이 중요하듯, 옷차림에서도 중요하지 않은 부분은 없다는 사실을 알아야 한다! 옷차림은 당신에게 도움이 되거나 해가 되거나 둘 중 하나다. 매출로 이끌거나 매출에서 멀어지게 하거나 둘 중 하나다. 옷차림은 세일즈에 암시 효과를 주는 요소 중에서도 가장 강력한 요소다.

고객은 '호감'과 거래한다

앞에서 간략히 언급했듯, 세일즈에서 가장 핵심적인 진실 중 하나는 바로 이것이다. '당신이 나의 친구이고, 나에게 최선의 이익을

가져다주기 위해 행동한다고 확신하기 전에는, 당신에게서 절대 물건을 사지 않을 테다!'

로버트 치알디니는 저서 《설득의 심리학》에서 성공적인 세일즈의 핵심 포인트로 '호감'의 중요성을 강조했다. 잠재고객이 당신을 좋아하면, 사소한 문제들은 큰 걸림돌이 되지 않는다. 그러나 잠재고객이 당신에게 중립적이거나 부정적이라면, 아주 사소한 문제들조차 세일즈를 방해하거나 아예 불가능하게 만들 수 있다.

당신을 처음 만난 잠재고객이 마음속으로 하는 첫 번째 질문은 이것이다. '당신은 나에게 관심이 있습니까?'

처음 1~2분 사이에 당신이 '그렇다'라는 인상을 주지 못하면, 그는 당신과의 거래에서 말없이 관심을 거둘 것이다. 당신이 상품에 대해 설명하는 내내 점잖게 앉아 있을지 몰라도, 결국에는 예의상 "방문해줘서 고맙습니다. 한번 생각해보겠습니다"라는 말로 자리를 마무리할 것이다.

누구나 자신에게 친밀하게 느껴지는 사람과 거래하고 싶어 한다. 이런 관계는 대화를 시작하고 나서 처음 몇 초, 처음 몇 마디에 그 방향이 거의 결정된다.

인상은 얼굴에서 시작된다

세일즈 상담의 초점은 세일즈맨의 얼굴에 맞춰진다. 그렇기에 깔끔한 용모 관리는 선택이 아닌 필수다. 정돈되지 않은 옷차림이나 외모는 메시지가 전달되는 것을 방해하고 신뢰감을 떨어뜨린다.

'유유상종', '끼리끼리 모인다'는 말이 있다. 실제로 사람들은 여러 측면에서 자신과 닮은 사람과 거래하고 싶어 한다. 자신처럼 옷을 입고, 자신처럼 외모를 관리하고, 자신과 비슷한 태도와 의견을 가진 사람들을 더 편안하게 느낀다. 잠재고객이 속한 환경에 어울리게 당신의 외모를 관리하면, 당신의 말과 거래에 대한 거부감이 줄어들고 세일즈가 훨씬 부드럽게 진행된다.

개인적으로든 일 때문이든 편안함은 인간의 가장 큰 욕구 중 하나다. 잠재고객이 편안하게 느끼도록 배려하는 모든 행동은 세일즈 성공 가능성을 높인다.

머리 스타일이 만든 차이

몇 년 전, 세미나에서 어느 젊은 세일즈맨이 나에게 다가와 매출을 늘리는 방법을 물었다. 나는 그의 길고 덥수룩한 머리를 보면서 무엇이 문제인지 단박에 알 수 있었다. 그에게 어떤 사람들과 상대하느냐고 묻자, 그는 사무실에서 근무하는 사업가들이 주요 고객이라고 답했다. 그는 좋은 상품을 좋은 가격에 팔고 있는데도 매출이 신통치 않다고 토로했다.

나는 사업가들을 상대로 더 많은 실적을 거두고 싶으면 머리카락부터 자르라고 말했다. 그는 이 말에 흥분하면서 머리카락 길이는 자신의 일과 아무 상관도 없다며, 자신은 길고 덥수룩한 머리 스타

일로 개성을 표현하는 것을 좋아한다고 목소리를 높였다. 나는 그가 원하는 만큼 머리를 기를 자유가 있지만, 그 대가로 성공적인 세일즈를 포기해야 할 수도 있다고 단호하게 말했다.

다행히 그는 훌륭한 학생이었다. 그는 바로 밖으로 나가더니, 아주 조금이지만 머리를 정리했다. 그런데도 그의 매출은 곧바로 늘어나기 시작했다. 그러자 그는 머리를 조금 더 짧게 잘랐다. 그랬더니 또다시 매출이 눈에 띄게 증가했다. 마침내 그는 보수적이고 사업가다운 단정한 헤어스타일로 바꿨다. 그러자 매출은 더욱 치솟았다.

덕분에 그는 부모님 댁에서 나와 차를 사고 자신이 원하는 삶을 꾸려나갈 수 있게 되었다. 행복한 나날이 계속됐다. 하지만 문제는 그다음이었다! 그는 성공의 원인이 훌륭한 상품과 자신의 남다른 개성 때문이라고 착각하기 시작했다. 그래서 다시 옛날처럼 머리를 기르기 시작했다. 아니나 다를까, 머리카락이 길어질수록 매출은 눈에 띄게 감소했다.

머리카락이 다시 옷깃을 덮을 만큼 자라 길거리를 떠도는 덥수룩한 들개 같은 모습으로 잠재고객들에게 다가가면서부터 그의 실적은 걷잡을 수 없이 고꾸라졌다. 서서히 돈이 바닥나더니 그는 결국 부모님 집으로 돌아가야 했다. 내가 마지막으로 봤을 때도 그는 여전히 긴 머리를 하고 있었다. 낡은 옷에 해진 신발을 신고 희망도 없이 이 약속 저 약속 힘겹게 찾아다니고 있었다. 그에게서 성공을 기대하기 어려운 이유는, 어찌 보면 너무도 분명했다.

설명이 가치를 만든다

당신이 제공할 상품이나 서비스는 언제나 깨끗하고 깔끔하며 최상의 상태를 유지해야 한다. 사람은 다채롭고 매력적인 상품이 주는 암시 효과에 쉽게 좌우된다. 반대로, 지저분하고 칙칙하고 얼룩이 묻었거나 어수선한 상품 자료는 잠재고객에게 부정적 영향을 준다. 상품 자료와 도구, 안내서까지 모든 요소가 항상 최상의 상태를 유지하도록 시간을 들여 정성껏 관리해야 한다.

사람은 시각에 매우 민감하다는 사실을 잊지 마라. 고객의 눈에 보이는 모든 요소가 당신과 상품이나 서비스, 그리고 당신의 회사를 인지하는 방식에 엄청난 영향을 끼친다.

능숙하게 상품을 설명하는 법

상품 설명을 체계적이고 능숙하게 진행하기 위해서는 세부적인 내용까지 꼼꼼하게 준비해야 한다. 잠재고객이 평가하는 상품이나 서비스 가치의 최대 80%는 설명 과정에 좌우된다. 상품을 설명하는 과정이 무질서하고 산만하면, 고객은 당연히 당신의 상품이나 서비스에 큰 매력을 느끼지 못한다. 반면, 상품 설명이 깔끔하고 체계적이며 논리적이면 고객은 당신과 상품 및 서비스, 회사까지 모두 질서 있고 효율적일 것이라고 판단한다. 전문성이 돋보이는 상품 설명은 당신이 판매하는 상품의 가치를 크게 높이는 동시에 가격 저항을 낮춘다.

좋은 사무실이 좋은 판매를 만든다

주변 환경 또한 메시지를 보낸다. 깨끗하게 정돈된 일터는 그 자체로 성공과 번영의 기운을 풍긴다. 누구든 당신의 사무실에 발을 들이자마자 잘나가는 회사라는 느낌을 받게 해야 한다. 그러려면 모든 것이 제자리에 놓여 있고, 전체적인 분위기가 단정해야 한다.

성공한 기업가들을 대상으로 하는 고급 교육 프로그램에서 나는 고객에게 비치는 이미지를 개선해야 한다고 지도한다. 이 같은 변화를 실행했을 때, 그들이 이뤄낸 결과는 상상을 초월한다.

작은 사업체를 운영하는 부부가 있었다. 이들은 초기 상담을 위해 잠재고객을 사무실까지 오게 하는 데는 성공했지만, 정작 사무실에 다녀간 고객이 다시는 돌아오지 않는 문제를 겪고 있었다. 이들 부부는 상품 설명을 개선하고 자료를 보완하는 등 세일즈 과정 전반을 살피며 철저히 준비했지만, 모두 허사였다. 그들이 간과하고 있는 무언가가 사업 기회를 망가뜨리고 있었다.

나중에 안 사실이지만, 이들 부부는 집에서 사업을 시작했다. 그러다가 저렴한 사무실을 빌리고 중고 가구로 내부를 채웠다. 신입 세일즈맨이 어떤 옷차림을 해야 하는지 잘 모르는 것처럼, 이들은 사무실 내부를 어떻게 꾸며야 하는지 몰랐다. 조언해주는 사람도 없었다. 이들의 사무실은 그저 낡고 초라해 보였다. 잠재고객이 받았

을 첫인상은 분명했다. '아, 별 볼 일 없는 회사구나!'

잠재고객에게는 모든 게 싸구려처럼 보였을 것이다. 두 사람이 아무리 긍정적이고 활기차게 응대해도, 사무실이 잠재고객에게 미치는 부정적 암시 효과를 극복할 수 없었다. 그리고 그렇게 떠난 잠재고객은 다시는 돌아오지 않았다.

변화는 행동에서 시작된다

우리 교육 과정은 90일마다 시작된다. 사무실이 잠재고객에게 미치는 시각적 영향의 중요성을 깨달은 이들 부부는 곧바로 행동에 나섰다. 새 가구를 들이고, 새 카펫을 깔고, 벽에 그림을 걸고, 음악 시스템을 설치하고, 상담 공간에 꽃을 가져다두었다.

90일 후, 다시 교육을 받으러 온 두 사람의 표정은 흥분으로 들떠 있었다. 판매율이 5%에서 50%로 급증했고, 매출과 이익률은 세 배로 늘어났다며 기뻐했다. 잘 정돈되고 깔끔하게 꾸며진 사무실이 잠재고객에게 미치는 영향에 두 사람은 그저 놀랄 뿐이었다. 새로운 잠재고객들에게 사무실이 근사하다는 칭찬을 수없이 들었다고 했다. 그러면서 늘어난 매출과 이익 덕분에 채 한 달도 되지 않아 사무실을 재단장하는 데 들어간 비용을 모두 회수했다고 덧붙였다.

깨끗한 책상에서 일하라

사무실에서 지켜야 할 기본 예의 중 하나를 소개한다. "책상을 깨끗하게 관리해라!"

　깨끗한 책상과 정돈된 사무실은 당신을 성공한 사람처럼 보이게 한다. 반대로, 온갖 잡동사니로 어지러운 책상에 앉아 있는 당신은 복잡하고 무질서하고 무능해 보인다. 사람들은 그런 모습을 보고 당신과의 거래가 안전하지 않을 거라고 느낀다.

　책상 위에는 한 번에 하나만, 즉 현재 진행 중인 업무와 관련된 자료만 있어야 한다. 나머지 다른 자료들은 서랍이나 수납장, 또는 문서함 등에 보관한다. 책상 뒤편 바닥에 깔끔하게 쌓아둘 수도 있다. 책상 위는 항상 깨끗하게 유지해야 한다.

　시간 관리와 개인 생산성을 주제로 20년 넘게 광범위하게 연구한 결과, 나는 깨끗한 책상에서 일하는 사람들은 어수선한 책상에서 일하는 사람들보다 두세 배 이상 생산성이 높다는 사실을 확인했다.

　깨끗한 책상에서 일하는 사람은 한 번에 하나의 일에만 몰두한다. 이는 세일즈 현장에서 결정적인 차이를 만든다. 책상이 어수선하면 서류와 작업물들을 끊임없이 정리하고 또 정리해야 한다. 뭐가 어디에 있는지 매번 헷갈린다. 그때마다 여기저기 분주하게 찾느라 시간만 허비하다 끝내 못 찾는 경우도 허다하다. 하나에 집중하는 것은 생산성을 높이는 열쇠이며, 하나에 집중하기 위한 열쇠는 바로 깨끗한 책상이다.

가치 있는 이미지는 가격을 이긴다

옷차림과 용모가 단정하고, 상품 설명도 체계적이고 효율적이어서 전문가의 이미지를 유감없이 보여주었다면, 고객은 무의식적으로 당신이 청구하는 금액 이상의 가치를 지닌 상품을 구매했다는 느낌을 받는다.

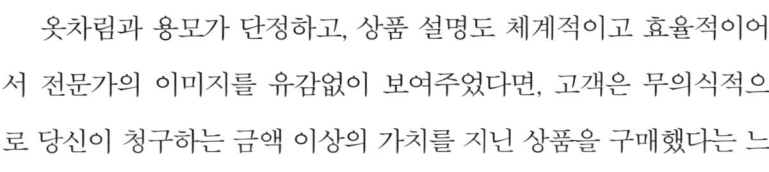

당신과 회사를 향한 고객의 신뢰가 높아질수록 가격 저항은 자연스럽게 줄어든다. 일류 인재로 가득한 일류 기업이 이류 경쟁사들보다 높은 가격을 제시해도 비교적 어렵지 않게 받아들여지는 이유가 바로 여기에 있다.

당신 자신을 바라보는 방식이 미래의 당신 모습을 만든다

성공하려면, 자신을 모든 면에서 완벽한 세일즈 전문가로 바라봐야 한다. 업계에서 가장 교육을 잘 받았고 지식이 풍부한 사람처럼 자신을 대하고, 고객에게도 그렇게 보이도록 노력하라.

회계사나 경영 컨설턴트의 행동 양식을 떠올려보라. 이들은 아무

말로나 대화를 시작하지 않는다. 이들에게는 명확한 질문 목록이 있어서, 그 순서대로 고객에게 질문한다. 필요한 양과 질의 정보를 얻기 위해 체계적인 방식으로 질문을 이어가는 것이다. 이들이 고객과 고객의 상황을 이해하기 위해 던지는 일련의 질문에 집중할수록, 고객도 그들과 거래하는 데 더 확신을 얻게 된다.

당신은 세계적인 전문가다

당신이 '세일즈업계의 의사'라고 상상해보라. '환자'에게 논리적이고 지적이며 체계적인 질문을 던지며 꼼꼼하게 살필수록, 상대는 진짜 전문가와 함께 있다는 안정감을 강하게 받는다. 초기의 구매저항과 회의적 태도는 서서히 줄어들고, 당신을 향한 신뢰는 커진다. 그러면 고객은 긴장을 풀고 마음을 열기 시작한다. 당신이 그의 문제를 해결하거나 목표를 달성하는 것을 돕기 위해 존재한다는 것을 자연스럽게 받아들이며, 당신에게서 멀어지기보다는 함께하려는 태도를 보이게 된다.

바른 자세로

세일즈에서 몸짓 언어는 매우 중요하다. UCLA의 앨버트 메라비언(Albert Mehrabian)에 따르면, 상담 중 세일즈맨이 고객에게 메시지를 전달하는 방식은 몸짓 언어가 55%, 어조가 38%를 차지한다. 실제 단어를 통해 전달되는 메시지는 7%에 불과하다. 이처럼 사람은 시각에 매우 민감하게 반응한다. 고객은 세일즈맨이 전달하는 지배적 메시지에 큰 영향을 받는데, 이 메시지는 주로 자세와 몸짓 언어를 통해 전달된다.

길을 걸을 때는 머리가 줄에 매달려 있는 것처럼 온몸을 꼿꼿이 세우고 걸어라. 어깨를 뒤로 젖히고 척추를 곧게 편 채 깊게 호흡하라. 턱을 들고 정면을 똑바로 바라보라. 힘차고 자신 있게 걷고 움직여라. 걷는 속도를 높여라. 발을 질질 끌어서는 안 된다. 갈 곳이 있고 만날 사람이 있는 것처럼 빠르게 움직여라. 당신의 전체적인 신체 이미지는 바쁘고, 활동적이고, 자신 있으며, 유능한 세일즈 전문가의 모습이어야 한다.

힘주어서 확실하게 악수하라

사람을 만날 때는 힘주어서 확실하게 악수해야 한다. 세일즈 초반의 이 짧은 신체 접촉이 판매의 승패를 좌우한다. 상대방은 손을 통해 당신의 성격을 가늠한다. 당신의 악수가 힘차고 확실하면 상대방은 당신을 신뢰할 만한 사람으로 느끼고, 당신이 취급하는 상품이나 서비스까지도 훌륭할 것이라 짐작한다.

내가 만난 세일즈맨 중에는 축 늘어진 생선을 내밀듯 힘없고 무관심한 태도로 악수하는 사람도 있었다. 어떤 사람들, 특히 여성 중에는 손바닥 전체가 아니라 손가락만 살짝 내밀어 '반쪽 악수'를 하는 경우도 있었다. 이런 악수는 고객에게 '반쪽짜리 사람'을 상대하고 있다는 인상을 준다.

얼마 전에 개최한 세미나에서 한 신사가 나에게 다가오더니, 세일즈 활동이 왜 그렇게 어려운지 모르겠다며 조언을 구했다. 내가 보기에 그는 전화로 약속을 정하는 데는 매우 능숙했지만, 잠재고객을 처음으로 직접 만난 이후에는 상담을 제대로 이끌지 못하는 것 같았다.

그와 악수를 하면서 나는 문제가 무엇인지 곧바로 알아챘다. 그는 인사를 할 때 손을 잡지 않는 문화권인 인도 출신이었다. 그래서 잠재고객과 마주할 때 건네는 그의 악수는 힘도 없고 어설펐다. 그런 그의 태도에 잠재고객은 즉시 그와 상품에 대한 흥미를 잃었다. 그런 분위기를 그도 어렴풋이 느끼고 있었다.

하지만 지금껏 아무도 명확한 이유를 알려준 사람이 없었다. 그는 비즈니스 관계를 시작할 때 힘찬 악수가 얼마나 중요한 의미를 갖는지 전혀 몰랐다. 악수를 그저 의미 없는 형식적인 절차 정도로 여겼던 것이다. 악수가 중요하다는 사실을 깨달은 뒤 그는 사람을 만날 때마다 손바닥 전체로 힘주어 악수하는 연습을 하기 시작했다. 얼마 뒤 나에게 보낸 글에서 그는 이 새로운 기법을 실천하기 시작한 첫 주부터 매출이 급증했다고 전했다.

만남의 첫 10초, 인사에 달려 있다

누군가 '예절 선생님'에게 편지를 써서 새로운 사람을 만났을 때

"만나서 반갑습니다"와 "안녕하세요?" 중 어느 것이 적절한 인사인지 물었다. 예절 선생님은 "안녕하세요?"라고 대답하며 재치 있게 덧붙였다. "만나서 반갑다고 말해서는 안 되는 이유는, 그 만남이 정말로 반가운지 아직은 알 수 없기 때문이에요."

> 잠재고객을 처음 만나면 손을 내밀고 상대방의 눈을 똑바로 바라보며 "안녕하세요?"라고 인사하자. 첫 만남은 축구 경기의 킥오프와 비슷하다. 킥오프가 제대로 이루어져야 성공적인 세일즈라는 골대까지 멀고도 긴 여정을 헤쳐나갈 수 있다.

꼿꼿이 앉고, 시선은 정면으로

세일즈 상황에서 앉아 있을 때는 항상 잠재고객을 똑바로 바라봐야 한다. 절대로 의자 등받이에 기대면 안 된다. 그러면 지나치게 편안해 보일 뿐 아니라, 방문 목적에 별 관심이 없는 것처럼 보일 수 있다. 등을 꼿꼿하게 세우고 앉아라. 몸을 살짝 앞으로 기울여 긴장감을 유지한 채, 몸이든 마음이든 대화에 완전히 몰입해야 한다. 준비하고 출발 신호를 기다리는 달리기 주자처럼 보이면 된다.

사람은 대화하는 상대방의 몸짓 언어에 크게 영향을 받는다. 당신이 등을 곧게 펴고 몸을 앞으로 살짝 기울인 채 주변을 주의 깊게 살피면, 상대방도 자연스럽게 당신을 더 의식하며 관심을 보인다. 당신에게 더 주의를 기울일수록, 당신의 세일즈 메시지에 더 몰입하게 된다. 잠재고객은 무의식적으로 당신이 전달할 메시지가 중요하고 가치 있다고 생각하게 된다. 고객의 관심을 사로잡아 성공적인 세일즈를 이뤄내고 싶다면, 대화 도중 의자에 편안하게 기대어 앉아 있으면 절대로 안 된다.

열린 몸이 열린 대화를 만든다

잠재고객이 팔짱을 끼고 앉아 있으면, 이는 바람직한 신호가 아니다. 물론 사무실이 너무 추워서일 수도 있지만, 이것은 대부분 무관심의 표현이다. 팔짱을 끼고 있다는 것은 보통 마음이 닫혀 있다는 의미이며, 들어오는 정보를 차단하려는 무의식적인 몸짓 언어다. 그러므로 고객의 마음을 열려면 팔짱부터 풀게 해야 한다.

그렇다면 어떻게 해야 할까? 방법은 간단하다. 질문을 던져 고객이 당신의 메시지에 관심을 갖도록 하면 된다. 그래도 경직된 자세로 팔짱을 풀지 않는다면, 설명서나 가격표 같은 것을 고객의 손에 물리적으로 직접 건네라. 숫자를 계산해달라거나 명함을 달라고 해도 좋다. 어떤 식으로든 창의력을 발휘해 고객의 팔짱을 풀게 해라. 그래야 당신과 당신의 메시지를 열린 마음으로 받아들이게 된다.

몸짓 언어는 전염된다

다리를 꼬는 행동도 비슷한 의미를 갖는다. 고객이 다리를 꼬고 있으면 정보를 숨기고 있다는 뜻으로 받아들여도 된다. 발목만 살짝 꼬는 것 역시 당신이 알고 싶은 전부를 말하고 있지 않다는 신호다.

잠재고객은 무의식적으로 상대방의 몸짓과 태도를 따라 하려는 모습을 보인다. 이를 '따라 하기 및 맞추기(mirroring and matching)' 심리라고 부른다. 당신이 의도적으로 팔짱을 끼지 않은 채 손을 편안히 두고 발은 바닥에 나란히 두고 발목을 꼬지 않는다면, 고객은 당신의 몸짓 언어를 그대로 따라 할 것이다. 당신이 상체를 살짝 앞으로 기울여 경청하며 고개를 끄덕이고, 미소 지으며 귀를 기울이면, 고객도 종종 같은 행동을 보일 것이다. 그러다 보면 고객도 곧 입을 열고 말하기 시작하고, 질문을 하며 더 주의해서 당신의 말을 경청하게 될 것이다.

소음과 방해 요소를 최소화하라

사람은 한 번에 하나에만 집중할 수 있다. 잠재고객과 대화하는 동안 주변의 소음과 방해 요소를 최소화해야 하는 이유는 바로 이 때문이다. 무엇에든 방해받지 않도록 해야 한다. 잠재고객의 사업장에 있는데 주변이 지나치게 시끄럽다면, 방해받지 않고 몇 분간 이야기할 수 있는 장소로 이동하자고 정중히 요청하라. 이렇게 말하면 된다.

"고객님, 10분 정도면 충분합니다. 방해받지 않고 앉아서 대화할 수 있는 다른 장소가 있을까요?"

이 요청에 곧바로 동의하는 이들이 의외로 많다는 사실을 알게 되면, 놀라우면서도 흡족할 것이다.

소통을 막는 장벽을 치워라

잠재고객과 마주 앉을 때는 탁자나 책상 같은 물리적 장애물을 피해야 한다. 잠재고객이 책상 뒤편에 앉아 있다면, 당신이 가져온 자료를 잘 보여줄 수 있도록 탁자에 함께 앉을 수 있는지 물어보라. 공손하고 밝은 표정으로 요청했는데도 자리 옮기기를 거부하는 경우를 나는 한 번도 본 적 없다.

잠재고객 옆에 앉을 때는 가능하면 당신 왼편에 앉혀야 한다. 이렇게 해야 당신이 설명 자료를 넘길 때 잠재고객이 당신의 모든 동작을 쉽게 볼 수 있다. 자리를 옮기자고 요청하고 그가 동의했다면, 그는 당신의 합리적 요청에 응답하기 시작한 것이고, 당신은 구매를 요청할 수 있는 지점에 더 가까이 다가선 것이다.

편안함이 결정을 부른다

가정에서 세일즈를 진행할 때는 특별히 신경 써야 할 심리적 역학 관계가 있다. 잠재고객이 편안함을 느끼며 실제로 중요한 결정을 내리는 공간을 선택하는 것이 핵심이다. 이 장소는 문화권마다 약간

다르다. 미국 등 서양 문화권에서는 손님을 맞이하는 형식적 공간인 거실 대신 주방이나 주방 테이블에서 사업이나 가족과 관련된 중요한 결정을 내린다. 한국 가정에서는 보통 거실이 그런 역할을 한다. 그 장소가 어디든, 집 안에서 가장 편안하게 대화를 나눌 수 있는 공간에서 상담을 진행해야 한다. 핵심은 장소 자체가 아니라 고객이 마음을 열고 결정을 내리기 편한 환경이다.

적당한 장소에 도착했다면, 고객이 앉으라고 자리를 권할 때까지 기다려라. 가족 구성원에게는 각자 선호하는 자리가 있는 법이다. 권하지도 않았는데 먼저 그 자리에 덥석 앉아서는 안 된다. 자리에 앉은 후에는 가족 모두와 자연스럽게 눈을 맞춘다. 가족 모두에게 번갈아 가며 질문하고 상품을 차분히 설명하면서 모두 세일즈 과정에 완전히 몰입하도록 이끈다.

마지막으로, 사업장에서든 가정에서든 예의의 중요성을 간과해서는 안 된다. 잠재고객 본인, 그의 직원들, 배우자, 그리고 그밖의 모든 사람을 늘 항상 정중하고 사려 깊게 대해야 한다.

사업장을 방문할 때는 직급이나 역할을 가리지 말고 만나는 모든 사람을 예의 있고 존중하는 태도로 대하라. 모든 사람을 정말로 소중하고 중요한 존재로 대하라. 모두를 100만 달러짜리 고객이나 그렇게 될 가능성이 있는 사람으로 대하라.

사람을 소중하게 대할 때 얻는 이점은 여러 가지다. 당신이 타인의 자존감을 높이기 위해 무언가를 할 때마다 당신의 자존감도 그

만큼 높아진다. 당신이 예의 바르고 정중하게 행동하면 그런 자신의 모습을 더욱 사랑하고 존중하게 되고, 다른 사람들 역시 당신을 더욱 존중하게 된다. 세일즈 활동에서 이런 중요한 암시 요소를 많이 연습할수록 당신은 더욱 힘차고 긍정적이고 자신 있는 사람이 되고, 매출도 더욱 늘어날 것이다.

목표를 시각화하면, 당신의 잠재의식이
그 속의 장면들을 현실화하기 위해 작동한다.
– 석세스 매거진Success Magazine

실행 과제 ✒

1. 사소한 게 중요하다! 잠재고객이 보고 듣고 느끼고 행동하는 모든 요소를 완벽하게 통제하라. 그러려면 사전 계획이 필요하다.

2. 자신을 시각화하라. 자신을 '세일즈업계의 의사'라고, 우수한 상품이나 서비스는 물론 철저한 지식까지 가진 세계적인 전문가라고 상상하라.

3. 성공을 향한 옷차림을 갖춰라. 업계에서 가장 성공하고 높은 소득을 올리는 사람들의 옷차림을 본받아라. 고객이 확실하게 믿고 조언을 구할 수 있는 사람처럼 보여야 한다.

4. 모두에게 예의를 갖춰라. 회사 안내원부터 비서, 고객에 이르기까지 당신이 만나는 모든 사람을 정중하게 대하라. 항상 긍정적이고 활기차게 행동하라.

5. 고객을 방문하기 전에 항상 심상 훈련을 하라. 침착하고 자율적이며 낙관적이고 여유로운 자신의 모습을 상상하라. 당신 자신을 바라보는 방식이 미래의 당신 모습이다.

6. 방해 요소를 최소화하라. 잠재고객과 대화할 때는 모든 종류의 소음과 방해 요소를 피하기 위해 무엇이든 해야 한다. 필요하다면 잠재고객이 당신과 상품에 집중할 수 있도록 자리를 옮겨달라고 요청하라.

7. 자신 있는 모습을 보여라. 꼿꼿하게 걷고 턱을 들어라. 힘주어 자신 있게 악수하라. 당신이 이 분야에서 최고인 것처럼 행동하라.

7장

성공적인 클로징

특정한 사실 자체보다 그 사실에 대처하는 우리의 태도가 더 중요하다.

그 태도가 우리의 성공과 실패를 결정하기 때문이다.

— 노먼 빈센트 필Norman Vincent Peale

첫 만남부터 계약을 성사시키고 상품이나 서비스를 전달하기까지 세일즈 전 과정에서 당신이 실행하는 모든 것이 영향력을 발휘한다. 중간은 없다. 어떤 것이든 긍정적이거나 부정적 영향을 끼칠 뿐이다. 따라서 어느 것도 우연에 맡겨서는 안 된다. 모두가 중요하다.

그 결과가 판매든 거절이든, 당신의 입에서 나오는 첫 마디는 세일즈의 출발점이다. 새로운 잠재고객을 처음 만나는 시점에 구매 저항은 극에 달한다. 실제로 고객은 상황과 관계없이 세일즈맨과 처음 만날 때 '일반적 구매 저항'이라는 성향을 보인다. 이는 일반적이고 자연스러운 모습이며, 일종의 자기방어 기제이기도 하다.

세일즈 메시지에 대한 자기방어

사람들은 보통 하루에 3000가지가 넘는 상업 메시지에 노출된다. 아침에 일어나는 순간부터 휴대전화, TV, 라디오, 광고판, 상점 간판, 신문, 잡지, 전화, 우편, 이메일에 이르기까지 다양한 통로로 그야말로 세일즈 메시지의 폭격을 받는다. 고개를 돌리는 곳마다 "이거 사세요!"라고 외치는 광고가 도사리고 있다.

이렇듯 광고와 세일즈로 가득한 세상에서 살아가기 위해 사람들은 역설적으로 '사는 법'보다 '사지 않는 법', 즉 구매저항력을 키워야 한다. 그 방법은 간단하다. 첫째, 일상생활을 정상적으로 영위하기 위해 대부분의 상업적 메시지를 걸러내고 무시하는 연습을 한다. 둘째, 거래 성사를 목적으로 접근하는 세일즈맨에게도 필요하다면 분명히 거부 의사를 표현하는 연습을 한다. 그렇지 않으면 들이미는 대로 전부 사야 할지도 모른다. 그러므로 세일즈 전문가로서 당신은 잠재고객과의 첫 만남에서 부딪치게 마련인 구매 저항을 예상하고, 효과적으로 대처하는 방법을 익혀야 한다.

말문을 열어 마음의 빗장을 풀고 결정을 이끈다

세일즈 상담을 시작할 때 유용한 방법으로 '접근 종결(The Approach Close, 접근 단계에서 구매 결정을 유도하며 판매를 마무리하는 기법-옮긴이)' 기법이 있다. 이 기법을 효과적으로 사용하면, 상품을 설명한 뒤 곧바로 고객의 결정을 유도할 수 있다. 더 이상 "음, 조금만 생각해볼게요." "다른 사람과 상의해봐야겠어요"라는 말로 상담이 흐려지지 않는다.

초기 구매 저항을 줄이려면 이렇게 말하자.

"고객님, 시간을 내주셔서 정말 감사합니다. 부담 가지실 필요는 없습니다. 저는 당장 무언가를 팔려고 온 게 아닙니다. 그건 이번 방문의 목적이 아닙니다."

미소를 지으며 이렇게 말하면 고객의 긴장감은 상당히 풀어진다. 여전히 경계하겠지만 그래도 이전보다는 훨씬 덜할 것이다. 다음으로 이렇게 말하자.

"저와 함께하시는 동안 제가 바라는 것은 왜 그렇게 많은 사람들이 이 상품을 구매했고 계속해서 구매하고 있는지 그 이유를 알려드리는 겁니다. 제가 보여드리는 것을 열린 마음으로 살펴보고 고객님의 상황에 적합한지 판단한 다음에, 대화가 마무리될 때쯤 이 상품이 고객님께 필요할지 알려주시기 바랍니다. 괜찮으시겠지요?"

접근 종결 기법은 일종의 주고받기식 요청이다. 판매를 강요하지 않을 테니 그 대신 상품 설명을 열린 마음으로 잘 들어달라고 정중히 요청하는 것이다. 잠재고객은 틀림없이 당신의 제안에 동의할 것이다. 잃을 게 아무것도 없으니까 말이다. 게다가 왜 그렇게 많은 사람이 당신의 상품을 구매했고 또 계속 구매하고 있는지 궁금하기도 하다. 이제 고객의 마음이 열렸다. 당신의 이야기를 들을 준비가 된 것이다.

접근 종결 기법에는 아주 강력한 암시 요소가 내포되어 있다. 당신은 이 상품이 이미 인기가 많고, 다수의 고객들이 사용하고 있음을 암시하고 있다. 당신이 고객에게 요구하는 것은 그저 다른 사람들이 이 상품을 사용하는 이유가 자신에게도 해당하는지 동의하거나 부인하라는 것뿐이다.

그런 다음, 당신은 고객이 지금 무엇을 하고 있으며, 당신이 제안하는 상품이나 서비스를 그의 상황에 어떻게 적용할 수 있는지 파악하기 위해 질문을 던지면서 세일즈 과정을 시작한다. 마치 '세일즈 업계의 의사'처럼 철저히 검진함으로써 상품이나 서비스로 충족시킬 수 있는 고객의 욕구를 찾아내는 것이다.

고객의 상황과 욕구가 분명해지면, 시기와 상황 등 모든 것을 고려해 당신의 상품을 가장 이상적인 해법으로 제시할 수 있다. 상품 설명이 끝날 때쯤, 당신은 고객과의 관계에서 심리적 우위를 점하고 있을 것이다.

잠재고객이 "좀 생각해봐야겠어요"라고 말하면 이렇게 대응하라.

"고객님 죄송하지만, 그래도 아까 제가 설명드린 내용이 고객님의 상황에 적합한지 말씀해주시겠다고 약속하셨습니다."

그런 다음 이렇게 덧붙여라.

"그리고 고객님께서 말씀하신 내용을 바탕으로 볼 때, 제가 이해하지 못한 또 다른 무언가가 없다면 현재로선 제가 드린 제안이 고객님께 가장 이상적인 것 같습니다."

이 말은 고객이 망설이거나 거부하는 이유를 설명하도록 압박한다. 어느 경우든 당신은 거부하는 이유에 답하며 계속해서 세일즈 과정을 진행할 수 있다. 그런데도 고객이 그저 "조금 더 생각해볼게요"라고 말하며 끝내버린다면, 당신은 더 이상 할 수 있는 게 없다. 대응할 수 있는 거부 이유가 없다면 세일즈 과정을 이어나갈 수 없다. 접근 종결 기법을 통해 잠재고객에게 당신이 충분히 대응할 수 있는 거부 이유를 제시하도록 유도하라.

접근 종결 기법은 사실상 그 어떤 상품이나 서비스에도 적용할 수 있다. 수많은 고객이 이미 당신의 상품을 구매했고 계속해서 구매하고 있다는 사실을 암시하는 것만으로도 시작 단계에서부터 긍정적인 기대감을 심어줄 수 있다. 그리고 고객의 호기심을 유발하고, 열린 마음으로 당신의 이야기를 경청하도록 만들며, 마지막에 "생각해볼게요"라며 얼버무리기보다 망설이는 이유를 제시하도록 유도할 수 있다.

보여주며 신뢰를 쌓고 결정을 이끈다

'시연 종결(The Demonstration Close, 상품을 보여주거나 시연을 통해 판매를 마무리하는 기법-옮긴이)' 기법은 세일즈 상담 초기에 사용할 수 있는 효과적인 마무리 기법이다. 이 기법은 주로 상품 설명이 끝나갈 때쯤 판매를 성사시키는 데 필요한 조건을 설정한다. 시연 종결 기법은 고객이 상품을 구매했을 때 누리게 될 중요한 효과나 편익을 겨냥한 효과적인 질문으로 시작하며, 동시에 고객의 적격성을 확인하는 과정이기도 하다.

과거에 뮤추얼펀드를 판매할 때 나는 이 방법의 효과를 절감했다. 그때 나는 주로 이런 질문으로 대화를 시작했다.

"고객님, 제가 오늘 시장에서 최고의 투자처를 알려드리면, 고객님은 지금 당장 5000달러를 투자하실 수 있습니까?"

이런 형식의 질문은 대화의 판도를 뒤집어버린다. "제 말씀을 들어주시겠습니까?" 같은 피동적인 방식이 아니라 "제가 첫 질문에서 한 약속을 이행할 수 있다면, 고객님은 얼마까지 투자하실 수 있겠습니까?" 같은 능동적인 질문을 던져보자. 이때 고객이 "네, 말씀하신 대로 좋은 투자처라면 오늘 5000달러를 투자할 수 있습니다"라고 말한다면, 당신은 다음과 같은 질문을 통해 고객의 적격성을 다시 한번 확인한다. "만약 정말로 마음에 드시면, 1만 달러나 그 이상도 투자하실 수 있겠습니까?"

고객은 "예" 아니면 "아니오"로 대답할 것이다. 어느 쪽이든 당신은 상품이나 서비스에 대한 설명을 시작하기도 전에 잠재고객의 적격성을 더 구체적으로 확인하고 재정 상황까지 꽤 정확하게 파악할 수 있다. 예컨대 잠재고객이 "5000달러는 어려울 것 같아요"라고 답한다면, 당신은 다시 이렇게 물어볼 수 있다. "그럼, 고객님께서 지금껏 보신 투자처 중 최고의 투자처라면, 3000달러는 투자하실 수 있겠습니까?" 고객은 다시 이렇게 말할 수 있다. "음, 그 정도로 괜찮다면, 3000달러 정도는 투자할 수 있을 것 같아요."

이런 형태의 질문으로 당신은 재정 능력 측면에서 잠재고객의 적격성 여부를 확인할 수 있다. 고객 역시 당신의 질문에 답함으로써 당신이 대화의 도입부에 제시한 것들, 예를 들어 최고의 투자, 최고의 거래, 특징과 편익의 최적 조합 등을 확인하면서 당신에게 상품을 설명할 기회를 줄 수 있다.

이제 당신은 상품을 설명하면서, 시기와 상황을 고려할 때 당신의 제안이 고객에게 절대적으로 훌륭한 선택임을 입증할 수 있다. 이런 상황이라면 고객은 상품 설명이 끝났을 때 지금 당장은 여유가 없다거나 다른 사람과 상의해야 한다는 식으로 말할 수 없을 것이다. 당신의 상품이나 서비스가 고객에게 탁월한 선택이라면, 당장 구매할 능력이 있다는 것을 이미 당신에게 자신의 입으로 확인시켜 주었기 때문이다.

시연 종결 기법은 사실상 모든 상품이나 서비스의 세일즈 과정을 시작할 때 적용할 수 있다. 소프트웨어, 시스템, 비즈니스 컨설팅, 금융 투자 자문, 보험, 비즈니스 서비스 등 거의 모든 부문에 적용 가능하다. 생명보험 상품을 판매한다면 이렇게 물어볼 수 있다.

"고객님, 만약 고객님 자신과 가족, 주택까지 보장하는 종합보험 상품을 오늘 시장에서 거의 최저 보험료로 소개해드린다면, 지금 당장 가입하실 수 있는지요?"

사업체를 대상으로 세일즈 교육 프로그램을 판매할 때 나는 이렇게 물었다.

"고객님, 지금부터 6~12개월 사이에 매출을 20~30% 늘릴 방법을 소개해드린다면, 지금 당장 진행할 수 있는 위치에 계십니까?"

이때 잠재고객이 "음, 네, 매출을 20~30% 늘리는 방법이 있다면, 당장 결정할 수 있습니다"라고 말한다면, 이제 당신이 할 일은 도입부에서 약속한 대로 상품이나 서비스의 편익을 분명하게 보여주는 것이다.

시연 종결 기법의 가장 큰 장점은 상품 설명이 끝났을 때 잠재고객이 반드시 당신에게 대답하도록 강제한다는 점이다. 고객은 생각해봐야 한다거나, 다른 사람과 상의해야 한다거나, 재정 상태를 확인해야 한다는 등 다른 핑계를 대는 대신, 찬성이든 거절이든 즉시 대답하기로 이미 약속한 상황이기 때문이다.

구매자의 6가지 성격 유형

세일즈 현장에서 매일같이 마주치는 잠재고객, 즉 구매자들의 성격 유형은 크게 6가지로 나눌 수 있다. 서로 다른 성격 유형을 인식하고, 각 유형에 효과적으로 대처하는 법을 배우는 것은 세일즈맨에게 매우 중요한 과제다.

무관심형 구매자, 예의 있게 정리하라

당신이 만나게 될 첫 번째 성격 유형은 '무관심한 구매자(The apathetic buyer)'다. 전체 구매자의 약 5%를 차지하는 이 유형은 상품이 아무리 좋아도 좀처럼 구매하지 않는다. 대체로 비관적이고 냉

소적이며, 가끔은 의기소침하거나 냉담한 태도를 보인다. 무관심형 구매자는 상품이 아무리 우수하고, 아무리 저렴하고, 다른 사람들이 아무리 자주 찾는다고 해도 전혀 신경 쓰지 않는다. 심지어 거저 준다고 해도 관심이 없다.

세일즈를 하다 보면 이런 유형의 구매자를 가끔 만나게 된다. 개인적으로든 비즈니스적으로든 대체로 문제가 많은 사람들이다. 이들은 자신, 인생, 심지어 당신의 제안을 회의적으로 바라본다. 문제의식이 지나치게 커서 당신이 어떤 제안을 하든 흥미가 생기지 않는다. 100달러짜리 상품을 단돈 5달러에 준다고 해도 아마 콧방귀도 뀌지 않을 것이다. 이들을 대상으로 하는 모든 시도는 시간 낭비로 끝나기 쉽다.

내 친구가 295달러짜리 질 좋은 상품을 판매하던 때가 있었다. 그와 상담하던 사람은 그 상품을 충분히 구매할 능력이 있고 사용할 만한 상황이었다. 상품이 필요하고 경제적으로도 여유가 있었지만, 아쉽게도 그는 전형적인 무관심형 구매자였다. 내 친구가 무슨 말을 하든 그의 대답은 한결같았다.

"너무 비싸요. 너무 비싸요. 너무 비싸요."

결국, 지친 친구가 물었다.

"그럼 제가 이 상품을 200달러에 드리면 어떻습니까?"

그러자 그가 말했다.

"그래도 너무 비싸요."

친구가 재차 물었다.

"그럼 100달러는요?"

그가 대답했다.

"그래도 살 수 없어요."

친구가 마지막으로 물었다.

"그럼 5달러면요?"

그가 대답했다.

"그래도 안 사요."

이것이 바로 전형적인 무관심형 구매자의 행동 패턴이다. 그는 그저 관심이 없는 사람일 뿐이다. 부정적이고 무관심하며 냉담하다. 이런 사람을 만나면 금방 알아볼 수 있을 것이다. 이런 사람과 씨름하며 기운 빼지 말고 예의를 갖춰 대화를 마무리한 뒤 바로 떠나라. 구매할 가능성이 높은 사람을 찾아 한 마디라도 더 나누는 게 훨씬 현명한 세일즈 전략이다.

자아실현형 구매자, 정확히 제공하라

무관심형 구매자의 반대쪽 끝에는 '자아실현형 구매자(The self-actualizing buyer)'가 있다. 무관심형 구매자와 정반대 성향인 이들은 전체 시장의 약 5%를 차지한다. 자아실현형 구매자는 자신이 무엇을 원하는지, 어떤 특징과 편익을 찾는지, 얼마까지 지출할 의사가 있는지 명확히 알고 있다. 자신이 찾는 상품이나 서비스를 당신이 가지고 있다면, 질문도 거의 하지 않고 바로 구매할 것이다. 긍정적이고 상냥하며, 세일즈맨에게는 매우 유쾌한 고객이다. 당신이 할 일은 딱 하나. 그가 원하는 상품이나 서비스를 정확히 갖추는 것이다. 그러면 거래는 자연스럽게 마무리된다.

그러나 이런 구매자는 매우 드물다. 무관심형 구매자처럼 자아실현형 구매자도 스무 명에 한 명꼴로, 만나기가 쉽지 않다. 하지만 많은 사람과 만나 비즈니스를 이어가다 보면 아주 가끔 자아실현형 구매자를 만나기도 한다. 이들과의 거래가 워낙 순조롭다 보니 이런 생각마저 든다. '이런 고객하고만 거래하면 금방 부자가 될 텐데!'

자아실현형 구매자와 거래할 때는, 그가 원하는 바로 그 상품을 제공해야 한다. 다른 상품을 권하거나 대체상품으로 유도하거나, 사양을 바꾸려고 시도하는 것은 금물이다. 필요한 추가 정보를 제공하는 것은 괜찮지만, 구매자가 마음속에 정해둔 상품 이외의 것으로 설득하려고 해서는 안 된다. 그가 원하는 상품이 없으면 즉시 솔직하게 말하고, 다른 거래처를 안내하는 것이 좋다.

분석형 구매자, 천천히 정확하게 대응하라

세 번째 유형은 '분석형 구매자(The analytical buyer)'다. 시장의 약 25%를 차지하는 이 유형은 대체로 자율적이고 과업 지향적이다. 특별히 외향적이지는 않지만, 정확성과 세밀함을 중시하는 편이다. 분석형 구매자의 의욕을 북돋는 1차적 동기는 정확성이다. 이 유형은 회계사, 엔지니어, 은행원, 재무 담당자, 대출 담당자, 컴퓨터 전문가 등 세밀하게 살펴야 성공할 수 있는 분야에서 자주 만날 수 있다. 이들이 당신에게 던질 질문의 주된 초점은 정확한 수치, 상세한 내용, 정확한 사양 등이다.

천천히, 정확하게 대응하라. 이들을 상대할 때는 속도를 늦추고, 일반화된 표현에서 벗어나야 한다. 무엇보다 구체적이고 선명해야 한다. 말하는 모든 내용을 문서로 입증할 준비가 되어 있어야 한다. 상품이나 서비스에서 얻는 편익과 어떻게 해야 그 편익을 손에 넣을 수 있는지 정확하게 제시할수록 그의 최종 구매 결정은 수월해진다. 상품의 작동 방식과 가격, 성능, 사후관리 방법 등 세밀한 부분까지 알려줄수록 이들은 더 만족한다. 이 유형은 세부적인 내용과 도표, 그래프 등을 몇 시간이고 분석할 수 있는 사람들이다.

분석형 구매자는 결정을 서두르지 않는다. 이들이 마음먹기까지는 시간이 필요하다. 당신이 제공한 자료를 홀로 재검토하고 분석할 시간이 필요하다. 모호한 것이 있으면 분명히 하기 위해 질문 보따리를 싸 들고 당신을 찾아오기도 할 것이다. 이들을 재촉해봐야 소용없다. 이들에게 중요한 것은 비용을 절약하거나 거래를 빨리 종결하는 것보다 올바른 판단을 하는 것이기 때문이다.

관계형 구매자, 사람을 먼저 이해하라

또 다른 유형은 '관계형 구매자(The relater buyer)'다. 취급하는 상품의 종류에 따라 다르지만, 이들은 전체 고객의 25% 정도를 차지한다. 대체로 자율적인 성향을 가지고 있으며, 특별히 활발하거나 감정 표현이 풍부한 편은 아니다. 이런 구매자와 잘 지내려면 속도를 늦추고, 느긋하게 접근해야 한다.

관계형 구매자는 사람에게 관심이 많다. 다양한 상황에서 사람들이 어떻게 생각하고 느끼는지에 예민하게 반응한다. 상품이나 서비스를 고려할 때도 남들이 자기 선택을 어떻게 볼지 염려한다. 긍정적이든 부정적이든 다른 사람들이 어떻게 생각할지 상상하면서, 그런 생각을 너무 예민하게 받아들이기도 한다. 교사, 인사 담당자, 심리학자, 간호사, 사회복지사 등 '타인을 돕는 직업'에 자연스레 끌리는 성향을 지닌 이들이 대개 이런 유형에 속한다.

이들은 남들이 자신을 좋아해주기를 바란다. 관계형 구매자는 특정 상품이나 서비스를 구매할 때 남들이 어떻게 생각할지 신경 쓰기 때문에 누군가와 상의하려 한다. 때로는 가족 전부와 친구, 직장 동료들에게까지 의견을 묻는다. 그런 다음에야 비로소 새로운 상품이나 서비스를 구매한다. 이들의 주된 동기는 남들과 잘 지내는 것이다. 주변 사람들과의 조화와 행복을 추구하며, 어떤 이유에서든 누군가가 불편할 것 같다는 생각만으로도 안절부절못한다.

이들과 대화할 때는 행복한 고객들의 사례를 강조하라. 관계형 구매자는 다른 사람들이 이 상품이나 서비스를 어떻게 사용하고 있는지 물어보는 경우가 많다. 자신이 구매했을 때, 주변 사람들이 이 상품을 보고 과연 좋아할지 알고 싶어 한다. 이 상품을 남들도 멋지고 훌륭하다고 느끼는 것이 이들에게는 매우 중요하다. 주택을 판매하는 상황이라면, 집을 둘러본 사람들이 어떤 반응을 보일지가 가장 큰 관심사다. 옷이나 자동차를 판매하는 경우에도 마찬가지다.

관계를 형성하는 것도 중요하다. 관계형 구매자는 대화하고 관계 맺기를 좋아한다. 상품이나 서비스에 대해 대화하는 것을 좋아하며, 세일즈맨과도 친밀한 관계를 형성하려고 한다. 이들은 당신을 알기 위해 한두 시간 정도는 기꺼이 쓸 수 있다. 친밀해진 후에야 당신에게 관심을 갖고 상품과 서비스의 구매를 고려하는 경우도 있다.

서두르지 마라. 관계형 구매자는 대개 결정 속도가 느리다. 이들은 대체로 머뭇거리고 우유부단한 경향을 보인다. 이들에게는 생각할 시간을 충분히 줘야 한다. 구매하기로 결정했다가도 다른 누군가가 비판적이거나 반대하는 목소리를 내면 생각을 완전히 바꾸기도 한다. 그러므로 관계형 구매자를 상대할 때는 인내심과 예민함, 신중함을 모두 갖추어야 한다.

주도형 구매자, 본론으로 바로 들어가라

다섯 번째 유형은 다른 어떤 유형보다도 과업 지향적이다. 이들 '주도형 구매자(The driver buyer)'는 대체로 '감독자(director)' 성향이 강하며, 직설적이고 성급해서 본론으로 바로 들어가는 편이다. 사무적이고 실용적이며, '성과 창출'이 이들의 가장 큰 관심사다. 성급하고 외향적인 주도형 구매자는 다음과 같은 직접적이고 핵심적인 질문을 던진다.

"상품이 정확히 무엇인가요?"

"이것으로 무엇을 할 수 있나요?"

"제게 어떤 도움이 될까요?"

"가격은 얼마인가요?"

"이 상품이 정말 말씀하신 대로 작동할까요? 그러려면 시간은 얼마나 걸릴까요?"

이들과 대화할 때는 본론으로 바로 들어가야 한다. 이들은 잡담을 싫어한다. 세일즈맨과 관계를 형성하는 데도 전혀 관심이 없다. 결론부터 따져보고 곧바로 "예" 또는 "아니오"를 결정한다. 이들은 신속하고 정확한 의사결정이 필요한 기업가나 열정적 세일즈맨, 영업팀 책임자, 소방대장, 특수기동대 팀장 같은 직종에 잘 어울린다.

이들은 늘 바쁘고, 무언가에 몰두한다. 당신은 지금 중요한 일에 몰두하고 있는 이들의 관심을 돌려야 한다. 이들은 바로 본론으로 들어가고 싶어 한다. 상품을 어떻게 고안하고 어떻게 설계했는지 같은 뜸 들이기에는 관심이 없다. 이들이 대답을 듣고 싶어 하는 질문은 단 하나다. "그래서 제게 뭐가 좋은가요?"

당신의 상품이나 서비스가 자신이 원하는 결과를 가져다주리라고 입증할 수 있다면, 주도형 구매자만큼 상대하기 수월한 유형은 없다. 모든 구매자가 그렇듯이, 주도형 구매자 역시 더 나아지기를 바라며, 당신의 상품이나 서비스로 자신의 삶이나 일을 개선할 수 있다는 것이 명확해질수록 "예"라는 대답은 빨라진다.

주도형 구매자는 과감하고 분명하다. 자신이 원하는 것을 정확히 알고 있으며, 당신이 그것을 가지고 있다면 즉시 그것을 구매해 사용하려고 할 것이다. 이런 구매자를 상대할 때는 상품 설명과 결론에 빠르게 도달하고, 당신에게서 상품을 구매했을 때 이들이 누릴 수 있는 구체적인 효과나 편익에 집중해야 한다. 이런 유형의 구매자는 전체 고객의 25% 정도를 차지한다.

사교형 구매자, 합의는 반드시 기록하라

여섯 번째 유형은 '사교형 구매자(The socializer buyer)'다. 보통 외향적이고 활발한 성격으로, 사람들과 함께 일하고 함께 결과를 이루는 것을 좋아한다. '통합형 구매자(integrated buyer)'라고도 불리는 이 유형은 사람 지향과 과업 지향 사이의 균형을 잘 잡는다. 이들은 다양한 유형의 사람들 사이에서 고도의 조율 능력을 발휘해야 하는 분야에 잘 이끌린다. 업무 감독관이나 관리자, 기업 임원, 오케스트라 지휘자, 대형 전문기관의 고위 행정가, 비영리단체 대표 등 다양한 사람들을 조정하며 목표를 달성하는 역할을 맡는 경우가 많다.

사교형 구매자는 성과 지향적이다. 외향적이고 사교적인 이들의 주요 관심사는 자신과 타인에게 쏠려 있다. 이들은 자신뿐만 아니라 당신에 대해 말하는 것도 좋아한다. 또한 업적과 결과에 대한 대화를 즐겨 자신의 성취나 당신의 업적에 관심을 보인다.

그런데 이 유형은 당신의 제안에 너무 빨리 동의해서 세밀한 부분까지 기억하지 못하는 문제가 있다. 어떤 일에 동의하거나 무언가를 구매하겠다고 약속했지만, 며칠 뒤 완전히 잊어버릴 수도 있다. 설상가상으로, 대화를 완전히 다르게 기억해서 당신의 해석에 놀라움을 표하기도 한다. 따라서 이들과 어떤 식으로든 합의에 도달했다면, 즉시 문서로 작성하고 사본을 보내야 한다. 이들과 거래할 때는 "이해가 오해를 예방한다"는 말을 꼭 기억하자.

사교형 구매자는 전체 고객의 약 25%를 차지한다. 이 유형은 따뜻하고, 친근하고, 외향적이며, 당신에게 관심을 보이는 질문을 많이 하는 특징 때문에 쉽게 알아볼 수 있다.

유형에 맞춘 전략적 접근법

성공한 세일즈맨은 대부분 사교형이나 주도형 혹은 이 2가지의 혼합형인 경우가 많다. 관계형 세일즈맨은 타인의 의견에 지나치게 민감해서 주문을 요청하거나 계약을 성사시키자는 말을 꺼내기조차 어려워한다. 분석형 세일즈맨은 세부 내용과 정보 수집에 집착한 나머지 잠재고객에게 전화조차 하지 못할 수도 있다. 설령 전화를 하더라도 고객을 위해 더 많은 정보를 수집하는 데 집중하다 보니 정작 계약을 요구하는 일은 뒷전이 되기도 한다.

세일즈에서 가장 큰 문제는 누구나 자기만의 시각으로 세상을 본다는 것이다. 그래서 모두 나와 같을 것이라고 가정하며 타인을 대하는 경향이 있다. 당신이 사교형이면, 모든 고객이 당신처럼 사교적일 것이라고 생각하기 쉽다. 당신이 주도형이면, 직설적으로 요점만 말하고 구매 이유를 제시하면 상대방이 빠르게 결정할 것이라고 기대한다.

세일즈에 성공하려면 유연한 성격을 길러야 한다. 잠재고객의 성향을 빠르게 파악하고, 그에 맞춰 당신의 말과 성향을 조절해야 한다. 고객이 관계형이라면, 속도를 늦추고 질문을 많이 하며 관계 형성에 집중한다. 상품이나 서비스가 다른 사람들에게 어떻게 인식되고 받아들여질지 설명할 시간도 필요하다. 어서 결정하라고 압박해서는 절대로 안 된다. 천천히 인내심을 가지고 접근하면, 관계형 구매자와의 거래를 성공적으로 마무리할 수 있다. 분석형을 상대할 때는 속도를 늦추고 세밀함에 집중해야 한다. 여유를 두고 모든 질문에 답하고, 가능하면 서면으로 보여주는 게 좋다. 무엇보다 당신의 요구는 구체적이어야 한다. 대화 중 잠시 말을 끊고 고객이 당신에게 들은 내용을 되새겨볼 여유를 주는 것도 중요하다. 분석형 구매자를 대할 때 인내심, 공손함, 꾸준함은 필수다.

고객이 원하는 것을 제공하라

주도형 구매자를 상대할 때는 곧바로 본론으로 들어가야 한다. 당신이 사교적 성향이라서 사람들과 대화하고 알아가는 것을 좋아하더라도, 주도형 구매자를 만났다면 이런 성향은 잠시 눌러둬야 한다. 대신, 상대방의 질문에 명확하고 간결하게 답하고, 당신의 상품이나 서비스를 통해 얻을 수 있는 핵심적이고 궁극적인 편익에 집중해야 한다. 단기간 내 어떤 도움이 얻을 수 있는지 효과적으로 설득할수록 주도형 고객은 더 빨리 구매 결정을 내린다.

사교형 구매자를 대할 때는 긍정적이고 열린 모습을 보여야 한다. 잠재고객이 당신의 상품과 직접적인 관련 없는 사생활이나 업무 이야기를 꺼내더라도 적절한 순간을 포착해 부드럽게 화제를 전환해 본래의 목적에 집중하도록 이끌어야 한다. 고객이 구매 의사를 밝히면 즉시 계약서를 작성하고 최대한 빨리 서명을 받는 것이 중요하다. 그렇지 않으면 고객이 금방 잊어버리거나 관심이 흐려질 수도 있기 때문이다.

시간을 두고 관찰하고 분석하라

세일즈를 본격적으로 시작하기 전에 당신이 상대할 잠재고객이 어떤 유형인지 파악해야 한다. 그리고 대화의 초점을 당신이 아니라 고객의 욕구를 충족하는 데 맞춰 대답과 상품 설명 내용을 체계적으로 구성해야 한다. 또한 잠재고객의 성격 유형(분석형, 관계형, 주도형, 사교형)에 따라 상품 설명 방식이 달라져야 한다. 나아가 영업 스타일 또한 유연하게 조정해야 한다.

계속해서 나아가자

———◈———

세일즈 과정은 세일즈맨이 잠재고객과 어느 정도 신뢰와 친밀감을 형성한 이후 진짜 시작된다고 할 수 있다. 세일즈에서 가장 중요한 요소는 바로 신뢰다.

잠재고객이 당신을 좋아하고 신뢰하기 전까지는 당신이 무엇을 판매하든, 그 상품이 고객 본인이나 회사에 얼마나 유익하든 간에 당신에게 마음의 문을 열지 않는다. 결국 신뢰가 전부다.

상품이나 서비스의 규모가 크고 중요할수록 신뢰와 친밀감을 형성하는 데 보통 더 많은 시간이 걸리게 마련이다. 거래 규모가 큰 경우에는 서로를 탐색하고 세일즈맨과 고객사가 얼마나 잘 맞는지 판단하는 데 첫 만남 시간을 통째로 사용할 수도 있다.

신뢰를 형성하는 가장 빠른 길

세일즈 관계에서 신뢰를 구축하는 가장 좋은 방법은 잠재고객에게 질문하고 그의 대답을 신중하게 경청하는 것이다. 잠재고객과 그의 상황에 진심 어린 관심을 표명할수록 고객은 더 많은 정보를 공유하고, 당신의 제안을 열린 마음으로 받아들인다. 우정 요소가 싹트기 전까지는 절대로 상품이나 서비스에 대해 언급해서는 안 된다. 우정 요소가 형성되어 다리 역할을 해줄 때, 고객과의 관계는 자연스럽게 발전한다.

고객은 신중하다

수명이 길고 설치 시간도 꽤 요구되는 고가의 고성능 내구재를 판매하는 상황이라면, 진지하게 일 얘기를 나눌 정도의 관계가 형성되기까지 적어도 서너 번은 방문해야 할 수도 있다. 고객이 마음 놓고 대규모의 장기적 구매 결정을 내리기까지는 여러 차례의 만남과 제안을 검토하는 과정이 필요하며, 이 과정에 6개월 이상 소요되는 경우도 드물지 않다. 그러니 인내심을 가져야 한다.

고객이 이처럼 신중하게 시간을 들이는 데는 그만한 이유가 있다. 그 한 번의 결정에 자신의 명성과 경력 전체가 좌우될 수도 있기 때문이다. 잘못된 구매 결정으로 회사에 손해를 끼치고 자신의 일자리를 희생해야 할 수도 있다. 따라서 절대로 실수를 용납할 수 없다.

처음부터 적격성을 판단하라

처음 고객과 만날 때는 '접근 종결' 또는 '시연 종결' 기법을 활용해 가능한 한 빨리 고객의 적격성을 판단해야 한다. 다음 질문에 고객이 어떻게 대답하느냐에 따라 당신의 상품에 관심이 있는지 금세 판단할 수 있다.

"고객님께서 찾는 바로 그런 자동차를 이 도시에서 가장 합리적인 가격에 보여드린다면, 시승해보실 마음이 있습니까?"

이때 고객이 "아니요. 바로 얼마 전에 차를 샀어요. 당분간 새 차가 필요 없어요"라고 답하면 그는 당신의 잠재고객이 아니다. 이 경우, 돈독한 관계를 형성하거나 고객의 상황을 더 깊이 이해하려고 노력할 필요가 없다. 이미 시장 밖에 있는 사람이기 때문이다.

상품 설명은 '이유'를 보여주는 일

도입 질문의 목적은 상대방이 당신이 취급하는 상품이나 서비스의 잠재고객인지 파악하기 위함이다. 그다음에 이어지는 질문들 역시 고객의 적격성을 판단하고 구매 이유를 찾아내는 데 활용된다.

모든 상품에는 다양한 특징과 편익이 있다. 특징은 흥미를 유발하고, 편익은 구매 욕구를 자극한다. 상품 설명의 목적은 이 특징을 알려주고, 그것이 고객에게 어떤 실질적인 편익을 제공하는지 보여주는 데 있다. 판매로 이어질 단서를 찾아내야 한다는 점에서, 어찌보면 세일즈맨은 탐정과 비슷하다. 상품의 특징과 편익을 명확히 제시해 고객의 관심을 이끌어내고, 고객을 관찰하고 그의 말을 경청함으로써 구매 이유를 발견해야 한다.

하나씩 제시하고 반응을 포착하라

상품을 설명하면서 모든 정보를 한꺼번에 쏟아내서는 안 된다. 그보다는 한 번에 하나의 특징이나 편익을 단계별로 제시하며, 잠재 고객이 어떤 부분에 가장 많은 관심을 보이는지 파악해야 한다.

상품이나 서비스의 가장 매력적인 요소부터 덜 매력적인 요소까지 순서대로 10가지 정도를 정리해 순서대로 하나씩 제시하라. 예를 들어, 두 번째로 언급한 편익에 고객이 강한 관심을 보인다면, 그 부분에 집중한다. 고객이 필요성을 느낀다면 곧바로 구매 결정으로 이어질 수도 있다.

고객이 당신의 상품이나 서비스에서 가장 얻고 싶어 하는 편익이 무엇인지 분명해졌으면, 나머지는 굳이 언급할 필요 없다. 고객의 급소를 찾았다면, 이제 그 구체적인 내용에 집중해 고객이 당신의 상품을 구매하면 그 편익을 마음껏 누릴 수 있음을 확인시켜준다. 예컨대, 상품을 설명하는 도중에 고객이 이렇게 물을 수 있다.

"와, 대단하네요! 이런 건 처음 봐요. 우리 회사에 꼭 필요한 거네요. 이 상품은 배송까지 얼마나 걸리나요?"

이런 반응이 나오면 즉시 구매를 요청하라. 더 길게 설명할 필요 없다. 그냥 이렇게 말하라. "언제까지 필요하신가요?" 그리고 계약서를 꺼내들면 된다.

이미 준비된 고객도 있다

내가 만난 최고의 뮤추얼펀드 세일즈맨은 자신의 상품 설명 방식을 오랫동안 가다듬었다. 그의 설명은 일반적인 내용에서 출발해 점차 구체적인 부분으로 파고들며, 뮤추얼펀드가 투자자에게 제공하는 모든 이점을 포괄했다. 그리고 상품 설명이 끝나갈 즈음, 고객과의 판매를 종결하기 위한 32가지 지점이 준비되어 있었다.

그가 말하기를, 모든 잠재고객은 세일즈맨을 처음 만나는 순간 구매 결정을 거의 했거나 아니면 전혀 준비가 안 된 상태라고 했다. 실제로 대부분의 고객이 그 중간 어디쯤 자리한다. 그래서 한두 가지 조건만 충족되면 바로 구매 결정을 내리는 고객도 있고, 구매 결정을 하기까지 길고 복잡한 세일즈 과정을 거쳐야 하는 고객도 있다. 그의 상품 설명은 잠재고객이 구매 주기(buying cycle)의 어느 단계에 있든 효과적으로 대응하도록 설계되어 있었다.

일찌감치 주문을 요청하라

적격성이 충분한 잠재고객이라면 세일즈 초기에 곧바로 판매를 종결할 수도 있다. 그의 뮤추얼펀드 설명은 이렇게 시작됐다.

"요즘 시장에서 최대한 낮은 위험으로 최대한 높은 수익률을 얻는 방법을 알고 싶으신가요?"

이때 고객이 "네"라고 대답하면, 그는 종이 한 장을 꺼내 동그라미를 2개 그리고는 말했다.

"고객님, 이 2개의 원은 고객님의 자금을 운용할 2가지 방법입니다. 첫 번째 원, 즉 전통적인 투자 수단인 예금 계좌에 돈을 넣으면 세전 기준으로 3~5% 정도의 수익을 얻습니다. 그렇죠? 하지만 두 번째 원, 즉 운용 능력이 뛰어난 뮤추얼펀드에 투자하면 10~15%의 수익률을 얻을 수 있고, 돈을 인출할 때까지 세금도 부과되지 않습니다. 이 중 어떤 것을 선택하시겠습니까?"

고객은 보통 이렇게 말했다.

"음, 당연히 10~15%의 수익률이지요."

그러면 그는 곧바로 이렇게 말했다.

"좋습니다! 그럼 바로 시작하실까요?"

그는 곧바로 신청서를 꺼내 우측 상단에 날짜를 적고 물었다.

"성함이 어떻게 되시죠?"

고객이 이름을 말하는 순간, 거래는 끝난 것이나 다름없다. 이어서 그는 세부 내용까지 모두 챙기며 계약을 마무리했다. 이런 방식으로 그는 업계에서 가장 높은 소득을 올리는 성공한 세일즈맨 중 한 명으로 성장했다.

주도권을 유지하라

물론, 가끔 이렇게 말하는 고객도 있었다.

"잠깐만요, 잠깐만. 조금만 생각할 시간을 주세요."

그러면 그는 즉시 되물었다.

"고객님, 지금 예금 계좌 잔액이 어느 정도인가요?"

"5000달러 정도 있어요."

"그렇다면 고객님, 3~5%와 10~15% 중 어느 게 더 낫다고 보시나요?"

"그거야 10~15%지요."

그는 곧바로 말했다.

"당연히 그렇죠! 수표책 갖고 있으신가요?"

그러고는 자연스럽게 계약서를 작성하기 시작했다. 고객이 특별히 중단시키지 않는 한, 거래는 그대로 마무리되는 방향으로 흘렀다. 실제로 대부분의 고객들이 그를 막지 않았다.

이런 경험을 통해 그가 깨달은 것은 명확했다. 적격성이 충분한 고객과 거래할 때는, 고객이 구체적인 편익에 확신을 보이는 순간 바로 마무리로 넘어갈 수 있다는 것이다. 내가 오랫동안 경험한 바에서 발견한 것도 이와 비슷하다.

많은 거래가 종결되기까지 불필요하게 오래 지연되는 이유는, 세일즈맨이 주문을 요청하고 판매를 종결하기를 주저하기 때문이다.

유형 상품과 무형 상품에서 달라지는 세일즈 전략

유형 상품을 판매할 때와 무형 상품을 판매할 때는 판매를 종결하는 방식이 달라야 한다. 자동차, 복사기, 휴대전화, 냉장고 같은 유형 상품에 대한 설명을 끝냈는데 잠재고객이 더 질문하지 않는다면 즉시 구매를 요청해야 한다. 당신이 판매하는 상품이 무엇이고, 어떻게 작동하며, 소유하고 사용할 때 어떤 편익이 있는지 고객이 충분히 이해했다면, 그때가 바로 판매를 종결할 최적의 순간이다.

상품 설명이 끝난 직후 고객은 그 상품의 구매나 사용과 관련해서 필요한 모든 정보를 알게 된다. 당신이든 고객이든, 자리에서 떠난 뒤에는 더 이상 얻을 정보가 없다. 그 시점이야말로 상품 설명의 절정기다. 그 순간 이후로 고객은 상품의 특징과 편익을 점차 잊기 시작하며, 구매하려는 관심과 욕구도 서서히 약해진다.

공손하되 끈기 있게

"음, 꽤 괜찮은 것 같네요. 조금만 더 생각해볼게요."

잠재고객이 이렇게 말한다면, 곧바로 이렇게 되받아야 한다.

"고객님은 지금 이 상품에 대한 모든 정보를 이미 알고 있습니다. 말씀하신 내용으로 볼 때, 이 상품이 고객님께 가장 적합한 선택인 것 같습니다. 바로 인수하시는 게 어떨까요?"

이런 말을 들으면 생각보다 많은 고객이 이렇게 답한다.

"그래요. 좋아요. 살게요."

고객에게 '생각할 기회'를 주는 순간부터, 그 상품이 고객의 마음을 사로잡았던 이유는 서서히 사라지기 시작한다. 게다가 고객이 더 적극적인 다른 세일즈맨을 만나 같은 상품을 그에게서 구매할 수도 있다. 비즈니스 현장에서 이런 일은 생각보다 자주 일어난다.

"다시 전화 드리겠습니다"는 없다

내가 막 세일즈업계에 발을 들여놓았을 때의 일이다. 당시 나는 사무실마다 돌아다니며 인근 100여 곳의 식당에서 사용할 수 있는 할인 카드를 판매하고 있었다. 가격은 20달러였다. 식당에서 이 카드를 제시하면 식사비를 10~20% 할인받을 수 있었다. 한두 번만 사용해도 사실상 본전을 뽑는 셈이었다. 상품도 단순하고, 편익도 단순하고, 결정도 단순하고, 판매도 단순한 그런 상품이었다.

그런데 현장에 나선 나는 너무나 긴장했다. 상품 설명을 마치고 나면 상대방이 으레 이렇게 말했다.

"음, 생각 좀 해볼게요."

그러면 나는 공손하게 감사 인사를 하고, 고객이 '충분히 생각할 시간'을 갖도록 며칠 뒤에 다시 연락하겠다고 말하고는 사무실을 나왔다. 그런데 놀랍게도 정말 아무도 '생각 좀 해본' 사람이 없었다. 당연히 아무도 카드를 사지 않았다. 전화해도 연락이 닿지 않았다.

다시 사무실을 찾아가면 무한정 기다려야 했다. 그렇게 영업 실적은 바닥을 기었고, 나는 점점 절망적인 상황에 빠져들었다.

그러던 어느 날, 큰 깨달음을 얻었다. 잠재고객들이 구매하는 것을 망설이게 만든 건 바로 나 자신이었다. 내 의식 저 너머에는 '사람들에게는 생각할 시간이 필요하다'는 믿음이 있었다. 그래서 고객이 조금이라도 주저하는 모습을 보이면 내가 먼저 이렇게 말했다.

"그럼, 생각을 좀 해보시겠어요?"

그날 이후 나는 새로운 전략을 짰다. 상품 설명을 마친 뒤 고객이 "생각 좀 해볼게요"라고 말하면 나는 즉시 이렇게 말했다.

"죄송하지만, 제가 다시 연락 드리기는 어려울 것 같습니다."

처음 이 말을 했을 때, 고객은 무척 놀란 듯이 물었다.

"그게 무슨 소리죠?"

그러면 나는 이렇게 대답했다.

"고객님은 지금 당장 구매를 결정하셔도 될 만큼 충분한 정보를 얻으셨습니다. 아시다시피, 이 카드는 정말 좋은 상품입니다. 한두 번만 써도 본전을 뽑고, 이후로는 카드 가격보다 다섯 배, 아니 백 배의 비용을 절감하실 수 있지요. 그렇다면 지금 구매하시는 게 낫지 않을까요?"

놀랍게도 고객은 이렇게 답했다.

"그래요. 그 말이 맞네요. 살게요."

그 순간, 나는 판매와 계약 성사의 본질에 대해 완전히 새로운 태도를 갖게 되었다.

다음 고객을 만났을 때도 똑같이 했고, 또 판매에 성공했다. 세 번째 고객도 마찬가지였다. 얼마 지나지 않아 나는 회사에서 그 누구보다 많은 매출 실적을 올렸다. 사실상 처음 만난 사람과 거래 종결까지 갈 수 있었던 이유는 단 하나. "다시 연락드리겠습니다"라고 말하는 습관을 없앴기 때문이었다. 당신의 세일즈 과정에 이 원칙을 어떻게 적용할지 곰곰이 생각해보라.

무형 상품은 조금 다르다

무형의 상품을 판매한다면, 그 속에 담긴 편익을 잠재고객이 직접 확인하기 어려워 한 번의 만남으로는 부족한 경우가 많다. 첫 번째 만남의 목적은 '가능 고객(suspect)'과 '잠재고객(prospect)'을 구분하는 데 있다. 질문을 통해 잠재고객이 당신의 상품이나 서비스로 편익을 얻을 수 있는지 판단한다. 그런 다음 그들의 욕구를 정확하게 파악하고, 추천서나 서면 제안서 등을 준비해 두 번째 약속 일정을 잡는다.

보험 상품이나 투자 상품 또는 고객의 특별한 욕구에 맞춰 구성해야 하는 각종 서비스처럼 무형의 상품을 판매할 때는 이런 '2단계 세일즈 기법'을 적용하면 효과적이다. 첫 번째 만남에서는 질문을 통해 잠재고객이 당신의 상품이나 서비스에서 어떤 편익을 기대하는지 파악한다. 두 번째 만남에서는 가격과 조건이 포함된 제안서나 추천서를 통해 그 편익을 구체적으로 보여준다.

이처럼 2단계 세일즈 기법을 적용하는 이유는, 복잡한 서비스일수록 첫 만남에서 곧바로 구매 결정을 요청하기가 어렵기 때문이다. 첫 만남에서는 고객에 대한 정보가 아직 충분하지 않고, 무엇보다 신뢰와 친밀감이 형성되지 않아 구매를 요청하기에는 이르다.

계획된 상품 설명이 만드는 세일즈의 차이

세일즈 직종에서 높은 소득을 올리는 전문가와 낮은 수입에서 벗어나지 못하는 아마추어를 구분하는 핵심 행동 중 하나가 바로 '계획적인 상품 설명'이다. 계획적인 상품 설명은 즉흥적인 상품 설명보다 스무 배나 강력한 효과를 발휘한다. 상위 10%의 세일즈맨들은 하나같이 상품 설명을 철저히 계획한다. 반면, 하위 80%의 세일즈맨들은 고객을 만났을 때 그 순간 즉흥적으로 떠오르는 말을 내뱉는다. 이것은 당신이 지향해야 할 방향이 아니다.

계획적인 상품 설명이란 배우고 가르치는 단계별 과정이다. 이 과정은 도입 질문으로 시작된다. 도입 질문으로 잠재고객이 처한 상황과 욕구를 '배우는' 과정을 거쳐, 당신의 상품이 어떤 기능을 하며 고객에게 어떤 편익을 줄 수 있는지 '가르치는' 단계로 진행된다. 일반적인 것에서 구체적인 것으로, 이미 알려진 정보에서 잘 알려지지 않은 정보로 그 내용이 자연스럽게 흐르도록 구성돼야 한다.

보여주고, 설명하고, 질문하라

가장 기본적이고 단순한 방식은 특징과 편익을 중심으로 설명하는 것이다. 이를 위해 가장 보편적으로 쓰이는 양식이 바로 '보여주기(show)', '설명하기(tell)', '질문하기(ask questions)' 3단계 과정이다. 당신이 새로운 컴퓨터 소프트웨어를 판매한다면 먼저 이 소프트웨어를 컴퓨터에서 실행하는 모습을 잠재고객에게 보여준다. 그리고 이 소프트웨어가 고객의 업무를 어떻게 개선할 수 있는지 설명하고, 마지막으로 이렇게 질문한다.

"이 소프트웨어가 고객님의 업무에 도움이 되지 않을까요?"

또 다른 3단계 상품 설명 기법은 다음과 같이 구성된다.

"○○○ 덕분에(상품의 특징) 고객님은 ○○○할 수 있습니다(상품의 편익). 그건 고객님에게 ○○○라는 의미입니다(고객의 편익)."

여기서 3단계는 각각 상품의 특징, 상품의 편익, 그리고 고객이 이 상품을 사야 하는 궁극적인 이유인 고객의 편익으로 구분할 수 있다.

벽걸이용 평면TV를 판매한다면 이렇게 설명할 수 있다.

"이 평면 스크린 덕분에(상품의 특징), 어느 각도에서든 화면이 선명하게 보입니다(상품의 편익). 이는 가족과 친구들을 위해 거실을 극장으로 만들 수 있다는 뜻입니다(고객의 편익)."

상품이나 서비스의 특징과 편익을 목록으로 정리하고, 2가지 설명 유형을 모두 연습하라. 첫 번째는 상품을 보여주고, 상품을 설명하고, 고객의 견해나 승인을 요청하는 방식이다. 두 번째는 상품의 특징과 편익, 그리고 고객이 얻는 편익에 대해 설명하는 방식이다. 이런 기법을 통해 상품 설명의 설득력이 얼마나 향상될 수 있는지 알게 되면 무척 놀랄 것이다.

상품의 '역할'에 집중하라

상품이나 서비스를 설명하는 방식과 관련해서 고소득 전문 세일즈맨의 방식과 저소득 아마추어 세일즈맨의 방식은 명확히 구분된다. 전문 세일즈맨은 상품의 '역할'에 초점을 두는 반면, 아마추어 세일즈맨은 상품의 '실체'에 집중한다.

고객이 정말 알고 싶은 것은 그 상품이 어떤 역할을 하며 자신에게 얼마나 유익한가 하는 것이다. 특히 사업체에서 무언가를 구매할 때의 주된 목적은 시간이나 비용을 절감하거나 더 많은 이익을 남기기 위해서다. 이것이 바로 당신이 취급하는 상품이나 서비스의 역할에 대한 대답이다. 당신과 상담하는 사업가들은 상품이나 서비스에 비용을 지출함으로써 얻을 수 있는 구체적이고 가시적인 성과에만 관심이 있다.

가격보다 먼저 답해야 할 것들

사업가들이 공통으로 제기하는 4가지 질문이 있다. 성공적인 세일즈를 꿈꾼다면, 이들 질문에 자신만의 방식으로 명확하게 답할 수 있어야 한다. 그 질문은 다음과 같다. '얼마를 지불해야 하는가?' '그 대가로 무엇을 얻는가?' '그 결과를 얼마나 빨리 얻을 수 있는가?' '약속한 결과를 실제로 얻을 것이라고 확신하는가?'

상품 설명은 이 4가지 질문에 고객이 충분히 납득할 때까지 답하는 것을 중심으로 구성되어야 한다. 가끔은 상품이나 서비스를 구매하고 사용해야 하는 이유를 입증해야 할 때도 있다. 법정에서 논리적 주장을 펼치는 변호사처럼, 당신도 여러 가지 증거를 연이어 제시하며 대화의 흐름을 주도해야 한다. 즉, 상품의 다양한 특징과 편익을 순차적으로 제시하며 설명 과정을 이끌고 강화해야 한다.

감정적 or 논리적?

세미나를 진행하다가 청중에게 이런 질문을 던질 때가 있다.

"사람들이 의사결정을 할 때, 감정과 논리에 의존하는 비율이 각각 몇 퍼센트나 될까요?"

대부분 이렇게 답한다.

"감정이 90%, 논리가 10%쯤 되겠죠."

하지만 정답은 다르다.

인간은 100% 감정적인 존재다. 생각하는 데는 시간과 노력이 들지만, 감정은 즉각적이다. 이런 이유로 고객은 감정으로 결정하고 논리로 정당화한다.

고객이 당신과 회사에 좋은 감정을 느끼고, 당신을 좋아하고 존중하며, 당신과의 관계가 우호적이면, 이 호감의 힘이 매출과 직결될 가능성이 매우 크다.

감정으로 결정하고, 논리로 확신한다

잠재고객이 아무리 감정적으로 당신의 상품을 원하더라도, 자신이 바라는 감정적 편익을 얻을 수 있다는 논리적 확신이 없으면 구매로 이어지기는 쉽지 않다. 그래서 이런 말이 있는 것이다. "논리가 판매를 완성한다."

상품 설명 단계에서는 요소 요소에서 구체적인 편익을 제시하고, 잠재고객이 이 편익을 얻을 수 있는 이유를 논리적으로 설명해 그 기반을 단단하게 구축해야 한다. 그래야 고객이 구매를 결정한 뒤에도 후회하거나 불안해하는 일을 예방할 수 있다.

나 역시 과거에 세일즈 교육 프로그램을 판매할 때, 매출 실적을 높이고 싶다는 감정적 욕구를 자극하고, 이것이 실제로 가능하다는 논리적 근거를 제시하는 방식을 활용했다. 도입 질문은 이러했다.

"고객님, 만약 지금부터 6~12개월 사이에 매출을 20~30% 늘릴 수 있는 방법을 소개한다면, 살펴보실 생각이 있으신가요?"

매출에 책임이 있고 적격성을 갖춘 고객이라면 보통 이렇게 대답했다.

"당연하죠. 그게 뭔가요?"

그러면 나는 이렇게 대답했다.

"이건 수백 곳의 기업에서 실제로 매출을 높인, 검증된 방법입니다. 제 말이 사실과 다르다면, 고객님은 한 푼도 지불하지 않으셔도 됩니다."

이 말 한 마디에 고객은 즉각 긴장을 풀고 마음을 열며 내 말을 진지하게 경청했다.

논리로 이끄는 질문을 던져라

"고객님, 귀사에서 가장 수입이 많은 세일즈맨들은 어떤 사람들입니까? 그들은 동기가 가장 강한 사람들입니까, 아니면 가장 낮은 사람들입니까?"

고객은 대개 이렇게 대답했다.

"최고의 세일즈맨들은 당연히 동기가 강한 사람들이지요."

그러면 나는 이어서 말했다.

"그렇죠. 대부분 그렇게 말합니다. 그런데 제 생각을 잠시 말씀드리면, 저는 이 동기가 결국은 '향상된 유능감(feeling of competence)'에서 비롯된다고 생각합니다. 즉, 자신이 원하는 결과를 만들어낼 수 있다고 확신할 때 강한 동기가 형성되지요. 그렇지 않습니까?"

이 말을 부정하는 고객은 거의 없었다. 나는 계속해서 이렇게 이야기했다.

"저희는 그동안 많은 세일즈맨들에게 검증된 기술과 기법을 교육해왔습니다. 그리고 그 기술을 활용해 매출을 늘리고 더 많은 수입을 올리려는 동기가 강해지는 모습을 지켜봤지요. 게다가 새로운 기술을 배운 세일즈맨들의 매출이 곧바로 향상되는 모습을 확인했습니다. 더 중요한 것은, 이들이 새로운 기술을 반복적으로 활용하면서 성과가 점점 높아졌다는 사실입니다. 기술은 반복해서 사용할수록 더 노련해지기 마련이니까요. 그렇지 않겠습니까?"

이어 눈에 보이는 편익을 보여주며 고객의 확신을 다졌다.

"고객님, 첫 달에 평균 매출이 10%만 증가해도 이후 한 해 동안 꾸준히 늘어날 가능성이 크지 않을까요?"

고객이 동의했다.

"첫 달부터 매출이 꾸준히 늘어나면, 1년 전체를 통틀어 20~30% 증가하는 것은 어렵지 않은 일입니다. 이렇게 1년 동안 매출이 20~30% 늘어난다면, 귀사의 순이익은 얼마나 증가할까요?"

순간적으로 머리를 굴린 고객은 영업 교육의 투자이익이 1000%는 쉽게 넘을 것이라는 결론에 이르렀다. 1달러를 투자하면

10달러 이상 벌게 된다는 뜻이다. 투자 대비 수익을 고객이 스스로 계산해봤기에 추가적인 설득 없이 계약을 마무리할 수 있었다.

구매 이후까지 책임지는 '만족 보장'

마무리 단계에서 나는 이렇게 말했다.

"고객님, 저희 프로그램을 교육받고 여기서 배운 아이디어를 적용했는데도 매출이 10~20% 늘어날 것 같지 않다고 판단하는 분이 있다면, 그분에게는 비용을 한 푼도 청구하지 않겠습니다. 고객님이 보시기에 귀사의 직원들이 이 아이디어로 10~20%의 매출 상승을 이루지 못할 것 같다면, 전체 프로그램에 대해서도 요금을 청구하지 않겠습니다. 이런 조건은 어떠십니까?"

일반적인 내용에서 구체적인 내용으로, 감정적인 편익에서 논리적이고 금전적인 편익으로 자연스럽게 흐르는 이 설명 기법을 통해 나는 수백만 달러 규모의 세일즈 교육 프로그램을 계약했다. 이 프로그램에서 소개하는 세일즈 기법과 기술이 워낙 강력하고 효과적이어서 환불이나 보상 요청을 받은 적은 단 한 번도 없었다. 당신도 이런 방식으로 상품 설명을 설계하면 비슷한 성과를 거둘 수 있을 것이다.

가격은 나중이다

계약을 마무리하고 세일즈 교육 프로그램을 진행하기로 합의한

후, 잠재고객이 정신을 차린 듯 이렇게 물은 적이 있다.

"잠깐만요. 그런데 이게 얼마였죠?"

사실 상품 설명을 짜임새 있게 설계했다면, 가격에 대한 문의는 구매 결정이 마무리된 뒤에 이어져야 한다. 상품이나 서비스가 고객에게 어떤 편익을 제공하는지 미처 다 보여주기도 전에 고객이 가격을 묻는다면 절대로 먼저 답해서는 안 된다. 이렇게 말하며 자연스럽게 답변을 미루자.

"좋은 질문입니다. 그 부분은 잠시 뒤에 다시 말씀드리겠습니다."

세일즈업계에는 이런 격언이 있다. "때 이른 가격이 판매를 망친다." 가격을 너무 일찍 제시하면, 고객은 금액에만 집중해 당신이 제공할 편익을 간과하기 쉽다. 가격 이야기는 반드시 프레젠테이션의 마지막 부분으로 미뤄라. 고객이 상품이나 서비스의 편익을 이해하고 원하게 된 시점까지 최대한 늦춰야 한다.

계속해서 배우고 가르쳐라

배우고 가르치는 과정인 상품 설명을 통해 당신은 잠재고객이 무엇을 원하는지 배우고, 고객은 당신이 판매하는 상품이나 서비스가 그 욕구를 어떻게 충족시키는지 배우게 된다. 상품을 설명하고, 질문하고, 고객의 대답을 경청하는 과정에서 고객이 진심으로 원하는 것을 더 구체적으로 파악할 수 있게 된다. 치밀하게 계획한 상품 설명 과정에는 고객이 저항할 수 없는 논리적 흐름이 담겨 있다. 그래서 설명이 끝날 때쯤 고객은 상품을 구매할 준비를 갖추게 된다. 진정한 세일즈 클로징이 이미 설명 단계에서 이루어지는 것이다.

상품 설명이 훌륭했고, 고객에게 상품의 편익이 구매 비용을 능가하리라는 확신이 생기면, 설명 막바지에는 그저 세부적인 것들만 정리하면 된다.

여유를 갖고 완벽하게 처리하라

상품 설명을 시작하기 전, 이 특별한 잠재고객의 구체적인 욕구가 무엇인지, 상품이나 서비스로 그 욕구를 어떻게 충족시킬지 완벽하게 파악해야 한다. 적격성 검증 단계에서 고객의 욕구를 들추어내는 가장 좋은 방법은 사전에 준비된 개방형 질문으로 구체적인 정보를 이끌어내는 것이다.

이때 고객과 신뢰를 형성하고 그의 진짜 욕구를 파악하는 열쇠가 바로 경청이다. 경청은 수준 높은 관계를 형성하는 바탕으로, 성공적인 세일즈는 바로 경청에서 시작된다.

자신이 중요한 존재라는 느낌. 타인에게 인정받고 존중받는 느낌. 사람이라면 누구나 지닌 욕구다. 경청은 상대방의 감정과 태도에 중대한 영향을 미치므로 '백마법(white magic, 선의의 마법)'이라 불리기도 한다.

뛰어난 경청이 성과를 바꾼다

———————◈———————

효과적인 경청을 돕는 5가지 핵심 요소를 소개한다. 경청을 주제로 한 온갖 강연을 듣고 온갖 기사를 뒤지고 온갖 영상을 찾아봐도, 모든 것은 결국 이 5가지로 수렴한다.

집중을 행동으로 보여줘라

첫째, 말을 끊지 말고 주의해서 들어라. 상대방이 말할 때 자신의 의견을 제시하며 끼어들려고 하지 말고, 그저 온전히 듣는 데 집중하라. 고객을 정면으로 바라보고, 몸을 앞으로 살짝 기울이고, 고개를 끄덕이고, 미소 지으며 반응하라. 수동적 청자가 아니라 능동적 청자가 되어야 한다.

효과적인 연습 방법이 있다. 고객이 말할 때는 그의 눈과 입에 집중하라. 당신의 눈이 태양광 램프라고 상상하라. 두 눈에서 쏟아져 나오는 빛으로 고객의 얼굴을 따뜻하게 비추고 싶다는 마음으로, 고객의 얼굴을 위아래로 바라보며 고객이 말하는 단어 하나하나에 집중하라. 고객이 복권 당첨번호를 알려주기로 했는데, 단 한 번만 말해주기로 한 것처럼 집중해서 경청하라. 세상의 모든 시간을 다 가진 사람처럼 들어야 한다. 고객이 몇 년 치 이야기를 풀어놓더라도 당신은 그 자리에서 꿋꿋이 고객의 말 한 마디 한 마디를 기꺼이 받아들이는 태도로 집중해서 들어야 한다.

경청은 사람에게 실제로 영향을 준다. 세일즈맨이 자신의 말을 열심히 들어주면, 고객의 몸에 구체적인 생리 변화가 일어난다. 심장박동 수가 올라가고, 혈압이 상승하고, 피부 전기 반응도 증가한다. 무엇보다 상대방이 집중해서 경청하면 자존감이 높아진다. 자신이 존중받는다고 느끼며, 그 결과 자연스럽게 당신에게 호감을 갖게 된다.

판매에 있어 경청은 가장 강력한 기술이다. 최고의 수입을 올리는 세일즈 전문가들은 하나같이 뛰어난 경청자다. 그들은 먼저 이해하고, 그다음에 이해시키는 방법을 찾는다. 고객에게 무언가를 판매하기 전에 그의 생각과 감정, 욕구를 이해하는 데 주력하라.

답하기 전, 짧은 침묵을 허락하라

둘째, 말을 잇기 전에 잠시 뜸을 들여라. 잠재고객이 말을 마치면 3~5초 정도 침묵을 지키다가 응답하라. 고객이 잘 알고 있는 내용을 질문하더라도 몇 초간 멈췄다가 대답하는 습관을 들여라.

뜸 들이기에는 3가지 이점이 있다. 첫째, 고객의 말을 진지하게 받아들이고 있다는 인상을 준다. '고객이 소중하고, 그의 말도 소중하다'는 메시지뿐 아니라 고객의 말이 너무 중요해서 그것을 새겨듣느라 즉시 대답할 수 없었다는 인상을 준다. 그 결과, 고객의 자존심과 자존감이 향상되고, 자신을 향한 긍정적 감정은 자연스럽게 호감으로 확장된다. 둘째, 고객의 말을 더 깊이 이해할 수 있다. 빗물이 땅으로 스며들듯, 고객의 말이 당신의 의식 속으로 스며든다. 이때 잠시 침묵을 유지하면, 반사적으로 대답할 때보다 고객의 의도를 더 명확하게 파악할 수 있다. 셋째, 고객의 말을 끊지 않게 된다. 고객이 생각을 정리하거나 다시 말을 이을 준비를 하느라 잠깐 멈춘 사이에 당신이 불쑥 끼어드는 위험을 방지할 수 있다.

대화 속 침묵에 익숙해져야 한다. 침묵은 성공적인 세일즈에 있어 필수적인 요소다. 판매를 마무리하려는 세일즈맨은 대화 도중의 침묵에 긴장하고 조급해하며 무슨 말이라도 해야 한다는 압박감을 느끼기 쉽다.

세일즈는 말로 이루어지지만, 구매는 침묵 속에서 이루어진다.

고객은 들은 내용을 머릿속에서 정리할 시간이 필요하다. 들은 내용이 의식 속으로 스며들 수 있는 침묵의 시간을 허락하지 않으면, 세일즈맨의 메시지를 제대로 받아들일 수 없다. 결국, 상담이 끝날 때쯤 고객은 이렇게 말할 수밖에 없다.

"혼자서 생각을 좀 해볼게요. 생각을 좀 해봐야겠어요."

고객이 이렇게 말하는 순간, 판매에 성공할 가능성은 급격히 줄어든다.

정확한 이해를 위해 되물어라

셋째, 명확히 이해하기 위한 질문을 하라. 고객의 말을 완벽하게 이해했다고 단정하지 말고, 잠시 뜸을 들인 뒤 이렇게 물어라.

"조금 더 자세히 말씀해주시겠어요?"

이것은 성공적인 세일즈로 이끄는 만능 열쇠 같은 질문이다. 고객이 어떤 말로 어떻게 당신의 제안을 거부하든, 마지막에 이 말을 덧붙이면 된다.

잠재고객: 너무 비싸요.
세일즈맨: 조금 더 자세히 말씀해주시겠어요?

잠재고객: 지금은 여유가 없어요.
세일즈맨: 조금 더 자세히 말씀해주시겠어요?

잠재고객: 기존 거래처와 잘 지내고 있어요.
세일즈맨: 조금 더 자세히 말씀해주시겠어요?

잠재고객: 예산에 포함되지 않은 물건이에요.
세일즈맨: 조금 더 자세히 말씀해주시겠어요?

이런 질문을 받으면 고객은 자신이 생각하는 바를 더 자세히 설명하게 된다. 그 과정에서 당신은 구매 결정으로 이끄는 데 유용한 단서를 얻을 수 있다.

다시 한번 강조하지만, 질문이 곧 주도권이다. 세일즈와 관련된 의사소통에서 가장 중요한 원칙 중 하나, "질문하는 사람이 대화를 주도한다"는 것을 기억하라. 인간은 어려서부터 질문에 반응하도록 조건화되어 있다. 당신이 질문하면, 상대방은 거의 반사적으로 대답하려는 반응을 보인다.

당신이 1분에 100~150개 단어를 말할 때, 고객은 약 600개 단어를 처리한다. 다시 말해, 당신이 설명하는 사이에 고객은 75%의 여유 시간으로 딴생각을 할 수도 있다.

많은 고객이 상품 설명 도중 집중력이 흐트러진다. 그러나 질문을 던지는 순간, 고객의 주의를 100% 당신에게로 이끌 수 있다. 고객의 옷깃을 잡아끌듯 당신에게로 당겨올 수 있다. 당신이 질문하면, 고객은 질문에 답할 준비를 하느라 다른 생각을 할 겨를이 없다. 그 순간, 대화의 초점은 고객에게서 당신에게로 이동하고, 대화의 주도권 역시 자연스럽게 당신에게 돌아온다.

고객의 말을 당신의 언어로 정리하라

넷째, 고객이 말한 내용을 당신의 언어로 재구성해서 되짚어줘라. 이를 '경청의 시금석'이라 한다. 고객의 말을 요약해 다시 말할 수 있다는 것은 정말로 집중해서 들었다는 증거다. 자동차 대시보드에 놓인 장난감 인형처럼 의미 없이 고개를 끄덕이는 게 아니라 제대로 귀 기울여 듣고 있다는 것을 고객에게 보여줘야 한다.

주의해서 듣고, 잠시 뜸을 들이고, 명확히 질문하고, 고객의 말을 당신의 언어로 재구성한 후에야 비로소 현명한 조언이나 효과적인 상품 설명을 할 자격이 생긴다. 경청은 신뢰를 만든다. 그리고 경청할 기회를 얻는 가장 좋은 방법은 바로 질문으로 대화를 주도하는 것이다.

대화를 확장시키는 질문을 준비하라

다섯째, 개방형 질문을 활용하라. 개방형 질문에는 "예"나 "아니오"로만 답할 수 없다. 개방형 질문은 '누가', '언제', '어디서', '무엇을', '어떻게', '왜', '어느 것' 등 의문대명사나 의문부사로 시작하는 의문문을 통해 고객이 세일즈에 유리한 정보를 더 많이 말하도록 유도한다.

반면, 폐쇄형 질문에는 "예" 또는 "아니오"로만 답할 수 있다. 예를 들면 이런 식이다.

"오늘 결정할 준비가 되셨나요?"

"이 상품이 찾고 계시던 것인가요?"

"지금 바로 시작해도 될까요?"

상품 설명은 사전에 계획된 질문들을 중심으로 설계해야 한다.

물론 설명한다고 해서 다 팔리는 건 아니다.

설명이 아닌 설계, 고객이 이해하고 동의하도록 도와라

상품 설명은 일반적인 내용에서 구체적인 내용으로 논리적 순서를 따라 진행돼야 한다. 이를 위해 '점진적 마무리(ascending close)' 기법을 활용하라. 이 기법은 상품의 특징과 편익을 가장 중요한 것에서 덜 중요한 순서로 제시한다. 일반적으로 가장 강력한 편익이 구매 욕구를 유발하지만, 항상 그런 것은 아니다. 때로는 세 번째나 네 번째 편익이 고객의 관심을 강하게 사로잡을 수도 있다.

잠재고객의 참여를 유도하라

잠재고객이 계속 대화에 참여하도록 유도해야 한다. 바위처럼 꼼짝도 하지 않으며, 반응도 응답도 하지 않는 고객은 설명이 끝나도 구매할 가능성이 낮다. 최고의 세일즈맨은 상담 과정에서 적극적인 모습을 보인다. 말만 하는 것이 아니라 활발하게 움직이고, 다양한 표정과 손짓을 취한다. 그들은 고객에게 정보를 건네기도 하고 정보를 요구하기도 한다. 숫자나 백분율을 계산하도록 요청하는 등 직접 움직이게 만들기도 한다.

대화 공간을 설계하라

상품 설명을 할 때 의자를 잠재고객의 책상 가까이 옮겨 그의 옆에 앉아라. 더 좋은 방법은 자료를 모두 펼쳐놓을 수 있을 만큼 충분히 넓은 탁자나 사무실로 고객의 자리를 옮기도록 유도하는 것이다. 설명하는 도중에 고객이 많이 이야기하고 많이 움직일수록 설명이 끝난 뒤 구매에 동의할 가능성은 커진다.

시각 자료를 적극 활용하라

가능하다면 시각 자료를 활용하라. 눈에서 뇌로 연결되는 신경의 수는 귀에서 뇌로 연결되는 신경의 수보다 스물두 배나 많다. 입으로만 설명하면, 고객이 집중하거나 기억하는 데 한계가 있다. 이미지나 도표, 삽화, 인쇄된 재무 비교자료 등 무엇이든 활용해 시각적으로 요점을 강화하라.

성인의 평균 집중 시간은 생각보다 훨씬 짧다. 질문도 하지 않고 이미지나 삽화도 없이 세 문장을 연이어 말하는 사이에 어느새 고객은 자기 생각에 빠져버리고 만다. 아마도 당신이 떠난 뒤 무엇을 할지 생각하느라 여념이 없을 것이다. 그러나 질문을 던지는 순간, 고객은 다시 정신을 차리고 당신의 설명에 온 주의를 집중한다. 여기에 시각 자료까지 더하면, 상품을 설명하는 내내 고객의 몰입을 끝까지 유지할 수 있다.

설명보다 질문이 먼저다

익숙한 격언이 다시 등장했다. "설명한다고 다 팔리는 건 아니다." 정보를 단순히 그냥 전달하는 게 아니라 질문 형식으로 전환해 전달하면 훨씬 효과적으로 상품에 대해 설명할 수 있다. 이를테면 "이것은 1인당 295달러입니다"라고 말하기보다는 "이런 건 보통 1인당 어느 정도 비용이 들지 짐작하십니까?"라고 묻는다. 같은 내용이라도 질문 형식으로 전달하는 순간, 당신의 입에서 나오는 말에 고객의 온 신경이 집중된다.

시험적 종결로 고객의 반응을 확인하라

상품 설명을 시작할 때부터 '시험적 종결(The trial close, 계약을 체결하기 전 고객의 반응을 살펴보기 위한 시험적 마무리 질문-옮긴이)' 기법을 활용하라. 시험적 종결은 모든 종결 기법 중에서 가장 강력하며, 세일즈 활동 전반에 적용할 수 있는 방법이다. 이 방법은 '신호형 종결(signpost close)' 또는 '확인형 종결(check close)'이라고도 불린다. 이 기법은 당신이 설명의 방향을 제대로 잡고 있는지, 당신이 이야기하는 내용이 실제로 고객에게 중요하게 들리는지 수시로 확인하기 위해 사용된다. 설명하는 내내 고객의 반응을 이끌어낼 수 있는 훌륭한 방법이다.

시험적 종결의 백미는 상품 설명을 중단하지 않고도 고객에게 "아니요"라는 대답을 들을 수 있다는 점이다. 예를 들어보자.

세일즈맨: 이 색깔이 마음에 드세요?
잠재고객: 아니요. 너무 싫어요. 제가 본 색깔 중에서 최악이에요.
세일즈맨: 괜찮습니다. 고객님께서 좋아하실 만한 다른 색깔이
　　　　　많이 있습니다.

세일즈맨: 기존 복사기는 분당 100매를 복사했는데, 이 새 복사
　　　　　기는 분당 150매를 복사합니다. 이것이 귀하의 사업에
　　　　　큰 도움이 될까요?
잠재고객: 아니요. 그렇지 않아요. 우린 짧은 시간에 그렇게 많은
　　　　　양을 복사할 필요가 없어요.
세일즈맨: 상관없습니다. 이 복사기에는 고객님의 마음에 쏙 들
　　　　　만한 다른 기능도 여러 가지 있습니다.

반응을 요청하라

시험적 종결 기법에 가장 널리 활용되는 질문으로는 다음과 같은 것들이 있다.

"지금까지 설명한 내용이 이해되십니까?"

"이것이 고객님께서 생각하시던 것입니까?"

"지금까지 제가 보여드린 것이 마음에 드십니까?"

"이것이 고객님의 현재 상황을 개선하는 데 도움이 될까요?"

"우리 지금 제대로 하고 있는 거죠?"

그러고서 설명을 계속 이어가면 된다.

잠재고객이 특정한 특징이나 편익에 "아니오"라고 말하는 것은 매우 중요한 반응이다. 이는 당신의 제안 전체를 거부하는 것이 아니라 그중 하나의 요소에 대한 판단일 뿐이다. 이는 오히려 고객의 생각을 더 깊이 이해하고 설명의 방향을 조정할 수 있는 기회다.

이 지점에서 노련한 세일즈맨과 경험이 부족한 세일즈맨의 차이가 드러난다. 노련한 세일즈맨은 하나의 특징이나 편익을 제시한 뒤 고객의 반응을 확인한다. 그들은 상품 설명의 각 단계에서 고객이 어떤 생각을 하는지 구분해서 파악하려고 노력한다. 그러나 미숙한 세일즈맨은 긴장한 나머지, 고객의 반응을 확인하지도 않고 모든 특징과 편익을 줄지어 설명해버린다. 그래서 설명이 마무리될 때쯤 정보 과부하에 걸린 고객은 이렇게 말하고 만다.

"자료를 두고 가세요. 제가 다시 살펴볼게요."

암시형 종결로 고객의 상상에 불을 붙여라

상품을 설명하는 내내 '암시의 힘'을 활용하면, 고객에게 구매할 마음의 준비를 시킬 수 있다. 사람들이 구매를 결정하는 과정은 대부분 이야기나 언어적 묘사를 바탕으로 한다. 인간은 논리적인 형태로 정보를 받아들이는데, 뇌에 저장할 수 있는 데이터의 양은 제한적이다. 반면, 이미지와 이야기는 엄청난 양을 저장할 수 있다.

이런 이유로 최고의 세일즈맨은 상품을 감성적 언어로 묘사하려고 애쓴다. 생생한 묘사는 고객의 머릿속에 구체적인 이미지를 만들어내고, 이 이미지는 때로 구매 욕구를 촉발시킨다. 상품 설명이 끝난 뒤 시간이 지나면, 고객은 당신이 제시한 사실 정보는 대부분 잊어버리지만 이미지와 이야기는 오랫동안 선명하게 기억한다.

언어적 묘사를 활용하라

자동차 영업을 한다고 가정해보자. 잠재고객에게 이렇게 말할 수 있다.

"이 차가 산길에서도 얼마나 부드럽게 달리는지 직접 보면 정말 마음에 드실 거예요."

이 말을 듣는 순간, 어떤 일이 벌어질까? 고객은 자연스레 산길을 달리는 자동차의 모습을 떠올린다. 양옆으로 숲과 호수가 펼쳐진 산길을 따라 그 차를 몰고 달리는 자신의 모습을 상상하는 것이다.

만약 당신이 부동산 중개인이라면 이렇게 말할 수 있다.

"이렇게 조용한 거리에서 살면 정말 만족하실 거예요. 정말 아름다운 곳이에요. 저녁에는 아무 소리도 들리지 않는, 아주 아늑한 곳이지요."

이렇게 집을 묘사하면, 고객은 마음속으로 그림을 그리며 그 집에서 얻을 평온함을 떠올리기 시작한다. 나중에 지인들이 왜 그 집을 선택했느냐고 물으면, 대부분 "너무 조용해서"라고 대답할 것이다.

반응을 배로 늘려라

어느 부동산 중개회사를 대상으로 컨설팅을 진행하면서, 내가 개발한 강력한 전화 질문 기법을 적용해 주택을 둘러보려고 찾아오는 고객의 비율을 두 배로 끌어올린 적이 있다. 주택 부동산업계에서는 주로 신문에 매물 광고를 올리고 관심 있는 잠재고객들이 전화로 문의하도록 유도한다. 그런데 고객들은 전화해서 주로 최저 가격과 조건만 묻고는 곧바로 전화를 끊어버린다. 그러다 보니 고객을 직접 만나 대화할 기회조차 얻지 못하는 경우가 대부분이었다.

그래서 우리는 잠재고객에게 전화가 오면 곧바로 주택에 대한 사실이나 세부적인 내용을 설명하지 말고 간단한 질문으로 대응하라고 교육했다. 이를테면 이런 식이다.

"전화해주셔서 감사합니다. 우선 하나만 여쭤보겠습니다. 혹시 조용한 동네에 있는 이상적인 주택을 찾으시는 건가요?"

매우 세심하게 구성된 문장이다. 이렇게 질문하면, 잠재고객의 머릿속에는 즉각 2가지 이미지가 떠오른다. 첫 번째는 고객이 상상하는 자기만의 '이상적인 주택'의 모습이다. 그 이미지는 사람마다 다르지만, 세일즈맨이 언급한 '이상적인 주택'이라는 표현만으로 고객은 자신이 꿈꿔온 주택의 모습을 머릿속에 그리게 된다. 이 질문이 촉발하는 두 번째 그림은 '조용한 동네'의 모습이다. 이 2가지 이미지가 더해지면 으레 이런 반응을 보인다.

"물론이죠. 말씀하신 그런 조건에 맞는 집이 있나요?"

그때 부동산 중개인이 이렇게 대답한다.

"마침 그런 조건에 딱 맞는 집 두 채가 저희 목록에 새로 올라왔습니다. 아직 신문 광고도 나가지 않은 매물이에요. 시간 내서 한번 보시겠습니까?"

이처럼 암시형 종결 기법을 활용하는 아주 간단한 방법만으로도 이 부동산 중개회사를 방문하는 잠재고객의 수는 두 배 이상 늘어났다. 일단 사무실에 들러 중개인과 함께 집을 둘러본 잠재고객은 대부분 자신이 원하는 주택을 찾을 때까지 그와 함께했다.

이미 종결된 것처럼 말하라

암시형 종결과 더불어 판매가 종결된 것처럼 말하는 기법을 적용하면 그 효과는 더욱 커진다. 방법은 매우 간단하다. 잠재고객이 아직 구매 결정을 내리지 않았는데도 해당 상품이나 서비스를 이미 선택해 사용하는 것처럼 대화하는 것이다. 그저 고객이 소유할 상품이나 서비스를 앞으로 얼마나 만족스럽게 즐기게 될지에 대해서 이야기하는 방식이다.

예를 들어, 당신 회사의 서비스를 이용할지 고민하는 잠재고객에게 이렇게 말한다.

"저희 서비스에 정말 만족하실 겁니다. 주문하면 30분 이내 승인되고, 당일 바로 이용할 수 있습니다. 업계의 다른 어떤 회사보다도 빠른 속도이지요."

이 말은 잠재고객의 머릿속에 속도, 편리성, 효율성이라는 이미지를 만들어낸다. 잠재고객은 만족한 자신의 모습을 떠올리며, 방금 당신이 설명한 편익을 누리는 모습을 상상한다.

"이 동네에 사는 것이 정말 만족스러우실 겁니다. 조용하고 평화로운데도 학교와 쇼핑센터가 가깝고 회사로 이어지는 고속도로가 바로 옆에 있지요. 정말 훌륭한 선택입니다!"

"이 복사기를 사무실에 비치하면, 직원 휴게실 한쪽에서 분당 100매씩 복사하는데도 워낙 조용해서 복사기가 가동되는지도 모를 겁니다."

핵심은 하나다. 고객이 당신이 판매하는 상품이나 서비스의 편익을 누리는 자신의 모습을 명확하고 흥미롭고 감성적으로 묘사한 이미지로 떠올릴 때, 그는 결국 당신의 고객이 된다. 따라서 당신의 목표는 고객이 상품이나 서비스로부터 얻는 편익을 선명한 이미지로 최대한 많이 떠올리도록 유도하는 것이다. 이런 이미지가 많아지고 선명해질수록 당신의 제안을 거부하는 게 어려워진다.

최고의 영업 전략

우리 교육 과정을 수료한 사람 중 레저용 차량(RV) 대리점에서 최고 실적을 자랑하는 여성 세일즈맨이 있었다. 대당 50만 달러에 달하는 고급 RV를 판매하는 그녀는 자기 대리점에서뿐만 아니라 주 전체를 통틀어 경쟁자들보다 평균 3~5배나 많은 매출을 올렸다. 이 업계에서는 그야말로 슈퍼스타인 그녀가 이처럼 독보적인 실적을 올리는 비결은 사실 놀라울 만큼 간단했다.

한 커플이 차량을 보러 왔다고 가정해보자. 그녀는 먼저 구매를 진지하게 생각하는지 확인하는 적격성 검증을 거친다. 그런 다음 차량을 몇 대 보여주며 두 사람이 어느 정도 크기와 가격대를 원하는지 파악한다. 마지막으로, 그들이 가장 마음에 들어 하는 차량을 운전해볼 수 있도록 점심 식사를 겸한 시승 일정을 잡는다.

며칠 후, 그녀는 고객과 약속한 대로 차량을 직접 운전해 커플의 집을 방문한다. 그녀는 커플이 차량 안에 앉아 편히 쉬도록 한 다음, 다시 차량을 몰고 멀리 호수와 산이 보이는 한적한 공원으로 이동한다. 그곳에서 두 사람이 아름다운 풍경을 만끽할 수 있는 방향으로 차를 돌려 세우고, 테이블에 앉힌 뒤 소풍 바구니에서 준비한 음식을 꺼내 멋진 점심을 차린다. 커플은 눈앞에 펼쳐진 아름다운 광경과 함께 정성스럽게 준비한 음식을 즐긴다.

점심 식사를 하면서 차량과 관련된 질문에 모두 답한 그녀는 이렇게 말한다.

"이 얼마나 환상적인 생활이에요? 두 분이 원하시면 언제든 이 차를 타고 떠나실 수 있어요."

커플은 그녀를 바라보고, 서로를 돌아보고, 다시 산과 호수로 시선을 향한다. 그리고 결정한다.

그녀가 업계에서 누구보다 많은 RV를 판매한 배경에는 그럴 만한 이유가 있었다.

성공하는 유일하고도 확실한 방법은,
당신의 역할이 무엇이든 간에 당신에게 기대하는 것보다
더 나은 서비스를 더 많이 제공하는 것이다.

— 오그 만디노OG MANDINO

실행 과제 ✒

1. 모든 상품이나 서비스에 대한 설명은 사전에 체계적으로 계획해야 한다. 가장 매력적인 편익에서 시작해 일반적인 것에서 구체적인 것으로, 이미 아는 것에서 모르는 것으로 자연스럽게 진행되도록 설계하라.

2. 모든 과정에 '시험적 종결' 질문을 활용하라. 각각의 특징이나 편익을 설명한 뒤 대답과 반응을 요청하라.

3. 잠재고객의 구매 성향을 파악하는 데 시간을 들여라. 고객의 질문에 주목하라. 질문은 훌륭한 지표다.

4. 잠재고객이나 기존 고객을 대할 때 유연성을 발휘하라. 설명의 속도를 빠르거나 느리게 조절하고, 일반적인 것과 구체적인 것을 조율하며, 다양한 사람들을 대상으로 유연하게 영업하라.

5. 잠재고객이 상품이나 서비스를 소유하고 사용하면 얼마나 행복해질지, 생생한 이미지를 떠올릴 수 있도록 유도하라.

6. 제시하는 각각의 특징과 편익에 대한 설명을 보여주고 대화하고 질문하는 방식으로 설계하라. 설명하는 가운데도 계속해서 잠재고객의 참여와 반응을 유도하라.

7. 훌륭한 경청자가 되어야 한다. 좋은 질문을 하고, 말을 끊지 말고 경청하며, 대답하기 전에 잠시 뜸을 들이고, 잠재고객의 상황을 완전히 이해했음을 증명하기 위해 당신의 언어로 재구성하라.

8장

성공 세일즈의
10가지 열쇠

가장 잘 아는 것에 충실하라.

이것이 당신에게 숭고한 이상이다.

최선을 다했다면, 그 이상 할 수 있는 것은 없다.

― H. W. 드레서_{H. W. Dresser}

상위 20%의 세일즈맨이 전체 수입의 80%를 차지한다. 그중에서도 상위 5%나 10%는 그보다 훨씬 많은 수입을 올린다. 당신의 목표는 자기 업종에서 최고가 되어 최고의 수입을 올리는 사람 중 하나가 되는 것이다. 다행히 이 목표를 달성하는 것은 생각보다 어렵지 않다.

나의 삶은 인과의 법칙을 배운 순간, 완전히 달라졌다. 이 법칙에 따르면, 고소득을 포함한 모든 결과에는 반드시 구체적인 원인이 있다. 바꿔 말하면, 성공한 사람들의 방식을 그대로 따라 하면 결국 그들과 같은 결과를 얻게 된다.

이제부터 탁월한 성과가 만들어지는 근거와 이유를 설명하고자 한다. 이 아이디어들을 배우고 반복해서 실행하라. 여러 번 반복할수록 적은 노력으로 더욱 큰 성과를 거둘 수 있을 것이다. 한마디로 성공적인 세일즈 경력을 향한 초고속 궤도에 오를 것이다.

사랑하는 일을 선택하고, 최고를 향해 성장하라

사람들은 흔히 노력보다 운이나 재능이 성공을 좌우한다고 생각한다. 하지만 각 분야에서 최고의 성과를 올리는 사람들에게는 분명한 공통점이 있다. 그들은 모두 예외 없이 자신이 사랑하는 일을 하며, 그 분야에서 최고가 되겠다고 다짐했다. 이 둘은 손과 장갑처럼 떼려야 뗄 수 없는 관계다.

시간이 오래 걸리더라도 아낌없이 투자해야 한다. 어떤 대가를 치르더라도, 얼마나 멀리 가야 하더라도, 어떤 희생이 따르더라도 자기 분야에서 최고가 되기 위해 노력해야 한다. 남보다 뛰어나기 위해 최선을 다해야 한다. 이렇게 꾸준히 헌신하는 사람만이 한 걸음씩 상위 10%를 향해 다가설 수 있다.

모든 뛰어난 결과는 "나는 이 분야에서 탁월해지겠다"는 다짐에서 시작된다. 그런데 안타깝게도 세일즈에 몸담은 사람들은 대부분 평생 이 일을 할 거라고 다짐하면서도 뛰어난 존재가 되기 위해 모든 것을 바쳐야 한다고는 생각하지 않는다.

하지만 좋은 소식도 있다. 꼭 최고가 되지 않아도 충분히 의미있는 성공을 거둘 수 있다. 세일즈를 포함한 대부분의 분야에서 성공은 결정적인 순간에 남보다 조금 더 노력한 사람에게 돌아간다. 자신의 일을 진심으로 사랑하고, 성장하기 위해 끊임없이 노력한다면, 당신도 높은 소득을 자랑하는 최고 세일즈맨의 반열에 오를 수 있다.

열정은 자존감을 키우고, 자존감은 성과를 이끈다

자존감과 성공의 중요성에 대해서는 앞에서도 이미 언급한 바 있지만, 그 중요성은 아무리 강조해도 지나치지 않다. 심리학자들은 자기 일에 능숙하다고 인식하기 전까지는 진정한 행복을 느끼기 어렵다고 말한다. 바꿔 말하면, 자기가 선택한 분야에서 매우 뛰어나지 않다는 것은 자기를 진심으로 사랑하거나 소중한 존재로 여기지 않는다는 증거라고 할 수 있다.

많은 사람들이 불행하다고 생각하는 것은 매일 아침 거울 속에서 마주하는 존재가 세상을 바꿀 정도로 무언가에 뛰어난 존재가 아니라고 느끼기 때문이다. 특히 남성들은 자기 분야에서 유능하다고 느낄 때 비로소 자존감이 확립된다. 자기 일에 별로 뛰어나지 않고, 남들에게 능력을 인정받지도 못한다면, 그 사람은 불행하고 불만족스러운 느낌을 받을 수밖에 없다.

그러니 기억하라. 누구에게나 잠재된 재능이 있다. 당신도 최고가 될 수 있다. 누구에게나 무언가를 잘할 수 있는 능력이 있다. 누구나 무언가에 뛰어날 수 있는 능력이 있다. 마치 대자연이 우리 각자에게 고유한 '뛰어난 유전자'를 심어준 것처럼 말이다. 그러므로 자신이 뛰어난 영역을 찾아내고, 그 분야에서 유능해지기 위해 진심을 다해 노력하는 것은 각자의 책임이자 과제다.

마이클 조던(Michael Jordan)이 농구 선수로서의 실력을 꽃피우고 있을 때 한 기자가 그에게 말했다.

"그렇게 놀라운 운동 능력을 지니고 태어나다니, 당신은 정말 행운아네요."

그러자 조던은 이렇게 대답했다.

"누구에게나 능력이 있어요. 하지만 재능을 발휘하려면 많은 노력이 필요하지요."

사람들은 특정 분야에 뛰어난 재능이 있으면 자연스럽게 실력이 드러날 거라고 착각한다. 하지만 전혀 그렇지 않다. 남보다 뛰어나려면 한 방향으로 오랫동안 집중하고 헌신해야 한다. 그 무엇도 노력을 대신할 수는 없다.

누구에게나 잠재된 재능이 있다. 당신도 최고가 될 수 있다. 자신이 뛰어난 영역을 찾아내고, 진심을 다해 노력하는 것은 각자의 책임이자 과제다. 그 무엇도 노력을 대신할 수는 없다.

바라는 것을 명확하게 정하자

막연하거나 모호해서는 안 된다. 바라는 것을 정확하고 구체적으로 정하라. 목표를 명확하게 세우고, 이를 이루기 위해 어떤 대가를 치를 것인지까지도 스스로 결정해야 한다. 그런데 대부분의 사람들이 이 단순한 원칙조차 따르지 않는다.

연구 결과에 따르면, 성인 중 목표를 글로 기록하는 사람은 3%에 불과하다. 바로 이들이 각 분야에서 가장 성공하고 가장 많은 수입을 올리는 사람들이다. 세상을 움직이고, 새로움을 창조하고, 혁신을 주도하는 최고의 세일즈맨이자 최고의 기업가는 바로 이런 사람들이다. 그리고 대부분의 사람들은 바로 이들을 위해 일한다.

성과를 만드는 목표 설정 7단계

목표를 설정하고 성취하기 위한 7단계 공식이 있다. 나는 어디를 가든 이 공식을 교육하는데, 이 공식 덕분에 많은 세미나 참여자들의 인생이 완전히 달라졌다고 자신있게 말할 수 있다.

첫째, 원하는 것을 정확하게 정한다. 수입을 늘리고 싶으면, 막연히 바랄 게 아니라 구체적인 금액을 명확하게 정해야 한다.

둘째, 반드시 글로 기록한다. 기록하지 않은 목표는 한낱 공상에 불과하다. 기록하지 않은 목표에는 아무런 힘도 에너지도 실리지 않는다. 화약 없는 탄환이나 손가락 사이로 흩어지는 담배 연기와 같다.

셋째, 기한을 정한다. 잠재의식은 기한을 사랑한다. 기한은 잠재의식의 힘을 활성화하는 '강제 장치' 같은 역할을 한다. 목표의 규모가 크면 세부 기한까지 정한다. 10년 목표라면 1년 단위로, 이어 매년 월별 세부 목표를 세운다. 그리고 그에 맞춰 진행 상황을 꾸준히 점검한다.

넷째, 목표를 성취하기 위해 할 수 있는 모든 것을 목록으로 기록한다. 새로운 활동이 떠오르면 곧바로 추가한다. 목록이 완성될 때까지 계속 생각하고 기록한다. 각각의 하위 단계를 목록으로 정리하면, 하나씩 달성할 때마다 성취감이 샘솟고 의욕이 더욱 강화될 것이다. 헨리 포드(Henry Ford)는 이렇게 말했다. "아무리 큰 목표라도 작은 단계로 적절히 나누면 얼마든지 이룰 수 있다."

다섯째, 목록을 순서와 우선순위에 따라 정리한다. 순서대로 정리한다는 것은 무엇을 먼저 할 것인지 정한다는 뜻이다. 무엇을 먼저 하고 그다음 순서로 무엇을 할지 정한다. 우선순위대로 정리한다는 것은, 목록에서 가장 중요한 일과 두 번째로 중요한 일, 그다음으로 중요한 일을 차례로 정한다는 뜻이다. 이렇게 순서와 우선순위에 따라 단계를 정리한 목록을 갖췄다면, 이제 당신은 계획을 만든 셈이다. 목표와 계획이 있는 사람은 단순히 기대와 희망에 의존하는 사람을 압도한다.

여섯째, 목표를 세웠으면 즉시 실행에 옮긴다. 크게 성공하는 사람들은 모두 하나같이 '행동 지향적'이다. 반대로 실패하는 사람들은 하나같이 행동에 나서는 것을 주저한다. 실패하는 사람들은 늘 핑계를 대며 꾸물거리다가 결국 열정도 의욕도 잃고 출발선으로 다시 되돌아간다.

일곱째, 시기별로 당신에게 가장 중요한 목표를 이루기 위해 매일 무언가를 실행한다. 1년 365일 내내 그래야 한다. 반드시 그 목표를 향해 한 걸음씩 내디뎌야 한다. 목표를 향해 매일 무언가를 실행하는 습관이 마치 숨을 쉬듯 자연스러워지도록 끈기 있게 실행해야 한다.

지금 당장 10가지 목표를 정하라

당신을 위한 간단한 연습 과정을 소개한다. 먼저, 종이를 한 장꺼내 맨 위에 '목표'라고 적고 오늘 날짜를 적어라. 그리고 앞으로 12개월 안에 이루고 싶은 10가지 목표를 써 내려간다. 최대한 빠르게 써야 한다. 3~5분 정도면 충분히 할 수 있을 것이다.

목표를 모두 적었다면, 이제 자세히 살펴보며 자신에게 이렇게 물어보라. "앞으로 24시간 안에 달성할 수 있다면, 이 중에서 어느 것이 내 인생에 가장 결정적인 영향을 미칠 것인가?" 이 질문의 답이 바로 당신의 '확고한 인생 목표'다. 이 목표는 당신 인생의 구성 원리이자 중심점이라고 할 수 있다.

이 목표를 깨끗한 종이의 맨 위에 옮겨 적고, 그 내용을 명확하고 자세하게 다시 작성한다. 이 목표를 언제까지 달성할 것인지 기한을 정하고, 목표를 달성하기 위해 해야 할 모든 일의 목록을 작성한다. 이 목록을 순서와 우선순위에 따라 계획으로 만든다. 그리고 이를 바탕으로 실행에 나선다. 목표를 달성할 때까지 매일 무엇이든 실행해야 한다.

확고한 목표에 집중하라

아침에 눈을 뜨면 바로 목표를 생각하라. 일하는 내내 이 목표를 생각하고, 당신의 삶에서 중요한 사람들과 이 목표에 대해 이야기하라. 잠들기 전에도 이 목표를 생각하고, 목표를 달성했을 때의 모습이 어떠할지 상상하라. 목표가 이미 실현된 것처럼 끊임없이 시각화하라. 이 목표를 달성할 때까지 절대 포기하지 않겠다고 다짐하라. 실패는 고려 대상이 아니다!

이 연습은 당신의 인생을 완전히 바꿀 것이다. 앞에서 설명한 모든 단계를 꾸준히 실천할 끈기와 결단력이 있다면 1년 안에, 어쩌면 그보다 빨리 당신의 삶 자체가 완전히 달라질 것이다. 매출과 수입이 놀라우리만치 늘어나고, 그 멋진 모습에 당신 자신조차 감탄하게 될 것이다. 삶의 모든 영역이 급격하게 발전하고, 당신을 도와줄 사람과 기회가 자연스럽게 찾아올 것이다. 한마디로 기적이 일어나는 경험을 할 것이다.

그리하여 한 해가 마무리될 때쯤, 지난 12개월 동안 당신에게 일어난 일들을 되돌아보면 그동안 일어난 변화에 말문이 막힐 것이다. 이 모두를 위해 필요한 것은 겨우 종이 한 장과 당신, 그리고 10분도 안 되는 시간뿐이다. 지금 당장 시도하라. 10가지 목표를 적고, 그중 하나를 선택해 계획을 세우고, 그다음에 어떤 일이 벌어지는지 지켜보라.

끈기와 결단력으로 목표를 밀어붙여라

일단 시작했다면 실패의 가능성조차 염두에 두면 안 된다. 인내와 꺾이지 않는 의지로 목표를 끝까지 지지하라. 성공하기 위해, 목표를 달성하기 위해 온 마음과 영혼을 쏟기로 다짐하라. 뭐든 남겨서는 안 된다. 아무것도 아끼지 말고, 남기지 말고, 가진 것을 남김없이 쏟아부어라. 그 무엇도 당신을 멈춰 세우거나 낙담하게 만들지 못하도록 스스로를 단단히 붙잡아라.

1년, 2년, 3년 뒤 당신이 어디에 서 있을지는 매일 마주하는 피할 수 없는 역경과 거절과 실망에 얼마나 효과적으로 대처하느냐에 전적으로 달려 있다. 좌절에 맞서는 끈기는 바로 당신 자신에 대한 믿음에서 서서히 만들어진다. 그리스 철학자 에픽테토스(Epictetos)는 말했다. "환경이 사람을 만드는 것이 아니다. 환경은 사람이 스스로 드러나도록 할 뿐이다."

역경은 당신이 어떤 존재인지 명확하게 드러내 보여준다. 내 친구 찰리 존스가 한 말이 있다. "얼마나 깊이 떨어지느냐가 아니라 얼마나 높이 튀어 오르느냐가 중요하다." 얼마나 성공할 것인지는 얼마나 빨리 회복하느냐에 좌우된다. 회복력의 수준은 당신이 지닌 됨됨이의 표상이자 척도다. 세일즈라는 고단한 비즈니스와 모진 충격을 이겨내며 계속 앞으로 나아가는 능력, 그것이야말로 성공의 궁극적인 결정인자다.

평생 배우려고 노력하라

지성은 우리가 지닌 가장 소중한 자산이다. 사고의 질이 삶의 질을 결정한다. 평생 배우기 위해 노력하라. 배움은 아무리 강조해도 지나치지 않다. 얼마 전, 한 대학생이 포춘 500대 기업의 CEO들에게 39개 항목으로 구성된 설문지를 보냈다. 그중 83명이 설문에 응답해주었다. 대단히 바쁜 사람들임을 감안하면 놀라운 응답률이다. 이 대학생은 최고의 기업가들이 성공의 원인으로 무엇을 꼽는지 밝혀내기 위해 이 설문조사를 진행했다. 이들이 공통적으로 이야기하는 조언은 바로 이것이었다. "배움을 멈추지 말고, 더 많이 배우도록 노력하라." 당신에게도 똑같이 유효한 조언이다.

지성의 가치는 향상될 수 있다

책을 읽고, 오디오 프로그램을 듣고, 세미나와 강연에 참석하라. 당신에게 가장 소중한 자산은 지성임을 잊지 마라. 지성의 가치는 향상될 수 있다. 자동차를 사면 대리점을 벗어나는 순간부터 감가상 각이 시작된다. 어떤 물건이든 구매한 순간부터 그 가치는 떨어진다. 그러나 지성은 다르다. 더 나은 성과를 창출하기 위해 새로운 정보로 자신을 끊임없이 계속 무장한다면 지성의 가치는 시간이 지날수록 오히려 커진다.

당신의 가치를 높여라

타인에게 도움을 줄 수 있을 만한 실용적 지식을 완벽하게 갖춘 사람은 존재하지 않는다. 배움이 늘어날수록 그 사람의 가치는 높아진다. 실무에 바로 적용할 수 있는 지식을 많이 습득할수록 보상과 수입은 늘어나게 마련이다. 나이가 들면서 더 많은 경험을 쌓고 더 많은 책을 읽고 새로운 기술을 익히면 당신의 지식은 늘어나고 삶의 보상도 증가한다. 인생길에서 성공을 향해 나아갈 때도 인과의 법칙은 작용한다.

성공에 관한 인과의 법칙은 이렇게 요약할 수 있다. "배우고 실행하라." 새로운 것을 배우고 실행할 때마다 우리는 앞으로 나아간다. 배우고 실행하기를 멈추면 더 이상 나아갈 수 없다. 다시 배우기 시작해 배운 것을 실행하면 다시 앞으로 나아갈 수 있다. 더 많이 배우고 실행할수록 더 빠르게 선두에 서게 된다.

당신의 양동이를 계속 채워라

지금 당신이 지닌 지식과 기술의 양은 양동이 하나에 채워진 물과 같다. 그 수위가 당신의 수입 수준을 결정한다. 사회인으로서 출발하는 단계에서는 양동이에 들어 있는 지식과 기술이 매우 적어서 성과와 보상이 미미했을 것이다. 그러나 지식과 기술의 수위가 올라가면서 양동이가 점점 차오르면, 보상과 인정의 수위는 높아진다. 시간이 지나면서 양동이는 점점 더 그득해지고, 당신의 수입도 그에 비례해 늘어난다.

그런데 문제는 양동이에 구멍이 뚫릴 수도 있다는 것이다. 새로운 기술이나 새로운 지식, 새로운 아이디어를 배우는 것을 멈추는 순간, 당신의 자리는 뒤로 밀려난다. 지식의 수위가 낮아지면서 인생의 경쟁에서 뒤처지고, 다른 이들이 당신을 앞지르기 시작한다. 지식과 기술을 계속 확충하지 않으면 당신의 경쟁력은 점차 약해진다. 현재 보유하고 있는 지식과 기술을 고수하다 보면 시대에 맞지 않는 퇴물처럼 점점 무가치해지고 만다.

배우기를 멈추지 마라

너무나 많은 사람들이 이 같은 사실을 실감하지 못한다. 기본적인 교육만 받은 채 오랜 세월 그 수준의 지식과 기술에 의존해 살아가려는 사람들이 너무 많다. 그러다가 젊은이들이 자신을 앞질러나가는 모습을 보면서 화들짝 놀라고 분노한다. 매일 샤워하거나 이를 닦는 것처럼 쉼 없이 배우는 것은 필수적인 일상 습관이 되어야 한다. 이 습관을 실천하지 않으면, 그 결과는 금세 드러난다.

계속 배우고 성장하지 않으면 당신이 가진 지식은 날로 줄어든다. 내일의 무능력자는 오늘 배우기를 멈춘 사람이다. 문맹인은 더이상 배우지도 않고, 성장하지도 않으며, 매일같이 자신의 가치를 높이지도 않는 사람을 말한다. 읽지 않는 사람은 읽지 못하는 사람보다 나을 게 없다. 매일 새로운 것을 배우고 조금씩 실천하겠다고 다짐하라.

시간을 잘 활용하라

시간은 당신이 팔아야 하는 전부다. 시간은 당신의 근원 자산이다. 시간을 어떻게 활용하느냐가 당신의 생활 수준을 결정한다. 시간을 효율적으로 활용하겠다고 다짐하라. 80/20 법칙은 여기에도 적용된다. 같은 시간을 들여서 하는 일이라도 특별히 가치가 높은 일이 있다. 당신의 목표는 삶과 일에 가장 크게 기여하는 활동에 집중하는 것이어야 한다.

매일 아침을 하나의 활동 목록으로 시작하라. 활동 목록을 작성할 최적의 시간은 전날 저녁, 즉 하루를 마무리하기 직전이다. 저녁 시간에 다음 날 할 일을 모두 적되, 정해진 일정과 생각하는 활동의 흐름에 따라 순서를 정해 작성한다. 어쨌든 하루를 반드시 목록과 함께해야 시작해야 한다.

시간 관리 전문가들은 하루를 사전에 계획하는 것만으로도 생산성이 25% 향상되고, 하루 평균 두 시간 이상 여유 시간을 얻을 수 있다고 말한다. 이 목록은 또한 당신의 시간과 인생을 관리하는 핵심 시스템이 되어줄 것이다.

우선순위를 분명하게 정하라

목록을 작성했다면, 이제 우선순위를 정하라. 무엇이 더 중요하고 무엇이 덜 중요한지 판단하라. 이렇게 자문하라.

"갑자기 한 달 동안 출장을 가야 해서 이 목록 중 단 하나만 실행할 수 있다면, 어떤 일부터 해야 할까?"

답을 찾았으면 그 항목에 동그라미를 쳐라. 그리고 다시 이렇게 물어라.

"한 달 동안 출장을 떠나기 전에 2가지 일만 할 수 있다면, 두 번째로 해야 할 일은 무엇인가?"

그 항목에도 동그라미를 치고, 이 과정을 한 번 더 반복하라. 이 연습으로 정말 중요한 일과 단지 급해 보이는 일, 바쁜 일을 구별할 수 있게 될 것이다. 최우선 과제가 정해지면, 무엇부터 시작하고 어디에 에너지를 집중해야 하는지 분명해진다.

가장 중요한 일을 선택하라

시간 관리와 관련해 가장 유익한 질문은 이렇다.

"잘 해낼 수 있다면, 내 일에 가장 긍정적인 영향을 끼칠 1가지는 무엇인가?"

이 질문에는 항상 분명한 해답이 있다. 그 1가지를 훌륭하게 수행할 때, 당신의 성과와 보상은 크게 달라질 것이다.

이 질문을 약간 변형하면 이렇다.

"내가 할 수 있는 일, 나만 할 수 있는 일 중에서 잘 해낼 수만 있다면 진정한 차이를 만들어낼 수 있는 일은 무엇인가?"

이 질문의 해답은 매일 매순간 하나만 존재한다. 당신이 하지 않으면 그 누구도 할 수 없으며, 제대로 해낸다면 진정한 차이를 만드는 일이 바로 그것이다. 그 일은 무엇인가?

우선순위를 정할 때 마지막으로 던져야 할 질문은 이것이다.

"지금 이 순간, 내 시간을 가장 가치 있게 활용할 방법은 무엇인가?"

매시간 이렇게 질문하라. 답은 언제나 하나다. 지금 당신이 할 일은, 무슨 일을 하고 있든 그 일이 당신의 시간을 가장 가치 있게 쓰는 일인지 확인하는 것이다.

집중하고 몰입하라

시간 관리의 마지막 열쇠는, 목록을 작성하고 우선순위를 정한 뒤 가장 중요한 일부터 시작해 그 일이 완전히 마무리될 때까지 열정적으로 집중하는 것이다. 선택한 뒤 집중하고, 가장 중요한 일을 명확하게 가려내 그 일을 완수해내는 능력은 당신의 생산성과 성과를 두세 배 이상 향상시킬 것이다.

리더를 따르라

성공한 사람들의 길을 따라가라. 단, 결과만 좇는 자가 아니라 앞에서 이끄는 자들을 따라가야 한다. 인생에서 의미 있는 무언가를 이룬 사람들, 당신이 언젠가 이루고 싶은 성과를 이미 달성한 사람들을 본보기로 삼아야 한다.

당신이 가장 존경하는 사람은 누구인가? 앞으로 몇 달, 혹은 몇 년 안에 당신이 이루려는 목표를 이미 성취한 사람은 누구인가?

당신의 분야에서 가장 뛰어난 사람들을 찾아 그들의 행동 양식을 본받아라. 그들처럼 되겠다고 다짐하고, 가능하면 그들과 교류할 기회를 적극적으로 만들어라.

가장 성공한 세일즈맨이 되고 싶다면, 업계 최고를 찾아가 조언을 구하라. 어떤 책을 읽고, 어떤 오디오 프로그램을 듣고, 어떤 강연에 참석해야 하는지 물어보라. 그들의 태도, 철학, 일과 고객을 대하는 방식을 배워야 한다.

최고에게서 배워라

성공한 사람은 다른 사람의 성공을 기꺼이 도우려 한다. 자기 일로 아무리 바빠도 당신이 진심으로 성공하기를 바란다면 시간을 내서 도움을 줄 것이다. 성공한 사람에게 조언을 구했다면 그 조언을 의심 없이 받아들이고 그대로 실행하라. 그들이 권한 책을 사서 읽고, 오디오 프로그램을 듣고, 강연에 참석해서 배운 것을 실천에 옮겨라. 그런 뒤 다시 찾아가 그동안 당신이 실천한 일을 설명하라. 당신의 진지한 모습을 본 그는 조금이라도 더 도와주려고 애쓸 것이다.

역할모델을 선택하라

얼마 전, 1000여 명의 전문 세일즈맨이 참석한 세미나에서 한 젊은이가 휴식 시간에 나에게 다가와 흥미로운 이야기를 들려주었다. 말을 꺼내기도 전에 나는 외모만 보고도 그가 이미 성공했다는 것을 단번에 알아차릴 수 있었다. 단정한 옷차림과 깔끔한 외모, 자신 있고 긍정적인 태도, 느긋하고 편안한 분위기가 먼저 눈에 들어왔다. 성공한 사람 특유의 분위기가 고스란히 느껴졌다.

처음 세일즈를 시작했을 때 그는 주로 신입 세일즈맨들과 어울렸다고 했다. 그렇게 6개월쯤 지난 뒤 그는 회사에 최고의 세일즈맨이 네 명 있었는데 대부분 자기들끼리만 어울린다는 것을 눈치챘다. 이들은 신입 세일즈맨과는 거의 교류하지 않았다. 그는 자신과 신입 세일즈맨들, 최상위 세일즈맨들을 관찰하며 하나의 사실을 깨달았다. 수입이 많은 사람은 옷차림부터 달랐다. 그들은 예리하고, 세련되고, 전문가다운 인상을 풍겼다. 겉모습부터 이미 성공한 사람처럼 보였다.

어느 날, 그는 최고의 세일즈맨 중 한 사람을 찾아가 어떻게 해야 자신도 성공할 수 있을지 물었다. 그러자 그는 자기만의 시간 관리 시스템이 있느냐고 되물었다. 시간 관리 시스템이라니. 지금껏 한 번도 들어본 적 없는 말이었다. 최고의 세일즈맨은 자신이 활용하고 있는 시스템을 설명해주면서 어디서 구할 수 있는지 알려주었다. 젊은이는 시키는 대로 실천했다. 말 그대로 시키는 대로 했다. 시간 관리 시스템을 도입하자 그때부터 시간을 훨씬 효율적으로 사용하게 되었다.

그 후로 젊은이는 회사의 최고 세일즈맨들을 따라 하기 시작했다. 어떤 책을 읽고 어떤 오디오 프로그램을 들어야 하는지 조언을 구하고, 그들의 행동을 세밀하게 관찰하며 역할모델로 삼았다. 그리고 매일 아침 거울 앞에 서서 자신에게 물었다.

"내가 우리 지점에서 최고의 세일즈맨처럼 보이는가?"

성공한 사람처럼

그는 옷차림과 외모를 특히 엄격하게 관리했다. 최고의 세일즈맨처럼 보이지 않으면, 그렇게 보일 때까지 계속 다듬었다. 스스로 만족스러워야 집을 나섰다. 불과 1년 만에 젊은이는 지점 최고의 세일즈맨 중 한 사람이 되었다. 어느새 그의 행동과 옷차림, 분위기까지 그들과 닮게 되었다. 이제 그는 자연스럽게 다른 최고의 세일즈맨들과 주로 어울리고 있다.

탁월한 실적 덕분에 젊은이는 전국영업인총회에도 초청받았다. 행사 기간 내내 그는 전국 각지에서 모인 최고의 세일즈맨들을 찾아다니며 조언을 구했다. 그들은 어떻게 해서 밑바닥에서 업계의 정상까지 올라올 수 있었는지 기꺼이 이야기해주었다. 집으로 돌아온 젊은이는 그들에게 감사 편지를 쓰는 한편 새롭게 들은 조언을 실행에 옮겼다. 그러자 실적은 말 그대로 날개를 단 듯 위로, 더 위로 치솟기 시작했다.

　머지않아 그는 지점 최고의 세일즈맨이 되었고, 얼마 뒤 주를 통틀어 최고의 자리에 올랐다. 단 5년 사이에 그의 인생은 완전히 달라졌다. 전국영업인총회에서는 무대 위로 불려가 상장과 표창을 받기도 했다. 업계에 들어온 지 8년째, 그는 전국 최고의 세일즈맨에 선정되었다.

　그가 나에게 해준 말이 인상적이다. 그는 자신의 성공은 다른 최고의 세일즈맨들이 무엇을 하는지 묻고 그들의 조언대로 실행한 결과라고 했다. 하지만 그가 미처 알지 못한 놀라운 사실이 있다. 해마다 뛰어난 실적을 기록해 무대에 불려가 상을 휩쓰는 최고의 세일즈맨들을 직접 찾아가 조언을 구한 사람은 이 젊은 세일즈맨이 유일했다.

독수리처럼 비상하라

　하버드대학교의 데이비드 맥클랜드(David McClelland)는 저서 《성취하는 사회(The Achieving Society)》에서 성공과 실패는 어떤 '준거집단(reference group)'을 선택하느냐에 달려 있다고 했다. 맥클랜드의 결론은 명확하다. '유유상종.' 준거집단, 즉 당신이 대부분의 시간을 함께하기로 선택한 집단이 당신이 자신의 인생에서 무엇을 성취할지 결정한다.

　사람은 누구나 주변 사람들의 가치관, 태도, 옷차림, 생활양식을 자연스럽게 닮아간다. 성공한 사람들과 함께 시간을 보내다 보면 어느새 그들의 태도와 철학, 말투, 옷차림, 일하는 습관 등을 배우게 마련이다. 그리고 머지않아 그들과 비슷한 수준의 성과를 거두게 된다.

또한 맥클랜드는 부정적이거나 의욕 없는 집단을 준거집단으로 선택하는 것만으로도 한 사람의 인생이 평생 보잘것없는 성과와 실패의 길로 이어질 수 있다고 지적했다. 좋은 대학에 다니고, 훌륭한 교육을 받고, 뛰어난 재능과 역량을 지녔더라도 실패한 사람들과 어울리면 결국 실패자가 된다는 것이다.

내가 발견한 사실도 있다. 회사를 옮기거나 성공한 사람들과 교류하기 시작하는 등 준거집단을 바꾸는 것만으로도 인생과 성과는 극적으로 달라진다. 미국의 유명한 동기부여 강연가 지그 지글러(Zig Ziglar)가 말했듯, "칠면조처럼 땅만 쪼아대서는 독수리처럼 날 수 없다."

인간은 카멜레온 같다. 누구와 함께하느냐에 따라 그들의 태도와 행동을 닮아간다. 따라서 우리는 우리가 닮고 싶은 사람과 어울려야 하며, 그들의 의견과 관점을 적극적으로 받아들여야 한다. 암시의 힘, 특히 주변 사람들의 견해와 관점은 우리가 우리 자신에 대해 느끼고 생각하는 것과 우리의 일상적인 행동에까지 지대한 영향을 끼친다.

인격이 전부다

신실함(integrity)을 신성한 가치처럼 지켜나가자. 우리 사회에서 삶의 질을 결정하는 것 중 무엇보다 중요한 요소는 바로 인격이다. 비즈니스와 세일즈의 세계에서도 신용은 매우 중요하다. 사람들이 당신을 믿고 신뢰할 때 비로소 성공의 문이 열린다.

세일즈맨들의 차이, 회사들의 차이를 결정짓는 가장 중요한 요소가 신뢰라는 점은 이미 많은 연구에서 거듭 확인된 바 있다. 세계적인 경영 석학 스티븐 코비(Stephen Covey)는, "신뢰받고 싶으면, 신뢰받을 만한 사람이 돼라"라고 말했다. 정직함은 언제나 약속을 지키고 진실을 말한다는 뜻이다.

자신에게 진실하라

신실함에는 또 하나 중요한 요소가 있다. 셰익스피어(William Shakespeare)는 말했다. "너 자신에게 진실하라. 그러면 밤이 낮을 따르듯, 결코 그 누구에게도 거짓될 수 없으리라." 자신이 아는 가장 높은 기준에 따라 자신에게 진실해야 한다. 자신에게 진실하게 생활하고, 자기기만에 빠지지 않도록 늘 경계해야 한다. 무엇보다 온전히 정직해야 하며, 무엇이든 있는 그대로 바라봐야 한다. 당신이 바라거나 희망하는 대로가 아니라 세상을 있는 그대로 직시하고, 삶을 있는 그대로 바라보는 힘을 길러야 한다.

대부분의 사람은 기본적으로 정직하다. 거짓말하지 않고, 속이지 않으며, 훔치지 않는다. 자기 일을 성실히 하고, 꼬박꼬박 세금을 내고, 타인과의 관계에 솔직하다. 그러나 가장 정직한 사람조차 때때로 사실이 아닌 것을 소망하고 희망할 때가 있다.

현실 원리를 연습하라

제너럴 일렉트릭의 전 회장 잭 웰치는 리더십의 가장 중요한 원칙으로 '현실 원리(reality principle)'를 강조했다. 그러면서 이 원리는 어디로 이끌리든 진실을 따르겠다는 욕구에 기반한다고 말했다. "바라는 대로가 아니라 있는 그대로의 세상을 마주해야 한다."

잭 웰치는 제너럴 일렉트릭에서 문제가 생기거나 어려움에 부딪힐 때마다 스스로에게 물었다. "지금, 무엇이 실재인가?" 우리 인생에서도 자신에게 진실하고, 자신과 더불어 진리 안에서 살아가는 태도는 절대적으로 중요하다. 당신 안에 있는 최선에 충실해야 한다. 스스로 설정한 목표를 향해 매일 한 걸음 한 걸음씩 움직여야 한다. 인생이 어떤 상태에 있든 직시하고 받아들여야 한다. 이것이 진정으로 정직한 사람의 특징이다.

타고난 창의력을 일깨워라

═══◇◇◇═══

자신이 대단히 지적인 사람이라고, 심지어 천재라고 생각하라. 당신에게는 아직 사용하지 않은 창의력이 엄청나게 매장되어 있다. 소리 내 반복해서 말하라.

"나는 천재야! 나는 천재야! 나는 천재야!"

이상하게 들릴지도 모르지만, 결코 그렇지 않다. 누구나 하나 이상의 영역에서 천재적인 수준의 능력을 발휘할 가능성을 갖고 있다. 지금 이 순간에도 당신은 과거의 자신을 뛰어넘을 수 있는 능력을 지니고 있다. 당신 안에는 과거의 모든 성취를 뛰어넘을 수 있는 타고난 능력이 이미 존재한다. 당신 속에는 엄청난 창의력과 지성이 매장되어 있다. 성공학의 구루 데니스 웨이틀리(Dennis Waitley)는 말했다. "당신에게는 인생을 100번 살아도 다 쓰지 못할 잠재력이 있다."

타고난 재능을 발휘하라

인생에서 꼭 추구해야 할 목표 중 하나로 자신만의 특별한 재능을 발견해 그것을 높은 수준으로 끌어올리는 것을 빼놓을 수 없다. 이 영역이 바로 지성이 빛을 발하는 자리다. 한 연구에 따르면, 무려 95%의 어린이가 천재 수준의 자질을 가지고 있는 것으로 나타났다.

그러나 이 아이들이 자라나 성인이 된 뒤 조사했더니 단 5%만이 고도의 창의성과 상상력을 유지했다. 왜 이런 결과가 나타나는 걸까? 그 이유는 단순하다. 성장하는 동안 이렇게 배우기 때문이다. "평범하게 잘 지내고 싶으면, 남들이랑 똑같이 해야 한다."

당신의 천재성이나 특별한 재능이 빛을 발할 최고의 분야는 어쩌면 세일즈의 세계인지도 모른다. 세일즈맨 중 7대 세일즈 기술을 고도로 수행할 역량을 갖춘 사람은 전체의 10%에 불과하다. 당신이 이 10%에 해당한다면, 높은 수입과 직업적 성공은 거의 평생 보장된 것이나 다름없다.

자신의 특별한 재능을 찾아내는 방법

자기만의 특별한 재능과 연관된 일을 찾아내는 방법은 여러 가지가 있다.

첫째, 그 일이 진심으로 즐겁다. 그 일을 하지 않을 때도 계속 생각나고, 어떻게든 다시 할 궁리를 하게 된다.

둘째, 관심을 완전히 사로잡는다. 자기와 꼭 맞는 일을 할 때는 시간 가는 줄 모른다. 그 일을 할 때는 먹고 마시고 쉬는 것도 잊어버릴 정도다.

셋째, 평생 배우고 계속 더 나아지고 싶어진다. 더 발전하기 위해 책을 읽고, 오디오 프로그램을 찾아 듣고, 강연에 참석하고 싶어진다.

넷째, 그 일에 대해 이야기하고, 토론하고, 듣고, 같은 일을 하는 사람들과 어울리는 것이 즐겁다.

이런 말을 하는 사람들이 있다.

"나는 일터에서는 성실히 일하지만, 퇴근하면 일 생각은 전혀 하지 않아요."

이런 유형은 어떤 일을 하든 미래가 제한적이다. 일터를 떠났다고 해서 일 생각을 전혀 하지 않는다는 것은 그 일이 자신에게 잘 맞지 않는다는 증거다. 정말로 자신에게 맞는 일을 하면 일과 삶을 구분하기 어려울 만큼 자연스럽게 얽힌다.

다섯째, 타고난 재능의 가장 분명한 지표는 쉽게 배우고 쉽게 할 수 있다는 점이다. 처음에 어떻게 배웠는지조차 기억나지 않을 정도로 자연스럽다. 당신의 본질이 자연스럽게 발현된다. 그래서 많이 노력하지 않아도 쉽게 잘할 수 있다.

성과가 낮은 주요 원인 중 하나는 자신을 평범하다고 규정하는 것이다. 그래서 자기보다 뛰어난 실적을 내는 사람들을 보면 '원래 저 사람은 나보다 나은 사람이니까'라고 생각한다. 그런 관점은 결국 누군가가 더 낫다는 것은 누군가는 더 못해야 한다는 잘못된 결론으로 이어진다. 누군가가 더 가치 있다면 다른 누군가는 가치가 덜해야 한다는 뜻이 된다. 이처럼 몰가치하고 평범하다는 자기 인식은 더 뛰어난 성과를 창출할 수 있음에도 스스로 평균에 안주하도록 만든다.

황금률로 세일즈의 품격을 높여라

타인과의 모든 관계에서 황금률을 실천하라. 즉, 타인이 당신에게 해주기를 바라는 그대로 당신도 타인을 대접해야 한다. 당신이 고객이라고 생각해보라. 어떤 대접을 받고 싶은가? 당연히 세일즈맨이 당신을 솔직하게 대해주기를 바랄 것이다. 그가 충분히 시간을 들여 당신의 문제나 욕구를 제대로 이해한 다음, 자신의 해결책이 당신의 삶이나 일을 효율적으로 개선할 수 있다는 것을 단계적으로 보여주기를 바랄 것이다.

당신은 정직하고 솔직한 거래를 원한다. 세일즈맨이 상품의 강점뿐만 아니라 약점까지도 상세히 설명해주기 바란다. 아울러 세일즈맨이 약속을 지키고 책임을 완수하기 바란다. 당신이 세일즈맨에게 바라는 것이 이렇다면, 당신도 모든 고객을 반드시 이렇게 대접해야 한다.

보편격률로 세일즈의 기준을 세워라

네덜란드의 철학자 임마누엘 칸트(Immanuel Kant)의 '보편격률 (universal maxim)'을 실천하라. 칸트는 "당신의 모든 행위가 모든 사람에게 보편적 법칙이 될 것처럼 당신의 삶을 영위하라"라고 했다. 모든 사람이 당신과 똑같은 방식으로 행동하고 타인을 대접한다고 상상해보라. 이 기준을 행동의 중심에 놓으면, 스스로 황금률을 실천하며 모든 사람을 100만 달러짜리 고객처럼 대하는 당신 자신을 발견하게 될 것이다.

자신에게 물어보라. "우리 회사에서 근무하는 모든 사람이 나와 같다면, 우리 회사는 어떤 회사가 될까?" 당신을 만나는 모든 사람은 당신이 그들을 대하는 태도를 바탕으로 당신의 회사, 경영진, 상품, 서비스, 약속, 보증, 사후 서비스까지 전부를 판단한다는 사실을 기억하라.

뛰어난 사람은 스스로 높은 기준을 설정하고, 그 기준과 관련해서는 절대로 타협하지 않는다. 그들은 아무도 자신을 보고 있지 않을 때조차 모두가 자신을 지켜보고 있다고 생각하며 행동한다. 혼자 있을 때 무엇을 하고 어떻게 처신하는지 살펴보면 그 사람의 인격을 알 수 있다.

성공의 대가를 기꺼이 지불하라

마지막으로, 어쩌면 다른 무엇보다 중요한 게 있다. 바로 열심히 일하기로 다짐하는 것이다. 이것은 성공의 가장 중요한 열쇠이기도 하다. 토머스 스탠리(Thomas Stanley) 박사와 윌리엄 댄코(William

Danko) 박사는 공저 《이웃집 백만장자(The Millionaire Next Door)》의 기초 연구를 위해 자수성가한 수천 명의 백만장자들을 인터뷰했다. 성공의 비결을 묻자 무려 85%가 이렇게 답했다.

"나는 다른 사람보다 특별히 더 똑똑하거나 재능이 뛰어난 것은 아니다. 하지만 누구보다 오랫동안, 누구보다 열심히 일했다."

> **세일즈에서 성공의 열쇠는 단순하다. 조금 더 일찍 시작하고, 조금 더 열심히 일하고, 조금 더 늦게까지 계속하는 것이다.**

대부분의 사람들이 회피하는 사소한 것들을 기꺼이 실행하라. 하루를 시작하면서 '근무 시간 내내 집중해서 일하겠다'고 굳게 다짐하라. 시간을 낭비하지 마라. 계속 움직여라. 빠르게 행동하라. 절박함을 동력으로 삼아 행동을 유발하는 편향을 북돋워라.

전력을 다하라

열심히 일하는 것과 성공한 인생은 비행기를 이륙시킨 뒤 운항하는 것에 비유할 수 있다. 비행기에 올라 활주로까지 이동한 후, 관제탑에 연락해 이륙 허가를 요청한다. 허가를 받으면 곧바로 활주로를 따라 100%의 힘으로 가속해 비행기가 공중으로 떠오르게 해야 한다. 여기서 핵심은 분명하다. 활주로에서 80%나 90%의 힘만 내서는 절대로 이륙 속도에 도달할 수 없다. 활주로가 끝날 때까지 땅에서 벗어나지 못할 것이다.

인생도 그렇다. 많은 이들이 열심히 일하지만, 모두가 100% 전력을 다하는 건 아니다. 그 결과, 그들은 이륙 지점, 즉 자기 분야에서 상위 10%에 진입하지 못한다. 평범한 수준을 벗어나지 못하고 늘 지상에 머무른다. 벌어들일 수 있는 돈의 20%만 버는 80%의 세일즈맨 집단에 머무른다.

다행히 좋은 소식이 있다. 전력을 다해 활주로를 질주하면 속도와 양력을 얻어 곧 이륙할 수 있다. 그리고 가속 상태를 유지하면 계속 상승하다가 이윽고 순항 고도에 도달할 것이다. 순항 고도에 이른 뒤에는 가속을 줄이고 조금 느긋하게 운항하더라도 비행하는 내내 높은 고도를 유지할 수 있다.

세일즈에서도 그렇다. 특히 초기에는 지구의 중력처럼 당신을 아래로 끌어내리려고 하는 평범한 무리에서 벗어나기 위해 100%의 에너지를 쏟아부으며 전력을 다해 일해야 한다. 그렇게 해서 일단 순항 고도에 도달해 자기 분야에서 소득 상위 10% 안에 들어가면, 가속을 늦추고 가족과 친구들에게 더 많은 시간을 쓰면서도 여전히 많은 수입과 우수한 성과를 유지할 수 있게 된다.

당신의 미래에 한계는 없다

　지금 당신 안에는 지금까지의 인생 그 어느 때보다 많이 성장하고, 많이 행동하고, 많이 성취할 수 있는 능력이 있다. 당신이 선택한 세일즈라는 직업에서 절대적 능력자가 되어 모든 목표와 모든 꿈을 실현할 수 있다. 당신과 가족을 위해 멋진 삶을 창조할 수 있으며, 회사와 업계에서도 가장 소중한 인재가 되어 주변의 모든 이들에게 존경과 존중을 받을 수 있다. 나아가 당신의 회사와 고객과 공동체의 삶에 중대한 변화를 만들어낼 수 있다. 세일즈 심리학을 배우고 실천한다면, 당신은 자연스럽게 주목받는 세일즈 전문가의 반열에 오를 것이다. 당신에게 한계란 없다.

자연을 속이거나 기만할 수는 없다.
자연은 당신이 대가를 치른 후에야 비로소
당신이 아등바등 얻으려는 대상을 내어줄 것이다.
— 나폴레온 힐

실행 과제 ✒

1. 오늘 당장 업계에서 가장 뛰어난 세일즈맨 중 한 사람이 되기로 다짐하라. 어떤 대가를 치르고 어떤 희생을 감수하더라도, 그렇게 될 때까지 절대 포기하지 마라.

2. 평생 학습에 전념하라. 책을 읽고, 오디오 프로그램을 듣고, 세미나에 참석하라. 당신이 나아져야 인생도 나아진다.

3. 시간을 철저하게 관리하라. 사전에 신중히 계획하고, 매 순간 소중하게 사용하라.

4. 사랑하는 일을 하라. 당신의 일에 온 마음을 쏟아붓고, 더 나아지기를 포기하지 마라.

5. 인생에서 큰 성공을 거둘 것이며, 가장 중요한 목표를 달성할 때까지 절대 포기하지 않겠다고 다짐하라.

6. 지금 당장 자리에 앉아 앞으로 12개월 동안 달성하고 싶은 10가지 목표를 목록으로 작성하라. 그 목록에서 가장 중요한 목표를 선별해 매일 여기에 집중하라.

7. 근무 시간 내내 열심히 일하라. 전속력으로 살아가라. 하루를 일찍 시작하고, 더 열심히 일하고, 더 늦게까지 계속하라. 성공의 대가를 전액 미리 지불하라.

무언가 할 수 있다는 최고의 증거는
이미 누군가가 그것을 해냈다는 사실이다.

— 버트런드 러셀Bertrand Russell

브라이언 트레이시의
세일즈 심리학

초판 1쇄 인쇄 2026년 3월 15일
초판 1쇄 발행 2026년 4월 6일

지은이 브라이언 트레이시
옮긴이 김광수
펴낸이 이범상
펴낸곳 (주)비전비엔피 · 비전코리아

책임편집 차재호
기획편집 김승희 김혜경 한윤지 박성아
디자인 김혜림 이민선 인주영
마케팅 이성호 이병준 문세희 이유빈
전자책 김희정 안상희 김낙기
관리 이다정
인쇄 위프린팅

주소 우) 04034 서울특별시 마포구 잔다리로 7길 12 (서교동)
전화 02) 338-2411 | **팩스** 02) 338-2413
홈페이지 www.visionbp.co.kr
인스타그램 www.instagram.com/visionbnp
이메일 visioncorea@naver.com
원고투고 editor@visionbp.co.kr

등록번호 제313-2005-224호

ISBN 978-89-6322-239-4 03320